도서출판 대장간은
쇠를 달구어 연장을 만들듯이
생각을 다듬어 기독교 가치관을
바르게 세우는 곳입니다.

대장간이란 이름에는
사라져가는 복음의 능력을 되살리고,
낡은 것을 새롭게 풀무질하며, 잘못된 것을
바로 세우겠다는 의지가 담겨져 있습니다.

www.daejanggan.org

이 책에서, 존 로스는 메노나이트의 역사, 신학 및 실재하는 경험들을 면밀히 검토하였다. 그는 신자들의 세례와 같은 분명한 실천사항뿐만 아니라, 순교, 급진적 인내와 같은 현재 보기 힘든 실천사항들을 살펴보도록 초청하고 있다. 이 책은 세 권의 시리즈 중 마지막 책으로써 앞서 출간된 책들을 더욱 값지게 만들었다.

– 랑캐스터 메노나이트 지방회의 / 브린톤 L. 루더포드

존 로스는 독자들의 감동을 자아내고 생각을 뒤흔드는 내용을 통해, 우리가 드리는 예배의 목적과 예배를 드림으로 얻고자 하는 결과 및 예배의 핵심 주제를 다루었다. 불행히도, 예배방식은 예배의 대상이신 하나님을 이 세상에 보여주는 우리의 증거 방식에 영향을 끼친다. 존 로스는 '예배 전쟁'이라는 최전방에 머무는 대신에, 예배의 형태와 적절성이라는 주제를 넘어선 곳까지 나아간다. 그는 예배와 증거방식은 우리의 행동과 절대로 분리될 수 없다고 주장한다.

– 메시아 대학 교수 / J.E. 맥더몬드

존 로스는 교회가 정말로 유념해야 할 사항들이 무엇인지 정신이 번쩍 들도록 우리를 일깨워주었다. 부활은 복음의 능력이며, 선교가 훌륭한 예배이기에 예배는 늘 최우선에 놓아야 한다는 존 로스와 나눈 대화는 내 마음 속 깊은 곳에 울림을 준채 사라지지 않고 있다.

– 미국 메노나이트 교회 / 말린 크로프

기독교의 다락방에 올라가서 16세기의 보물을 가져와 21세기 회중과 진짜 다른 것이 무엇인지 밝혀낸 후, 이 시대에 결정적으로 필요한 것이 무엇인지 제시한 사람은 별로 없다. 존 로스는 현재 미국 메노나이트가 고군분투하고 있는 정체성과 관련하여 기독교 과거에 대해 제대로 말할 수 있는 경험 있는 안내자다. 이 책에서, 로스는 분변에 뛰어난 '하나님 나라의 서기관' 역할을 감당하였다. 그는 현재 사용하고 있는 사랑스런 찬양 곡들이 언제 영향력을 발휘하는지는 물론 필그람 마르펙의 통찰력이 언제 필요한지 잘 알고 있다. 그는 그동안 지켜온 교회 예식들을 새로운 방식으로 다시 생각해보도록 독자들을 초대하며, 예배와 일상생활에서의 실천이 하나로 연합되도록 그들의 노력을 재발견하도록 격려한다. 이 책은 메노나이트들은 물론 예배와 선교가 예수의 정치와 어떤 상관관계가 있는지 고민하는 다른 기독교 전통에 속한 사람들까지도 감사한 마음으로 읽을 만한 귀한 자료이다.

— 인디애나폴리스 대학 / 마이클 카트라이트

성경을 이야기하듯이 기록한 이 책은 아나뱁티스트-메노나이트 전통이 가져다주는 통찰력과 함께, 깊고 넓은 신앙의 경지로 나아가게 도와준다. 아나뱁티스트-메노나이트들이 에큐메니컬 대화를 통해 보다 넓은 기독교 공동체에 무엇을 기여할 수 있는지 잘 연결되어 있다.

— 캐나다 메노나이트 대학 / 이르마 패스트 듀익

함께 소그룹으로 모였던 교회의 멤버로

십년이 넘게 매주 식탁에서 함께 몸과 영혼을 살찌워준

루스 밀러 로스

데일과 트리시 생크

피터와 잰 세틀러

앤디와 리디아 마틴

그리고 그들의 가족에게 이 책을 드립니다.

실 천

메노나이트의 삶과 예배

존 D. 로스 지음

김복기 번역

실천 – 메노나이트의 삶과 예배

지은이	존 D. 로스
옮긴이	김복기
초판발행	2019년 9월 2일
펴낸이	배용하
책임편집	배용하
등록	제364-2008-000013호
펴낸곳	도서출판 대장간
	www.daejanggan.org
등록한곳	충청남도 논산시 가야곡면 매죽헌로1176번길 8-54
편집부	전화 (041) 742-1424
	전송 0303-0959-1424
분류	실천 | 신앙 | 삶 | 메노나이트
ISBN	978-89-7071-489-9 (03230)
CIP제어번호	CIP2019032432

 값 17,000원

한 마디로 나는 회개를 중생이라고 해석하는데, 회개의 유일한 목적은 아담의 범죄를 통하여 일그러지고 거의 다 말살된 하나님의 형상을 우리 안에 회복시키기 위함이다.… 진실로 이러한 회복은 한 순간이나 하루나 한해에 이루어지지 않는다. 오히려 하나님께서는 지속적으로 때로는 느리다 싶을 정도로, 선택 받은 사람들 속에 있는 육의 부패를 씻어주시며, 그들의 죄책을 깨끗이 씻어 주시며, 거룩하게 하사 그들의 온 마음을 진실로 깨끗하게 하시고, 새로운 성전이 되게 하시고, 그들이 사는 동안 평생 회개를 실천하게 하시며 결국 죽을 때에 비로소 이러한 싸움이 끝난다는 것을 알게 하신다.

– 존 칼뱅의 『기독교 강요』 3.3.9

옮긴이주: 그리스도교의 예전을 설명하는 용어로는 성례전sacrament, 예식ordinance, 실천하는 삶practice를 사용한다. 성례전은 가톨릭에서 성사라고 표현하고, 개신교에서는 예전이라고 표현한다. 아나뱁티스트-메노나이트 교회는 일상성을 중요하게 여기는 전통에 따라 이 두 용어를 사용하지 않고 실천하는 삶practice을 강조하는 경향이 있다. 이 책에서 사용하고 있는 Practices라는 용어는 이러한 문맥에 따라 "실천하는 삶", "실천", "실천사항" 혹은 "실행예식"으로 옮겼다.

차례

서 문

　이 책을 쓰면서, 나는 많은 사람들에게 엄청난 빚을 졌다. 사실 이 책은 내가 수고한 것이 아니라, 정말로 많은 사람의 드러나지 않은 생각들, 미묘한 말의 뜻 및 독창적인 생각들을 추출하고 재배열한 후 통찰력을 부여한 것이라 할 수 있다. 따라서 아나뱁티스트-메노나이트 전통에 속한 독자들은 내가 존 하워드 요더, 스탠리 하우어워스, 말린 크로프와 같은 사람들에게 빚지고 있다는 것을 쉽게 알아차릴 것이다. 또한, 나는 달라스 윌라드, 로드니 크랩, 레오나르드 반더 지, 유진 피터슨과 같은 복음주의 작가들에게 감사한다. 그리고 헨리 드 루백, 로날드 롤하이저, 윌리암 캐바나와 같은 가톨릭 작가들에게도 어떻게 감사를 표현해야 할지 모르겠다. 이 책을 쓰면서 나는 보다 폭 넓은 기독교 교회가 가져다 준 선물들에 엄청난 혜택을 받고 있으며, 비록 이 책이 내가 가장 잘 알고, 정말 마음 속 깊이 사랑하고 있는 역사적으로 신학적으로 작은 아나뱁티스트-메노나이트 전통에 기반을 두고 있지만, 보다 더 넓은 기독교 문화유산을 가진 이들과 대화하는 책으로 읽히면 좋겠다는 희망을 가져본다.

2009년 3월

존 로스

서론
애팔래치아 산맥의 길을 걸으며 천사들과 함께한 씨름

16세기 프로테스탄트 개혁의 위대한 리더 마틴 루터는 자신의 작품에서 어느 날 한 밤 중에 빙글빙글 돌아가는 사다리를 타고 종탑으로 올라가는 한 남자에 대해 묘사한 적이 있다. 어둠 속에서 종탑위로 한걸음씩 나아가면서, 그는 자신이 발을 헛디뎌 미끄러지고 있음을 느꼈다. 절망 속에서 그는 자신의 손에 닿은 물건인 종탑의 줄을 놓치지 않고 힘껏 잡았다. 처음에는 단순히 개인적인 일로 여겼지만, 루터가 영적으로 곤혹스러울 때 일말의 해결책으로 잡아당겼던 줄은 많은 다른 사람들에게 분명하고도 큰 종소리로 울려 퍼졌다.

독자들은 아마 이글을 쓰고 있는 내가 현대의 루터나 되는 양 행동하려는 마음이 조금도 없다는 점을 금세 알아차릴 것이다. 그러나 이 책은 내 자신이 어둠 속에서 더듬거리면서 찾고자 했던 결과이자 믿음과 관련된 질문들에 대해 보다 명확한 답을 찾고자 노력한 결과이기에 책의 성격상 꽤나 개인적인 특성을 갖고 있다. 이 책에 기록한 나의 생각들은 여러분이 갖고 있는 동일한 질문에 답하는 것이길 바란다.

나에게 찾아온 영적 혼란의 시기와 직접 겪었던 상황들은 깜짝 놀란 만한 모습들로 다가왔다. 당시 내 인생은 생각했던 것보다 훨씬 더 많은 축복을 누리고 있었던 때였다. 영적 혼란을 겪을 당시 나는 25년 동안 아주 행복한 결혼 생활을 누리고 있었다. 아내와 나에게는 네 명의 사랑스런 아이들이 있었다. 건강에도 문제가 없었고, 나에게 주어진 일은 거의 항상 즐거웠다. 그러나 동시에 내 마음 속 깊은 곳에는 뭔가 안정되지 못한 느낌이 자리하고 있었다. 나는 중년이었다. 내 인생에 주어진 모든 일의 중간 지점에 와 있었다. 지난 20년 동안 나는 줄곧 같은 직업을 갖고 일해 왔는데, 어느 날 갑자기 앞으로 20년은 어떤 모습이 될 것인가 상상하게 되었다.

내가 하는 일의 성격은 육체적으로 많은 정력을 필요로 하지 않는다. 그렇지만 나는 자주 피곤함을 느끼곤 했다. 처음에는 내 몸의 어떤 부분이 쑤시고 그 고통이 사라지지 않더니, 매끈매끈한 점들이 자라나고, 급기야 내 몸 여기저기에 마구 돋아나는 모습을 보게 되었다. 단순히 이것은 일반적인 바쁨이 아니라, 내가 사는 작은 도시에 갑자기 여기 저기 교통신호기가 마구 들어서고, 원하지 않는 광고 전단지가 마구 싸이고, 도시 어귀에 있는 옥수수밭을 치고 들어오는 건축개발지나 골프장, 쇼핑몰처럼 내 인생에 모든 고통이 한꺼번에 찾아드는 느낌을 받았다. 비록 아무런 불평할 이유가 없었음에도 불구하고, 나는 초점을 잃고 완전히 파편화되는 느낌을 받았다.

그런 느낌을 갖고 있던 어느 일요일 아침 예배 시간에 나는 내 마음이 공허해 지는 느낌을 받았다. 내 주변에는 "영적인 훈련"을 받고 하나님과 친밀한 관계를 갖고 있는 사람들이 많이 있었다. 그리고 내게는 영성과 그리스도인의 성장이 어떻게 이루어지는지 다 끌어안을 수조차 없을 만큼 많은 책이 있었다. 그렇지만, 내 자신의 영적 삶은 바짝 말라비틀어져있는 느낌이었다. 비록 그 상태를 말로 다 표현할 수 없지만, 하나님과 보다 깊고 친밀한 관계를 가져야 할 필요가 절실한 상태였다. 나는 기독교 신앙이 실제로 왜 "복음"이어야 하는지 그 의미를 분명히 깨닫기 원했고, 왜 내가 이러한 믿음을 다른 사람들과 함께 나누어야만 하는지 알고 싶었다. 간단히 말해 나는 "보다 영적"이 되길 원했다.

지금 회고해 보건대, 내가 느꼈던 영적인 불안감은 부분적으로 내가 하고 있던 일의 정황을 반영했던 것 같다. 몇 년 동안 나는 메노나이트 교회에 속한 회중과 지방회 및 총회를 방문하며, 역사와 신학을 주제로 다양한 강의와 연설을 위해 열심히 출장을 다녔다. 이러한 여행은 내가 속한 회중과 지역 공동체 그리고 교회에 헌신되어 있는 흥미롭고 창의적인 많은 사람들을 만날 수 있는 엄청난 기회를 제공해주었다. 그러나 이와 더불어, 이러한 여행은 내가 사랑하는 교회 또한 우리가 사는 불확실한 시대 한가운데에서 마땅히 가야할 길을 찾기 위해 엄청 애를 쓰고 있다는 사실을 깨닫게 해주었다.

내가 방문한 거의 모든 회중들은 의도적으로 그들이 속해 있는 지역의 공동체를 향해 손을 내밀고, 새로운 사람들을 환영하기 원했다. 교회의 리더들은 너무나 오랫동안 회중들이 주변의 지역공동체 속에서 문화적으로나 인종적으로 고립된 채 살아왔음을 인정하였다. 한 때 번영을 누렸던 이러한 교회 중 수많은 교회들이 이제는 서서히 쇠퇴의 길을 걷고 있고 이러한 현실을 인식하고 있다. 교회 안에서 자라온 젊은이들이 대학에서 공부를 하거나 직장을 잡아 다른 지역으로 떠나고 있다. 그리고 가정을 꾸린 후 교회를 찾는 새로운 회원들에게 교회는 메노나이트 신앙의 유형과 진부한 전통을 갖고 둥지를 틀기에는 너무 힘든 장소가 되고 있다. 한편, 지역으로 새로 이사 온 사람들은 신학, 예배 스타일, 혹은 따뜻한 환영의 분위기를 기대하면서 메노나이트 교회보다 다른 지역교회들에게 더 많은 매력을 느끼고 있다.

내가 방문했던 회중들 중 이러한 상태에서 벗어나기 위해 의식적으로 노력하는 교회들은 아주 간절한 마음으로 새로운 영적 갱신을 추구하였다. 내가 방문했던 회중들 중 교인이 줄어드는 회중들은 뭔가 새로운 형태의 예배를 경험하는 것으로 방향을 돌리길 희망하고 있었다. 때때로 이것은 꽤나 부풀려진 찬양 팀과 파워포인트 화면과 시대에 맞는 새로운 찬양 곡을 표방하는 "진보적인" 형태의 음악을 선택하는 모습으로 나타났다. 어떤 회중들은 기독교력을 따르거나, 떼제 찬송을 중심으로 예배를 단순화하거나 또는 좀 더 엄숙한 전례를 따르는 예배 형식들을 도입하기도 했다. 그러나 형태가 어떻든지 간에, 사람들은 표준화된 메노나이트 예배형태에 뭔가 변화가 필요하다는 데는 기본적으로 동의하는 것 같았다.

동시에 내가 방문한 많은 회중들은 또한 보다 "선교적missional"이며, 보다 의도적으로 지역 공동체를 향해 손을 내미는 교회가 되기로 결정하였다. 그러나 나는 실제 선교적이 된다거나 지역 공동체를 향해 손을 내민다는 것이 의미하는 바가 무엇인지에 대해서는 사람들이 혼란스러워 하고 있음을 감지할 수 있었다. 보다 선교적인 교회가 되려는 어떤 회중은 아나뱁티스트 혹은 메노나이트 정체성과 연결되어 있는 그들의 과거 즉 역사, 문화, 신학 등 거의 모든 것에 긴장감을 갖기도 하였다. 과거에 인종적인 메노나이트의 모습이 하나의 문화로 자리하여 그들을 찾아왔던 방문객들을 제대로 환대하지 못했던 문화적 장벽을 경험했기 때문에, 메노나이트들은 선교적 교회가 교단의 특징을 경시하거나 거부하는 모습으로 드러나지는 않을까 우려하였다. 만약 개인들이 신학적 차원에서 이러한 것들을 껴안기 원한다면 평화주의와 같은 전통적인 메노나이트 신념들은 좋지만, 결코 전통을 복음과 혼동해서는 안 될 일이었다. 이러한 신념들을 지나치게 강조하거나 메노나이트 교회의 멤버로 새로운 사람들을 받아들일 때 적용하려 드는 것은 단순히 새 신자들에게 너무 높은 수준을 요구하는 것일 뿐만 아니라, 메노나이트 교회의 전통적 이미지를 냉담하고 교만한 모습으로 오해하게 만드는 일이 될 수 있다.

애팔래치아 산맥에서 걸었던 길

이러한 질문들과 불확실한 상황이 내 삶에 서서히 그 모습을 분명하게 드러낼 즈음에, 내가 속한 고센 대학은 나에게 6개월 동안 안식년을 갖도록 배려해 주었다. 처음에 나는 대부분의 대학 교수들이 하듯이, 이 안식년 기간 동안 하고 싶었던 연구조사를 수행한 후 글을 써 볼까 생각했다. 그러나 안식년의 원래 의미에는 판박이 일상을 떠나 다른 상황으로 가보라는 목적이 있다. 어느 봄날 아침, 어렸을 적 뜻밖의 영감을 주었던 일이 떠올랐다. 나는 시간을 두고 그 일을 좀 더 깊이 회고하였다.

열두 살 적의 일이었다. 우리 집은 내셔널 지오그래픽이라는 잡지를 구독하였는데, 어느 날 애팔래치아 산맥이 그려진 큰 지도가 부록으로 들어있는 잡지가 배달되었다. 그 지도에는 미국 동부 메인 주에서 조지아 주까지 약 3,500m에 달하는 등반길이 그려져 있었다. 몇 년 동안 나는 이 지도를 내 방문에 걸어 놓았고 지도를 보면서 한껏 상상의 나래를 펼치곤 했다. 미국 대륙 이쪽에서 저쪽까지 이르는 길을 걷는다는 생각 자체만으로 놀라운 일이었다.

어린 시절의 수많은 보물이 그렇듯이 그때 그 지도는 세월 속으로 사라졌다. 그리고 결혼, 양육, 일과 같은 현실의 압력과 내 삶을 지배하는 어른으로서의 많은 책임들과 더불어 애팔래치아 산맥을 걸어보겠다던 나의 꿈은 점차 사라져버렸다.

그러나 이제, 영적인 불만족을 느끼고 있는 중년에 불현 듯 애팔래치아 산자락이라도 걸어봐야겠다는 생각이 찾아들었다. 일단 이런 생각은 내 마음의 모퉁이부터 흥미로운 가능성으로 조금씩 잠식시켜 나가기 시작했다. 흥분된 마음으로 나는 웹사이트를 찾아보기 시작했고, 등산로에 대한 책을 읽고, 가능한 일정을 점검해 보았다. 결국 서서히 이러한 생각이 내 삶을 잠식해 나갔다. 애팔래치아 산맥을 따라 걷는다는 것은 내 영적 방황과 내가 메노나이트 교회에 대해 전반적으로 느끼고 있던 무거운 짐을 벗어낼 수 있는 완벽한 해답처럼 보였다.

당시 내가 이해했던 바, "보다 영적"이 된다는 것은 다른 사람들의 방해 및 간섭, 매일 내가 했던 일상의 과제, 매일 주고받는 이메일로부터 완전히 떠나야 하는 모습으로 다가왔다. 예수와 바울이 그들의 사역 중에 아주 중요한 시간을 고독 속에서 외로이 보냈던 것처럼 초기 기독교 전통의 수많은 영웅들이 은둔자로 살았다. 내 생각에 시간만이 나의 우선순위에 새로운 관점을 가져다 줄 것이며 하나님과 소통하는 직접적인 통로가 될 것이라고 여겼다.

나는 또한 영적인 존재는 훈련 특히 몸의 훈련을 해야 한다고 여겼다. 그동안 목적 없이 인터넷을 여기저기 돌아다닌다든지, 텔레비전의 스포츠 방송이 끝날 때까지 몇 시간을 허비한다든지, 대책 없이 음식을 먹어치운다든지 하는 것을 통해 몸이 "자연스런" 충동에 얼마나 쉽게 무너지는지 이미 경험을 통해 충분히 알고 있었다. 이와는 대조적으로 성령님께 귀를 기울이는 것은 엄청난 노력이 필요한 것처럼 보였다. 성령님께 시선을 집중하는 일은 자연적으로 일어나는 게 아니라, 자신의 충동을 억제하고, 육체적 욕망을 다스리는 훈련을 잘 하고, 그래서 몸의 욕구들과 "한바탕 전쟁을 치른 후" 승리한 사람에게만 주어지는 보상이다. 애팔래치아 산맥의 길을 따라 걷는 일은 영적인 사람이 되기 위해 치러야할 신체적 인내강도가 얼마나 되는지 알아보기 위한 최적화된 시험이나 되는 것처럼 다가왔다.

결국, 자연과의 만남이 하나님을 만날 신선한 기회를 열어 주리라는 사실은 분명해 보였다. 주일 아침 예배 순서가 점점 더 무미건조하고 틀에 박힌 일상으로 자리해 있는 나에게 아름다운 창조 속에서 하나님을 직접 만나는 것은 틀림없이 새로운 변화를 체험하게 해줄 것 같았다. 만약 교회의 제도적인 모습과 판에 박힌 예배가 생명력을 소진시키는 일이라면, 자연 속에서 하나님을 만난 사건은 신적인 새 길을 열어주는 일이 될 것이다.

계획을 진행해나갈수록, 이 여행은 내 마음 속에 점점 더 중요하게 다가왔다. 숲속의 길을 걷는 일은 나의 안식년에 있어서 더 이상 부차적인 요소가 아니었다. 이는 이제 추구해야할 비전, 광야에서 홀로 하나님과 씨름하고, 몸을 훈련시키고, 자연을 통해 직접 신을 만나는 최고의 기회로 자리하게 되었다.

나는 조지아의 한 분기점에서 시작하여 테네시 주의 동부기슭을 따라, 스모키 산맥을 통과하여 북 캐롤라이나 주에 이르는 19일간의 도보일정을 계획하였다. 이는 어림잡아 매일 32킬로미터 이상을 걸어야 하는 꽤나 도전적이며 야심찬 일정이었다. 그러나 계획의 엄격함은 도전해볼만한 목표로 다가왔다. 늦은 10월 어느 날 이른 아침, 나는 엄청난 희망을 가슴에 안고 조지아 주에 있는 스프링거 산자락에서 첫발을 내디뎠다.

그러나 이 도보여행은 내가 계획한 대로 이루어지지 않았다. 활기찬 행보를 시작한 첫날에는 하루 밤을 머물 캠프 장소에 이르기까지 목표했던 것보다 좀 더 긴 37킬로미터를 걸었다. 그러나 다음 날 문제가 생겼다. 아침에 일어나 물병에 시냇물을 채우러 갔다가 계곡에서 미끄러지는 일이 발생했다. 물에 젖은 양말을 갈아 신었지만, 얼마동안 걸어가면서 부드러운 발에 통증을 느끼게 되었다. 이런 상황에다가 지도를 잘못 읽은 탓에 약 5킬로미터나 되는 길을 잘못 걸어왔음을 뒤늦게 알게 되었다. 결국 나는 오던 길을 되돌아 가야했고 정해진 거리보다 10킬로를 더 걸어야 했다. 다행히 그날 저녁 머물 장소에 도착했으나 내가 의도했던 것보다 훨씬 늦게 도착하였고, 힘이 다 소진하여 저녁 먹을 기운조차 없을 정도가 되었다. 나는 산 정상에 자리를 깔끔하게 정리하고 텐트를 쳤다. 그날 밤 내내, 나는 윙윙거리는 바람 소리를 들어야 했다. 바람 소리를 들으면서 온도가 급강하고 있음을 느끼게 되었고, 차가운 날씨에 부스부슬 내리는 비를 맞는 텐트 속에서 여러 번 잠을 뒤척여야 했다.

셋째 날에는 출발을 늦추어야 했다. 실제로 그날 아침에는 내가 상상하던 아름다운 경치라고는 조금도 볼 수 없었다. 문자 그대로 나의 모든 감각은 발 앞에 펼쳐진 바윗길을 분간하는데 집중되었고, 단조롭지만 경사가 꽤 있는 내리막길을 따라가는데 몰입되었다. 점심 때 쯤, 거리를 확인한 결과 겨우 10킬로미터 밖에 걷지 못했다. 매일 걸어야 할 평균에 훨씬 미치지 못한 거리였다.

오후에는 입맛이 싹 사라졌다. 그날 밤에 내 몸에 붙어있는 모든 근육과 뼈마디가 쑤시기 시작했고 발은 완전히 거덜 난 느낌이었다. 도보여행을 시작한 이래로 한 번도 뭔가 읽을 자료를 끄집어내지도 못했고, 성령님의 현존에 대해 혹은 교회의 미래에 대한 깊은 묵상은 아예 생각할 틈조차 없었다. 바야흐로 기온은 영도 근처를 맴돌고 있었다.

넷째 날 아침, 양말을 신으면서 발바닥에 수포가 생긴 것이 보였고 엄지발가락 사이에 새로운 통점이 발견되었다. 그래도 나는 여정을 떠나야 했다. 길에 들어설 때 부슬부슬 내리던 비는 점차 진눈개비가 되었다가 결국 눈으로 변했다. 플로리다 주에 불어 닥친 태풍 윌마에 의해 파생된 강풍은 이 지역의 기후를 완전히 바꾸어 놓았다. 바위 위에 얇은 얼음막이 형성되자, 나는 혹시 저체온 증상으로 얼어 죽지는 않을까 하는 생각까지 하게 되었다. 지친 몸에 날씨마저 추워지자 몸의 감각도 얼어버렸고, 아무도 없는 황량한 산 정상에서 다리라도 부러지면 어쩌나 하는 생각까지 하게 되었다.

그날 늦은 오후 나는 아주 작은 고속도로를 가로질러가고 있었다. 지나가던 픽업트럭이 천천히 속도를 낮추었다. 젊은 운전사가 나에게 혹시 도움이 필요하지 않은지 물어왔다. 나는 즉시 차에 올라탔고, 그는 약 15킬로미터 정도 떨어진 가까운 읍내의 싼 모텔까지 나를 데려다 주었다. 다음 날 아침, 나는 지나가는 차를 세워 녹스빌에 있는 공항까지 차를 얻어 타고, 내 집이 있는 사우스벤드 행 편도 비행기 표를 구입했다. 집으로 돌아와 내 몸에 난 상처를 달래며 지난 몇일 간 나에게 무슨 일이 있었는지 생각하기 시작했다.

어떤 면에서 생각해 보면, 나의 좌절된 계획은 날씨가 도와주지 않은 탓도 있었기 때문에 그다지 큰 문제는 아니었다. 내가 가진 교만을 꺾고 다음번에는 좀 더 현실적인 목표를 세워서 다시 시도하면 될 일이었다. 그러나 진리에 관한 문제로서 내가 가진 혼돈과 실패에 대한 느낌은 이러한 문제보다 훨씬 깊은 좌절감으로 다가왔다. 내가 애팔래치아 산맥으로 도보 여행을 떠난 이유는 보다 "영적이고 싶어서"였다. 일말의 축복을 맛보고 싶어서 떠났던 여행이었다. 그런데 이전에 느꼈던 것보다 더 공허한 느낌과 실패의 쓴 맛을 보면서 집으로 돌아왔다.

한 사람의 개인적 경험을 일반화하는 것은 위험하다. 그러나 애팔래치아 산맥의 길로 인도했던 나의 영적인 불만족, 그리고 이러한 불만족을 해소하기 위해 나 스스로를 잘못 이끌어갔던 시도들에 대해 묵상하면서 나는 이러한 혼동이 나만의 문제가 아니라는 사실을 뼈저리게 깨닫게 되었다.

* * *

현재 많은 메노나이트 회중들은 보다 진정한 믿음, 예배 중 하나님의 임재에 대한 깊은 이해, 어떻게 복음을 매일의 삶 속에 드러낼 수 있는지 보다 분명하고 간절하게 이해하고 싶어 한다. 비록 세세한 내용은 서로 다르겠지만, 이런 갈증을 느끼는 회중들은, 내가 그랬던 것처럼, 이러한 영적인 불만족이 새로운 기술, 혁신적 계획, 혹은 새롭고 전략적인 시도를 통해 해결 될 것이라는 환상에 유혹을 받고 있다. 교회 현관 로비에는 변화하는 선교에 대응하기 위한 리더십 훈련 프로그램과 교회를 모르는 사람들에게 다가가기 위한 전략 세미나를 알리는 멋진 광고들로 가득 차 있다. 교회 도서관에는 『선교의 변화하는 얼굴』, 성장하는 『교회의 일곱 가지 습관』 이나 『바쁘게 사는 신자들을 위한 영성』 같은 책이 준비되어 있다.

셀 수 없이 많은 회중들이 젊은이들을 교회에 붙잡아두려고 무진 애를 쓰고 있다. 제대로 된 영성을 형성하기 위해 새로운 형태의 음악을 도입하고, 최근에 방영된 영화 장면을 이용하여 설교에 활력을 불어넣고자 시도하고, 커피숍이나 운동시설과 연계하여 건물을 개조하고, 현 시류에 맞는 문화적 기호에 "적절한" 모습이 되길 바라는 마음을 갖고 있다.

모든 경우에 있어, 이 세상에서 진정한 믿음을 갖고자 하는 일은 실제적인 문제다. 보다 적절한 모습의 증인된 삶에 대한 굶주림은 실제 상황이다. 온전한 삶에 대한 보다 깊은 갈망, 하나님에 대한 갈급함은 속일 수 없다. 그러나 쉬운 "해결책"을 통해 이러한 갈망을 채우려는 이 시대의 경향은 항상 우리에게 실망과 좌절감을 안겨준다.

이 책은 개인적으로만 아니라 공동체적으로, 보다 확실하면서도 통전적인 시각아래 어떻게 하면 하나님에 대한 갈급함에 제대로 반응할 수 있는가에 대한 지속적인 묵상이다. 어떤 수준에서 보면 이 책은 영성spirituality이나 거룩holiness과 같은 추상적인 용어들과 "기독교 윤리"와 같은 구체적이고 실천적인 용어 사이를 서로 깊이 연결하는 지도를 그리고자 했다. 이러한 의미에서 이 책은 "믿음"과 "행위"라는 관계를 놓고 씨름해왔던 아주 오래된 기독교 대화의 연장선상에 있으며, 많은 이들이 걸었던 길과 그 맥락을 같이한다.

그러나 여러 가지 이유로 나는 이 책의 목적을 좀 더 분명하게 설명하기 원한다. 비록 그 표현 방법들은 다양할지라도 이 책이 다루려는 실제 의제로서 기독교 증언 즉 그리스도인의 증인된 삶은 항상 예배로 시작해야 한다는 것을 메노나이트 독자들에게 분명히 하려는 것이다. 복음의 좋은 소식이란 그것이 우리가 사는 지역공동체의 비교인들에게나, 멀리 떨어져 살고 있는 난민들에게나, 제대로 된 자세로 예배를 드릴 때에만 믿을 만하고 변혁적transformative이 된다. 마찬가지로 만약 분명한 증거로서 예배가 눈으로 보이고 손으로 만져지지 않는다면 예배에서 우리가 하나님께 드리는 찬양은 의미가 없으며 말 그대로 "울리는 징이요 요란한 꽹과리"일 뿐이다. 기독교 예배와 삶 속의 증거는 서로 떼려야 뗄 수 없는 관계로 엮여있다.

메노나이트들의 선조인 16세기 아나뱁티스트들이 언급한 "그리스도의 부활을 사는 삶"이라는 표현에서 볼 수 있듯이 그들은 예배와 삶의 증거를 하나의 통합체로 보았다. 그들에게 그리스도인의 삶이란 추상적인 신학 원리라든가, 감정적 축복의 내적 경험이라든가, 더 나아가 예수님과 함께 하는 "개인적 관계"로 보지 않았다. 오히려 기독교 제자도의 삶은 변화된 모습윤리으로 분명하게 드러나고 증거 됨으로써 우리가 그리스도의 몸에 참여하고 예배, 이 세상에서 부활의 능력을 증거하는 삶증명하는 삶과 더불어 시작된다. 예배와 삶이 본질적으로 하나로 통합되는 모습을 존중하며 이를 실천적으로 계발하는 것이 기독교 제자도의 핵심이자 영적 갱신의 원천이다.

앞으로 살펴볼 묵상은 예배와 삶의 증거에 대한 상관관계를 주 내용으로 구성하였다. 곧 분명하게 드러나겠지만, 이러한 주제에 대한 나의 이해는 아나뱁티스트-메노나이트 전통과 특별한 환경에서 신앙을 지켜나가기 위해 씨름해온 회중들의 헌신을 통해 형성된 결과물이다. 이 책이 제시하는 생각들이 모든 교단에 속해 있는 그리스도인들에게도 동일하게 적용가능한 것이길 바란다.

1. 하나님의 성품은 이따금씩 나타나거나 뭔가 부족한 모습이 아니라 풍성하게 드러나 있다. 창세기 첫 장을 열면서 우리는 하나님께서 무無 nothing에서 세상을 창조하셨다는 사실을 안다. 우리가 축적해 온 자료가 무엇이든지 간에 창조를 유한한 것으로 여기는 고집스런 인간의 충동과는 대조적으로 하나님의 사랑과 축복은 항상 지나치고, 무한하며, 무에서 뭔가를 창조해낸다. 그것이 하늘에서 내려오는 만나처럼 너무 많아서 다 담을 수 없는 모습이든출 16:21예수가 빈들에서 오천 명을 먹이고 남은 빵 열두 광주리를 거둔 모습이든막 6:42~43, 하나님은 항상 자기 백성의 필요를 채워주셨고 필요 이상으로 주시기까지 하신다.

하나님의 선물은 확실히 이해의 범위를 넘어선다. 하나님의 선물은 우리가 갖고 있는 신학적 정의를 넘어선다. 왜냐하면 하나님의 선물은 인간의 제도와 구조 안에 다 담을 수 없으며, 약한 사람을 깜짝 놀라게 하고 강한 사람을 당황하게 만들기 때문이다.

특별히 성경에 기록된 삼위일체 즉 하나님, 예수님, 성령님의 연합으로 각각의 서로 다른 성품을 조금도 삭감시키지 않고 완전히 동일한 존재로 그려낸 이미지만큼 하나님에 대한 중요한 진리를 제대로 포착한 이미지는 존재하지 않는다. 하나님의 풍성하심은 항상 우리가 상상하는 것보다 훨씬 위대하다.

2. 인간에게 나타난 하나님에 대한 계시의 최고봉은 "육신이 되신 그 말씀"요1:14 즉 예수 그리스도이다. 이 주장에서 우리는 기독교 신앙의 중심에 자리하는 역설과 만난다. 정의에 있어서 하나님은 시간, 공간, 문화를 넘어선다. 그러나 여전히 우리는 시간과 공간과 문화 속에서만 하나님을 알아왔다. 즉 우리는 항상 성령님을 특정하고, 특별하고, 구체화된 방식을 통해 이해한다. 비록 성육신의 신비에 뿌리를 내리고 있는 이러한 주장이 대부분의 그리스도인들에게는 아주 분명한 것처럼 보이지만, 그것이 내포하는 의미는 심오하다. 기본적으로 감정이나 느낌 혹은 추상적인 개념이나 보이지 않는 영적 존재로 하나님을 이해하고 있는 신자들에게, 성육신은 하나님께서 몸의 형체로 인간이 되셨음을 상기시켜준다. 동시에 도덕적 모범이자 지혜로운 선생으로 예수를 생각하는 사람들에게, 성육신은 그리스도 안에서 생명을 주시고 유지시키시는 우주의 창조주 하나님을 만날 수 있음을 상기시켜준다. 예수 때문에 우리는 하나님이 몸의 형체를 입고 나타나셨음을 알지만, 여전히 하나님의 현존은 항상 특정한 형태를 초월해서 계신다.

3. 성령님을 통해 그리스도인들은 소위 우리가 말하는 그리스도의 몸, 즉 교회의 삶을 살며 "그리스도 안"으로 들어간다. 비록 부활하신 그리스도가 지금은 아버지의 오른 편에 앉아계시지만, 여전히 그는 성

령님의 은사를 통해 교회에 살아계신다. 교회는 그리스도의 몸으로서 성육신을 시간과 공간으로 확장한다. 요한복음에 따르면, 예수는 제자들에게 "나는 포도나무요, 너희는 가지이다. 사람이 내 안에 머물러 있고, 내가 그 안에 머물러 있으면, 그는 많은 열매를 맺는다. 너희는 나를 떠나서는 아무것도 할 수 없다."고 말씀하셨다. 요15:4 예수께서는 만약 관계가 진짜 살아있다면, 신자들이 서로 사랑하는 모습을 통해 열매를 맺을 것이라고 하셨다. 신자들이 기독교 공동체 안에서 서로 나누는 사랑은 실제로 교회의 일치를 가져다주며, 하나님의 성품을 세상에 보여주는 놀라운 삶의 증거가 된다. 요17:20~23 이것이 구원을 결코 하나님과 신자 개인 간에 존재하는 사적이나 개인적인 변화로 제한해서는 안 되는 이유다. 오히려 우리는 그리스도에 의해 이 세상에 가시적으로 드러나는 그리스도의 몸, 즉 교회 안에서 멤버가 되며 열매를 맺고 변화한다.

4. 그리스도의 몸은 깨어지기 쉬운 자기희생적 사랑의 행동을 통해 세상에 주어졌다. 이러한 대담한 주장은 상식과 완전히 반대되는 것처럼 보인다. 우주를 지으신 창조주는 자발적으로 로마 제국의 오지에 살고 있는 가난한 부모에게 주어진 어린 아기의 모습으로 태어나 인간 역사의 흐름으로 들어오셨다. 그는 다른 사람들 특히 약하고 비천한 사람들을 위해 살라고 설교하고, 그러한 삶의 모범이 되었으며, 결국 십자가에서 고통을 당하며 모욕적인 죽음을 당했다.

그러나 그의 깨어지기 쉬운 자기희생적 사랑의 행동이 하나님의 권위와 능력의 참된 본성임을 드러내었다. 죽음은 사랑의 능력을 이기지 못하였다. 부활을 통해 그리스도는 승리하셨고, "약한 데서 완전하게 되는 능력으로" 부르셔서 우리를 부활에 동참하도록 초청하셨다.고후12:9 빌립보교회에 보낸 편지에서 바울은 이러한 내용을 명확한 시어로 잘 요약하였다.

> 그리스도 안에서 여러분에게 무슨 격려나, 사랑의 무슨 위로나, 성령의 무슨 교제나, 무슨 동정심과 자비가 있거든 여러분은 같은 생각을 품고, 같은 사랑을 가지고, 뜻을 합하여 한 마음이 되어서, 내 기쁨이 넘치게 해 주십시오. 무슨 일을 하든지, 경쟁심이나 허영으로 하지 말고, 겸손한 마음으로 하고, 자기보다 서로 남을 낫게 여기십시오. 또한 여러분은 자기 일만 돌보지 말고, 서로 다른 사람들의 일도 돌보아 주십시오.
>
> 여러분 안에 이 마음을 품으십시오. 그것은 곧 그리스도 예수의 마음이기도 합니다. 그는 하나님의 모습을 지니셨으나, 하나님과 동등함을 당연하게 생각하지 않으시고, 오히려 자기를 비워서 종의 모습을 취하시고, 사람과 같이 되셨습니다. 그는 사람의 모양으로 나타나셔서, 자기를 낮추시고, 죽기까지 순종하셨으니, 곧 십자가에 죽기까지 하셨습니다. 그러므로 하나님께서는 그를 지극히 높이시고, 모든 이름 위에 뛰어난 이름을 그에게 주셨습니다. 그리하여 하늘과 땅 위와 땅 아래 있는 모든 것들이 예수의 이름 앞에 무릎을 꿇고, 모두가 예수 그리스도는 주님이시라고 고백하여, 하나

님 아버지께 영광을 돌리게 하셨습니다. 빌립보서 2:2~11)

이것이 이 세상을 향한 하나님의 성품이자 하나님이 주신 선물의 비밀이다. 이런 선물을 받아들인다는 건 우리 또한 세상적인 권력과 영광을 버리고 새로운 종류의 권력 즉 예수를 주로 고백하며, "하나님 아버지께 영광을" 돌리며 찬양하는 새로운 모습으로 일어서는 것을 말한다.

5. 그리스도인의 "실천"에 있어서 예배와 삶의 증거는 서로 분리되지 않는다. 비록 실천이라는 용어가 성경에 기록되어 있지는 않지만, 이는 성경적 기독교의 핵심인 믿음의 결정적인 요소다. 실천이 무엇을 의미하는지는 나중에 구체적으로 살펴볼 것이다. 여기서는 그리스도인의 실천이 성령의 임재에 의해 발현되고 교회의 맥락에서 배양되는 것으로서 이 세상에 그리스도의 현존을 가시적으로 드러내는 태도와 행동으로 간단히 언급하는 것만으로도 충분할 것이다. 규칙적인 예배의 실행은 기독교의 진정한 실체를 드러내는데 도움이 된다. 궁극적으로 예배란 영적이며 물적인 모든 것들이 그리스도 안에서 하나가 되는 것을 말한다.

하나님의 영광은 항상 구체적이고, 물리적이고, 만질 수 있는 방식으로 드러나기 때문에, 예배는 불가피하게 눈에 보이는 형태 즉 말씀이 육신이 된 형태로 드러나기 마련이다. 이처럼 우리가 종종 개인적인 경건함과 윤리를 구분하고, 하나님과 함께 하는 내면의 평화와 세상에서 평화를 증언하는 일을 따로 구분하려드는 것은 전혀 합리적이지 않다. 예배의 실천은 그리스도인들을 준비시켜 신체적인 건강, 가정과 교회의 여러 지체들 간의 관계, 우리가 사는 지역 공동체, 우리가 하나님의 창조를 대하는 방식 등 매일의 삶 속에서 그리스도를 "드러내게witness" 한다. 이러한 의미에서 그리스도인 삶의 모든 부분이 예배이며 동시에 말씀이 육신이 됨을 드러내는 모습이어야 한다.

물론 이러한 주제들은 각각 좀 더 성경에 근거를 두고 보다 세심한 의미를 드러내는 가운데 명확히 설명되어야 한다. 이 책이 이러한 내용에 대한 설명이 될 것이라 믿는다.

이 책의 1부는 예배에 초점을 맞추었다. 글은 우리가 불만족스러워하는 내용들과 여러 근거들과 더불어 시작된다. 1장에서는 애팔래치아 산맥의 길로 나를 내 몰았던 영적인 불안 뒤편에 숨어있는 뿌리 깊은 원인들이 무엇인지 살펴본다. 그리고 예배와 삶의 증거에 대한 북미 메노나이트 회중들이 혼란스러워 하는 내용들이 무엇인지 살펴보고자 했다. 매일 반복되는 우리의 일상 속에 숨겨져 있는 강력하고 파괴적인 세력들은 하나님과 인간 사이에 간격을 점점 크게 벌여놓고 있고, 우리의 몸과 영, 교회와 세상, 예배와 증거 하는 삶을 건강하게 유지하지 못하도록 분열을 조장하고 있다. 우리 안에 도사려 있는 막연한 영적인 불안감의 출처가 무엇인지 그 정체성을 밝히는 일과, 단순히 눈에 보이는 증상들을 다루고 치료하는 일에 앞서 우리가 앓고 있는 질병의 뿌리 깊은 원인이 무엇인지 밝히는 일부터 시작해야 한다.

1장의 진단에 이어 2,3,4 장에서는 치유를 향해 가는 길과 여정을 소개한다. 2장은 그리스도인의 믿음과 실천의 모든 측면에 드러나 있는 성육신의 근본적인 중요성에 대한 밑그림으로 전 기독교 역사 속에서 그리스도인들이 정기적으로 모여서 드린 예배와 예배를 드린 근본적인 이유들을 다시 살펴보았다. 예수 그리스도라는 사람 안에서 말씀이 육신이 된 성육신은 창조된 세상으로부터의 분리, 서로가 서로를 멀리하는 모습, 그리고 그 무엇보다 하나님으로부터 멀어진 깊은 분리를 치유하는 핵심이다. 3장의 초점은 예배인데, 역사 속에 드러난 하나님의 구원하시는 행동에 대한 이야기를 다시 듣고 그 이야기 속으로 들어감으로써 성육신을 세상에 알리고자 하였다. 진정한 예배는 반드시 변화된 삶의 모습을 세상으로 흘려보내는 모습이어야 하는데, 이는 본질상 예배가 선교적missional이기 때문이다. 그리스도인의 삶의 특징을 규정한 4장은 실천의 개념이 무엇인지 소개한다. 예배의 실천사항들은 우리가 소유한 아주 독특한 습관과 성향을 만들어나가고, 이 세상을 살아가는 그리스도인들의 삶의 특징이 된다. 결국 그리스도인의 실천적 모습은 이 세상에서 그리스도의 몸을 가시적으로 드러내는 삶의 증거가 된다.

2부에서는 우리의 일상생활 속에 예배가 어떻게 드러나야 하는지 살펴본다. 5장은 찬양, 세족식, 애찬, 건강한 죽음과 같은 주제들에 초점을 맞추어 예배와 우리의 몸 사이의 상관관계에 대해 탐구해볼 것이다. 6장에서는 가족의 삶에서 표출되는 예배의 내용으로서 결혼, 자녀 양육, 상호 부조, 용서 등에 대한 실천적 내용을 살펴볼 것이다. 7장은 세상과 공동체 내에서 기독교 예배와 교회의 증거가 어떻게 연결되어 있는지를 추적해보았다. 8장은 교회 건축이 우리의 예배를 어떻게 만들며, 우리가 소중히 여기는 수많은 가치들을 어떻게 소통하도록 만들어 가는지 몇 가지 방식을 언급하며 예배 장소 및 물리적 공간에 대한 내용을 다루었다.

끝으로 3부에서는 미래의 메노나이트 예배와 삶에 대해 생각해 보았다. 9장에서는 세례와 성찬이라는 실행예식에 대한 아나뱁티스트-메노나이트 관점을 실었다. 기독교 예전인 세례와 성찬은 살아계신 그리스도의 몸으로서 회원들이 어떻게 "재구성re-member"되는지 보여주며 서로를 돕고 성육신을 재현하는 예식이다. 10장은 왜 예배와 삶의 증거가 궁극적으로 아름다움에 뿌리를 두어야만 하는지 깊이 검토하였다. 마지막으로 선교의 가장 강력한 형태는 정성들여 준비한 간증이나 도덕적으로 완전한 사례를 말로 선전하는 것이 아니라, 이 세상에서 끊임없이 존재하는 방식으로 "거룩한 아름다움"을 드러내는 것임을 강조하였다.

* * *

끝으로 방법론에 대해 언급하는 것이 적절할 것 같다. 나는 이 책이 말하려는 논점 즉 예배는 그리스도인의 삶 속에 드러난 실천과 증거와 분리될 수 없으며, 이를 순환 논리로 삼아야 한다는 점을 독자들이 충분히 발견할 수 있으리라 생각한다. 그렇지 않다면 예배와 삶

속의 증거를 서로 다른 두 가지 활동으로 생각하는 것이 보다 더 의미 있다는 말인가? 아마도 예배는 주일 아침에 두 시간 정도 함께 뭔가를 하는 것이며, 삶의 증거는 그 외 나머지 시간 동안 하는 일을 의미할 수 있다. 아마도 신자가 자기 내면의 생활을 살피는 것이 예배고, 믿음에 관련된 내용을 밖으로 드러내는 것을 간증이라고 이해할 수도 있다. 혹은 예배를 우리가 열심히 살아야 할 세상으로 나아가기 위해 "에너지를 받는" 시간으로 여길 수 있다.

예배에 대한 이러한 특징은 이미 형성되어 있는 관점으로서 우리가 선택하는 내용이기도 하다. 현재 메노나이트 교회가 선택한 예배의 모습을 가장 잘 드러내 주는 것이 아마 평화가 아닐까 한다. 우리 시대의 자화상 속에서 메노나이트 회중들은 한 가지 또는 두 가지 정도의 선택에 직면해 있다. 즉 예배에 적극적으로 표현되어 있고 보다 대중적인 문화와 연결되어 있는 "하나님과 내면적 평화"에 헌신하는 것이 하나이며, 그렇지 않으면 섬김에 대한 외면적 강조, 땅과 환경에 대한 관심, 정치적 행동주의, 대중문화에 대한 비판적 시각으로 "평화와 정의"에 초점을 맞추는 모습이다. 이 두 그룹은 모두 평화라는 용어를 사용하지만, 그 방식은 나름 독특한 방식이나 때로는 적대적 방식으로 예배와 삶의 증거를 유지하는 것처럼 보인다.

이 책에서 나는 예배와 삶을 서로 분리하는 유혹에 대해 의식적으로 저항하기 원한다. 한편으로 이러한 특징들은 거의 항상 예배를 하나의 기술이나, 앞으로 다가올 한 주를 살기 위해 힘을 보충하거나, 평화로운 마음을 갖거나, 행복한 느낌을 갖도록 특정한 결과를 만들어내야 하는 행사로 여기게 만듦으로써 예배의 진정한 의미를 감소시켜왔다. 그러나 성경은 결코 목적을 위한 수단으로 예배를 이해하지 않는다. 대신에 예배는 찬양과 경배의 대상이신 창조주께 인간을 의식적으로 적절히 위치시키는 것 그 이상도 이하도 아니다. 예배는 그 자체가 보상이다.

그럼에도 불구하고, 우리는 인간의 형체를 입고 이 땅에 오신 하나님에 의해 구원을 얻었기 때문에, 불가피하게 우리의 구원은 변화된 삶의 형태 안에서 눈에 보이도록 표현되어야 한다. 즉 예배는 항상 삶과 연결되어 있어야 한다.

같은 맥락에서 나는 구체화되고 법제화된 그리스도인의 실천을 "윤리"라는 전통적인 용어보다는 증거의 언어로 표현하고자 했다. 비록 이러한 것 중 그 어떤 것도 나쁜 것은 아니지만, 내가 이해하는 바, 그리스도인이 덕을 행하면서 사는 것은 근본적으로 선한 사람이 되거나, 평화를 만들기 위해 전략을 개발하거나, 정의를 지키기 위해 주의를 기울이는 문제가 아니다. 기독교 윤리는 우리의 행동이 그리스도의 몸에 참여함으로써 세상 속에서 제대로 증거 될 때에만 의미가 있다. 예배처럼, 삶의 증거도 본질적으로는 우리에 대한 것이 아니다! 삶의 증거는 단순히 창조주와 적절한 관계 속에서 살아가는 사람들의 필연적 결과다. 이 세상에서의 기독교 증언은 우리 삶에 보이는 형태로 드러난 성령님의 현존 그 이상도 그 이하도 아니다. 바울이 말한 것처럼, 그것은 "내 안에 그리스도께서 사시는" 모습이다.갈 2:20 이와 같이 예배는 항상 우리의 행동에 변화를 가져오는 공적인 활동이며, 우리의 행동은 항상 우리가 예배하는 하나님을 공적으로 드러내는 모습이어야 한다.

그러나 결국 믿음에 대한 이러한 이해는 이기거나 지는 논쟁의 모습으로 주장되어서는 안 된다. 또한 이론적으로 공격할 틈이 없는 수학적 공식도 아니다. 기독교 신앙은 협박이나 강요가 아닌 초청이다. 증언은 자연스럽게 드러나야 하는 것이지, 누군가에게 강요하는 모습이어서는 안 되기 때문이다. 그러기에 그 권위는 살아계신 그리스도의 몸을 드러내는 데 궁극적인 닻을 내리고 있다.

모든 사람이 예배와 삶이 하나가 된 모습으로 말하고 행동할 때, 기독교 신앙이 순수한 모습의 초청장으로 다가갈 것이다. 주님의 선하심을 맛보아 알지어다.

1부: 예배

1. 깨어진 삶: 에덴으로부터의 추방

우리가 바빌론의 강변 곳곳에 앉아서, 시온을 생각하면서 울었다.
그 강변 버드나무 가지에 우리의 수금을 걸어 두었더니,
우리를 사로잡아 온 자들이 거기에서 우리에게 노래를 청하였다.…
우리가 어찌 이방 땅에서 주님의 노래를 부를 수 있으랴?
시편 137:1~4

　　2002년 1월, 보스턴의 버나드 로Bernard Law 추기경이 자신의
지역에 있는 몇 명의 사제들이 어린이들을 성추행했다고 공식 발표했
을 때, 사람들은 추문과 관련된 고통스런 소식이 국가적 관심사에서
빨리 사라졌으면 하고 바랬다. 얼마 안 되는 몇 명의 종교 지도자들이
모범적인 삶을 제시하지 못한 실패가 그 큰 가톨릭교회의 실패처럼 인
식되었다. 그러나 사람들의 바람과 달리, 그 문제는 쉽게 사라지지 않
았다. 문제가 사실로 증명되면서 보스턴에서 일어난 일은 단지 그 도
시에서만 일어난 작은 사건으로 그치지 않았다. 그 이후에 몇 달 동안
비슷한 이야기들이 미국 전역의 주요도시에서 들려왔다. 다수의 개인
들이 어렸을 때부터 신뢰하던 교회 리더들에 의해 학대를 당해왔다는

슬픈 이야기가 끊임없이 들려왔다.

학대와 더불어 더 나쁜 소식은 이러한 일에 교회가 공모했다는 증거였다. 연이어 관할 지역의 주교들이 성적 학대자라고 고소를 당한 사제들을 새로운 교구에 다시 임명하는 일로 또 다른 "문제를 야기했다." 버나드 로 주교의 정식 성명서가 발표된 지 5년 뒤에, 뉴욕에서 로스앤젤레스에 이르는 가톨릭교회의 주교 관할 지역에서 수천 명의 사람들이 법정소송을 제기하였으며, 이를 해결하는데 수억 달러 이상의 비용을 지불해야 했다. 법적으로 이 문제를 해결하기 위해서는 수 십 년이 걸릴 지도 모른다. 그러나 개인과 집단이 겪는 고통은 법정소송이 끝나고 비용이 지불된다 해도 결코 사라지지 않을 것이다. 비록 교회가 이러한 문제들에 대응하기 위해 최선을 다한다고 해도, 미국에서 가톨릭교회의 공적인 이미지와 명예는 더럽혀진 채로 지속될 것이다.

그러나 프로테스탄트들이 이러한 일에 대해 젠체하는 느낌을 갖지 않으려면, 교회 내의 도덕적 실패에 대한 이야기가 결코 가톨릭교회에 국한되는 것이 아님을 분명히 해야 한다. 최근 몇 십 년 동안, 진짜로 유명한 프로테스탄트 설교자 수 십 명이 도덕적으로 불미스러운 일에 연루되어 있음이 드러났다. 그것도 도덕, 가족의 가치, 개인적 고결함을 강조함에 있어 철두철미하게 보수적인 입장을 견지하던 설교자들이 윤리적인 면에 있어서 턱없이 부족한 모습과 수치스런 모습을 백일하에 드러냈다. 많은 도시에서, 가난한 자들에게 연민을 보이고 연대하기보다, 개인적으로 부유하게 사는 것이 곧 복음인양 강조함으로써 온갖 인기를 누리던 목사들이 보여준 행위는 곧 뻔뻔스러운 위선으로 드러났다.

이러한 문제를 대할 때, 우리는 많은 권력과 명성과 돈을 가진 몇 안 되는 리더들에게나 해당되는 일이라고 말하고 싶어 할지 모른다. 그러나 불행하게도 교회를 향한 사회적 불신임은 이러한 문제보다 더 심각하다. 2005년, 복음주의 활동가인 로날드 사이더는 자신의 책『그리스도인의 양심선언』IVP에서 문화와 인종, 부와 가난, 배운 사람, 배우지 못한 사람 상관없이 그리스도인의 신앙 선언은 삶의 모든 행보에 점철된 그들의 전인적 삶에 대한 노력에 의해 이루어진다고 주장하였다. 예를 들어, 2001년 회심한 그리스도인들이 보여준 이혼율은 보통 미국 인구의 이혼율과 조금도 차이가 없었다. 그리스도인으로서 이혼한 90%는 모두 그리스도를 영접한 사람들이었다. 스스로를 "신학적으로 보수"라고 규정한 남편들이 보여준 가정 학대는 최소한 믿지 않는 일반 가정에서 학대를 하는 것과 동일한 모습으로 드러났다. 이러한 그룹들 가운데 복음주의자들이라 자처하는 그리스도인들은 자신들이 사는 이웃에 흑인 가족이 이사 오는 것을 가장 심하게 반대하였다. 2002년, 거듭난 그리스도인들 중 겨우 6%만이 수입의 십일조를 한다고 대답하였다. 전체적으로 복음주의자들은 자신들의 수입 중 겨우 4%를 교회에 헌금한다. 다양한 사회의 여론 조사에 따르면 일반적으로 교회 밖의 사람들은 그리스도인들을 영적으로 품위 없고 비열하고, 여성을 학대하고, 정치적 성향에 있어 편협하고, 종교에 있어 시건방지고, 성경을 해석하는 데는 매우 교조주의적인 사람들이라고 인식한다.

이러한 우울한 통계수치들은 미국 교회에 있어 하나의 거대한 풍조로 자리하고 있다. 최근이 시행된 조사에 따르면, 미국의 개신교 중 중요한 여섯 개 교단의 예배 출석이 1994년과 2005년 사이에 대략 12%가량 줄었다고 한다. 사실 최근에 모든 기독교 교단은 엄청난 재정 감소로 선교, 출판, 교육 및 행정적으로 큰 어려움을 겪고 있는 것으로 나타났다. 동시에 젊은이들은 한 세대 이전과 비교해 볼 때, 기독교 신앙에 헌신하지 않는다. 18세부터 30세에 이르는 청년들은 자신들이 "영적이기는 하지만, 종교적이지는 않다"고 말하거나, "하나님을 믿지만, 교회는 가지 않는" 경향을 보인다.

더 나쁜 소식은 이러한 일들이 가정에서 발견된다는 것이다. 몇 세대 동안, 아나뱁티스트-메노나이트 전통에 속한 그룹들은 자신들을 "다른 사람들" 혹은 주변 문화의 시류를 따르지 않는 "비순응의 사람들"이라고 설명하길 좋아했다. 만약 그것이 정말 사실이라면, 그러한 가정은 더 이상 설득력이 없다. 미국 메노나이트 교회에 대한 최근 연구에 따르면 실제로 다른 교단들과 같이 메노나이트도 같은 문제들 즉 교인의 고령화, 예산 감소, 교회의 전통에 대한 이울어가는 충성, 불분명한 신학적 정체성으로 몸살을 앓고 있는 것으로 드러났다. 1989년부터 2005년 사이에, 미국 메노나이트 교회는 교인의 평균 연령이 49세에서 54세로 증가하는 대신 교인 수는 16%나 감소했다. 조사에 참여한 사람 중 1/3도 안 되는 사람들만이 교단에 대한 "강한 헌신"을 표하였다. 1/3이나 되는 사람들이 자신들의 교회 예배나 교회 행사에 비그리스도인을 한 번도 초청해 보지 않았다고 대답했다. 그리고 교회 밖의 사람들 혹은 자기 가족이외의 사람들에게 최소한 한 달에 한 번 이상 신앙에 대해 말하고 있는 사람들은 단지 51%에 불과했다.

비탄의 소리를 뱉어내며 뼈아픈 조사결과를 읽는 동안, 가장 먼저 취하는 행동은 방어적인 반응이다. 이러한 시류는 아마도 어떤 그리스도인들에게는 사실이지만, 적어도 나에게는 혹은 우리 교회의 상황은 아니라고 말하고 싶어 할지 모른다.

이러한 반응은 이해할 만하다. 그러나 우리가 여기에서 가져야 할 자세는 단순히 이러한 걱정스러운 통계 수치 및 자료를 넘어 보다 더 깊은 문제로 가야한다. 거리에서 그리스도인을 만나 자신의 도덕적 신념들이 무엇인지 물어보라. 그러면 탐욕을 즐긴다거나, 인종차별을 조장한다거나, 간통을 좋다고 하거나, 이혼을 좋은 것으로 말하는 사람은 없을 것이다. 문제는 우리가 이러한 이상에 대해 우리가 시각을 잃어버린 데 있지 않다. 진짜 문제는 우리가 고백하는 신앙을 우리 삶 속에 실천하려 들지 않는 우리의 고집과 무능력, 그리고 올바른 신앙의 모습을 공적인 삶에서 드러내기를 주저하는 모습이다.

스스로 방어하려는 모습을 넘어서, 우리가 가져야 할 모습은 이러한 질문들과 씨름하는 것이다. 왜 교회는 그렇게 중요한 신뢰를 잃었는가? 왜 젊은이들이 교회를 가치 있는 존재 혹은 창조적 에너지로 여기지 않는가? 왜 세상을 향한 우리들의 증거가 실제 상황에서 그렇게 자주 타협적인 모습을 보이며, 삶 속에서 실패로 나타나는가? 왜 옳은 일을 실천하려는 우리들의 욕망, 즉 가족들과 보다 더 많은 시간을 보내고, 동료들에게 복음의 좋은 소식을 전하고, 지역사회에 자원봉사자가 되고, 포르노 사이트를 무시해버리고, 건강한 몸을 유지하기 위해 다이어트를 시도하려는 욕망들이 순간의 압력들에 밀려나 하찮은 일들로 변질되는가? 어떻게 교리에 대해 그토록 명확한 그리스도인들, 성경말씀에 근거한 설교에 따라 정기적으로 금식을 하는 사람들, 찬양 음악이 들리면 감동을 받아 손을 들고 찬양하던 사람들이 주중에는 우리 문화의 깊은 흐름에 자신을 맡기며 잘도 떠밀려 다닐 수 있는 것일까?

우리가 수영하는 물

이러한 질문은 전혀 새로운 게 아니다. 교회가 시작되었던 오순절 때부터, 그리스도인들은 항상 자신들의 생명을 예수의 가르침에 순응시키려고 노력하였다. 갓 태동한 교회에 보낸 신약 성경의 편지글들에는 교회 내에 스멀스멀 기어들어온 부도덕한 행동과 부적절한 가르침들을 대적하는 강경한 언어들이 그득 들어있다. 바울 스스로도 자신의 이상과 실제적인 실천 사이에 존재하는 큰 간극과 뼈아픈 좌절감을 분명하게 표현하였다.롬7:14~25 후에 어거스틴과 같은 교회 신학자들은 인간의 의지에 자리하고 있는 고집스러운 죄의 지배력 특히 교회에 헌신된 사람에게까지 끼치는 죄의 지배력이 얼마나 큰지 아주 긴 분량으로 설명하였다.

이러한 글들은 우리가 말한 믿음에 꼭 맞는 실천을 향한 우리의 노력이 우리의 의지보다 더 깊이 자리하도록 해야 한다는 사실을 분명

하게 보여주었다. 설교나 성경에 아주 분명하게 드러나 있는 이러한
가르침들은 우리가 일상 즉 현실 상황에 적용하려고 시도할 때 상당히
복잡해진다. 예를 들어 우리는 예수께서 자신을 따라오는 사람들에게
그들이 가진 재물을 다른 사람들에게 나누어주라고 하신 내용을 잘 알
고 있다. "너에게 달라는 사람에게는 주고, 네 것을 가져가는 사람에
게서 도로 찾으려고 하지 말아라"눅 6:30 이 말씀에 기초해 우리는 정직
하게 예수께서 명령하신 것을 따라 살아가길 원해야 한다. 그러나 이
러한 가르침을 삶에 적용하려드는 그 순간, 즉시 우리는 이러한 단순
한 가르침이 상당히 복잡 미묘한 문제라는 사실을 알게 되고, 얼마 되
지 않아 일련의 개인적이며 실천적 질문들을 마주하게 된다.

　　교회 역사 전체를 살펴볼 때, 그리스도인들은 다양한 전통 속
에서 다양한 방식으로 이러한 가르침과 현실의 간극을 메우고자 부단
히 애써 왔다. 가톨릭교회는 사람들을 성직자들, 특히 수도원의 질서
를 따라 살고자 했던 "완전함"으로 부름을 받은 사람들과 강하고 변함
없는 모습으로 예수의 가르침을 따라 살지 않아도 되는 대다수의 평신
도들을 나누어서 생각하는 경향이 있다. 어떤 개신교 전통들은 그리스
도의 가르침은 우리가 들어갈 미래의 하나님 나라에 초점이 맞추어진
것이라고 주장하였다. 즉 이러한 가르침은 우리를 향한 하나님의 완
전한 삶에 대한 계획이지 타락한 이 세상에서 살고 있는 그리스도인들
에게 문자적으로 기대되는 내용은 결코 아니라고 경고하였다. 또 다른
사람들은 예수의 명령을 삶속에 실천할 능력이 없음을 우리에게 정확
하게 가르쳐 주기 위한 것으로 구원을 말한다. 즉 구원은 순수하고 흠

이 없는 하나님의 용서은혜의 선물이라고 주장하고 강조하였다. 그리스도를 주로 고백하는 그리스도인들은 여전히 죄인들이지만 그럼에도 불구하고 하나님의 용서하심을 알고 있는 죄인들이라고 설명하였다.

아나뱁티스트-메노나이트 전통은 이러한 긴장을 조금 다르게 설명한다. 결정적인 차이는 평신도와 성직자, 지금 우리가 사는 현 시대와 미래의 하나님 나라, 율법과 은혜 사이에 차이를 두지 않는 것이다. 오히려 정말로 존재하는 선은 그리스도의 주되심을 아직 인정하지 않은 보다 더 큰 문화세상로부터 그리스도의 몸인교회를 명확하게 분리하는 모습이다. 메노나이트들은 전통적으로 교회를 향한 바울의 권고 즉 "여러분은 이 시대의 풍조를 본받지 마십시오"롬12:2라는 말씀을 자주 인용한다. 그 결과 메노나이트들은 역사적으로 세상을 거스르는 사람들로 자신들을 정의해 왔으며 종종 그들은 무언가를 하지 않는 사람들로 표현해왔다. 즉 메노나이트들은 군복무를 하지 않는다, 보석 장신구를 착용하지 않는다, 영화를 보러가거나, 담배를 피거나, 춤을 추지 않는다는 식으로 자신들을 정의하였다.

그러나 교회와 보다 큰 문화 사이에 존재하는 경계선을 이렇게 분명하게 표현하는 것은 착각을 불러일으키기도 했다. 모든 사람들이 그렇듯이 메노나이트들도 문화에 깊이 뿌리내린 삶을 살고 있다. 결국 말을 하고, 직업을 갖고, 여권을 소지하고, 공동체 안에서 살며, 자신들이 비판하는 바로 그 문화를 반영하는 모습을 통해 신앙을 표현한다. 신학적인 전통이나 문화에 대해 의심하도록 가르침에도 불구하고, 다른 그리스도인들처럼 메노나이트들도 항상 특정 문화적 상황 안에 젖어 살고 있기 때문이다.

　　그렇다면 무엇이 그리스도인의 분별을 그토록 어렵게 만드는 것일까? 그것은 우리가 피할 수 없는 우리 문화를 "있는 그대로" 받아들여 문화의 측면들 중 무엇을 비평하고 변화시켜야 하는지 제대로 인식하기 어렵기 때문이다. 영국의 해협을 가로질러 수영하는 사람은 그가 반대편 해안선을 행해 수영을 하면서조차도 그 조류의 흐름이 어떤 한 방향으로 움직이는 지 깨닫지 못할 수 있다. 문화의 본성이 바로 이와 같다. 문화란 우리가 수영을 하고 있는 물이다. 우리는 종종 물결을 일으키는 수면에 너무 많은 관심을 쏟기 때문에 보다 깊은 조류가 우리를 의도하지 않는 방향으로 끌고 가는 것을 보지 못하거나 거의 알아차리지 못한다. 그 누구도 물에 젖지 않고 수영할 수 있는 사람이 없는 것처럼 스스로 속일 수 없다는 도전이 그리스도인들에게 주어져 있다. 오히려 자신들의 눈을 그리스도께 고정하여, 우리가 쉽게 조류에 떠밀려가지 않도록 깊은 문화의 흐름이 어디로 흘러가는지 지켜볼 수 있어야 한다.

조류의 흐름 속에서 깨어 있기: 현대 문화의 본질

　　문화를 일반화하는 것은 항상 위험하다. 우리의 삶은 인종, 수입, 지리, 종교 등 아주 많은 변수들에 의해 형성되므로 현대 문화에 대해 쉽게 단언해서는 안 된다. 그 만큼 우리들이 불완전하다고 해도 과언이 아니다. 그럼에도 불구하고, 현재 서구문화에 속해 있는 사람

들은 몇 가지 분명한 문화적 특징과 흐름이 있음을 인정한다. 다음의
주제들은 특별히 그리스도인들이 관심을 가져야 하는 깊은 문화의 흐
름들이다.

1. 개인주의 문화. 18세기 유럽의 계몽운동 이래로 서구 정치
문화의 상당수는 개인의 권리를 정의하고, 담보하고, 확장하는 일에
몰두하였다. 우리들은 각 사람이 자신이 원하는 것을 할 수 있어야 하
고, 유산과 가족의 명성과 종교의 자유를 가져야 함을 당연한 것으로
생각한다. 당신이 다른 사람들의 자유를 침해하지 않는 한, 당신이 원
하는 것은 무엇이든 할 수 있으며, 자신이 되고 싶은 사람이 되고, 자
신이 즐거워하는 방식이 무엇이든 자신의 정체성을 스스로 가질 수 있
다고 여긴다.

물론 어떤 차원에서 그리스도인들은 개인으로서 독특한 인격
과 개성을 기뻐한다. 하나님께서 우리를 아주 독특한 사람들로 창조
하셨고, 그 사람만이 가진 독특한 은사, 식견, 개성을 갖도록 창조하
셨다. 그러나 현재 많은 사람들은 자신의 정체성을 규정할 권리를 갖
고 자유에 대한 탐색, 특히 외부적 한계나 혹은 선택을 제한하고 통제
하는 것으로부터의 자유를 갖도록 한껏 고양시키는 개인주의를 훌륭
한 인생을 사는 기본적인 측정기준으로 삼고 있다. 개인주의 문화는
책임이나 의무의 차원을 넘어 자유와 권리라는 고상한 가치로 자리매
김하고 있다. 개인주의라는 분명한 태도를 취하는 문화들은 공동의
선, 겸손과 인내 등을 포괄하는 덕이라는 단어사용을 제한한다. 개인

의 자유에 마음을 빼앗긴 문화 속에서 나의 배우자, 내 가족, 내 교회, 내 전통을 향한 공적인 헌신은 구속력이 아닌 전략 그들이 나의 목표를 이루는데 도움이 되는가?과 일시성그들이 나의 자유를 제한하지는 않는가?으로 특징지어진다. 우리가 좀처럼 인식하지 못하는 가운데, 선택을 제한하는 것은 본질적으로 압제로 간주하도록 가르치고 있다.

2. 단절된 문화. 우리 문화 속에 스며들어있는 개인주의는 자유라는 이름 아래 셀 수 없이 많은 선택을 가능하도록 만들었다. 예를 들어, 손가락만 까딱하면 선택할 수 있는 수백 개의 텔레비전 채널과 거의 무한에 가까운 웹사이트를 통해 무작위로 "검색"할 수 있는 인터넷 방식을 생각해 보자. 우리가 처리하는 무한한 선택과 다양성을 즐기는 동안, 우리는 또한 우리의 삶이 엄청나게 단절되고 분리되고 있다는 사실을 거의 알아채지 못한다.

마치 우리가 텔레비전 스위치를 왔다 갔다 하듯이 새로운 장소에 빨리 적응한다는 가정 아래, 하루에도 수많은 사람들이 이쪽 장소에서 저쪽 장소로 빠르게 이동해간다. 일터에서도 여러 가지 일을 한꺼번에 처리하는 것은 일상이 되어버렸다. 주어진 프로젝트를 감당하면서 위원회 모임에 참여하고, 치과 약속을 잡고, 배관수리 일정을 잡고, 저녁 약속을 하며 다음 일을 처리한다. 일터나 여가시간에 나누는 친교 방식은 교회에서 갖는 관계와 거의 중복되지 않는다. 우리는 매일 수많은 문화와 언어들을 사용하는 마을에 둥지를 틀고 살아간다. 우리는 전문화된 사회, 모임, 잠깐 시간을 함께하는 클럽, 공동체그룹, 스포츠 팀, 교회의 구성원으로 살아간다. 스스로 원해서 구독하는 열두서너 가지의 서로 다른 잡지들이 매주 집으로 배달된다. 이메일 계정에는 필요 없는 이메일들이 융단폭격 하듯 마구 날아든다. 광고 이미지들은 우리들 마음속에서 쉴 새 없이 깜박인다. 이러한 모든 것은 우리의 삶이 매우 다채롭고 풍부하다는 의미다. 그러나 이 말은 또한 우리의 역할들과 정체성들이 우리가 이쪽 환경에서 저쪽 환경으로 옮겨가는 동안 쉴 새 없이 바뀌어 서로 분리되고 단절되어 간다는 것을 의미한다.

그리스도인들에게 이러한 문화의 단절은 교회가 우리의 시간과 관심을 끄는데 있어 단지 수많은 특별한 관심 그룹 중 하나에 불과한 것은 아닌지 진지하게 질문해 보도록 도전한다. 만화경에서나 볼 수 있는 수많은 선택사항 중에, 그리스도인들에게 의미 있는 세계관, 윤리, 혹은 정체성은 무엇인지, 그리고 주일 아침에 예배를 드리는 것을 넘어서 나머지 주중에는 어떤 모습으로 살아야 하는지 생각해보도록 만든다.

3. 대중문화. 현대 문화 속에서 이러한 개인주의와 엄청난 선택 기회를 누리는 동안, 우리는 또한 삶이 우리의 이해 능력과 통제를 넘어선 거대한 힘에 의해 지대한 영향을 받고 있다는 사실을 거의 알아채지 못한다. 사실상 우리가 듣고 보는 모든 뉴스와 오락은 대중매체를 통해 다가온다. 정치와 무관한 텔레비전과 영화 산업은 자신들이 공들여서 만든 작품들이 대중의 관심을 이끌 수 있는지 시장조사를 거치

고, 엄청난 자원이 투자된다. 수백만 달러의 광고비를 지불하는 지구촌 기업이 우리 소비자들에게 제공하는 수많은 선택은 결국 우리의 지갑을 열도록 준비한 것이다. 우리들 중 대부분은 고속도로, 합병된 학교, 쇼핑몰, 우편으로 배달된 목록과 같은 것들이 현대인들의 삶에 꼭 필요한 것이라고 여긴다.

분명히 대중문화는 세상을 훨씬 좁은 곳으로 만들어주었다. 그리고 대중문화는 우리에게 더 많은 소비기회를 제공하고, 종종 노동자들도 충분히 구매할 수 있을 만큼 가격까지 맞추어주고 있다. 그러나 어디든 실비가 존재한다. 대량으로 생산된 상품은 종종 낮은 구매기회를 갖기까지 오랜 시간 기다려야 하며, 지역 주민들의 기술과 수공기술이 사라지도록 만들었다.

때때로 우리는 어떻게 현대 통신기술이 전 세계의 사람들을 서로 소통할 수 있도록 만들었는지 "지구촌"에 대해 열정을 갖고 이야기한다. 그러나 대중문화에서 사용하는 마을이라는 단어는 상당히 잘못 사용되고 있다. 원래 마을 사람들은 특별한 선물과 특이한 습관을 공유하는 사람들로서 진짜 서로를 잘 안다. 마을 사람들은 세대에 걸쳐 존재하는 기억들을 공유한다. 대중문화가 효율성과 과학기술을 존중한다면, 마을문화는 관계와 지혜를 존중한다. 이 둘 간의 차이는 아주 중요하다. 대중문화 속에서 사는 그리스도인들에게 과연 서로를 잘 안다는 것, 그리고 서로에게 잘 알려진다는 것은 무슨 의미일까 심오한 질문들이 제기 되고 있다.

4. 즉석문화. 그러나 현대 문화의 또 다른 특징 중 하나는 속도의 가치다. 실제로 우리는 보다 빨리 끝내는 것이 당연히 좋은 것이라 여긴다. 이처럼 서점은 『즉석 다이어트』, 『빠르게 부자가 되는 법』, 『1일 1분 영성』과 같은 수많은 새 책들로 선반을 장식한다. 인기 있는 텔레비전 쇼들은 어떻게 몸매를 멋지게 만들 수 있는지 보여주고, 눈 깜짝할 사이에 집을 잘 꾸밀 수 있는지 보여준다. 24시간 방영되는 뉴스 방송은 헤드라인 뉴스를 통해 복잡한 세상의 모습을 보여주고, 정치적인 권위를 가진 사람들이 몇 가지 뉴스 내용을 강조하면서 매일 제기되는 위기에 대처할 해결방안을 제시해준다. 우리의 식품 산업은 편리하고 빠르게 변화할 것을 약속하며, "패스트푸드" 혹은 즉석 감자튀김의 장점과 전자렌지로 만든 팝콘, 상품으로 만들어진 과자 반죽, 뼈 없는 닭 등 여러 제품의 장점에 대해 두 번 다시 생각할 필요가 없게 만들고 있다. 우리는 정말로 빠르게 작동하는 컴퓨터를 기대하며 백분의 일초라도 늦게 작동하면 견딜 수 없어 한다.

물론 탁월한 효율성이 또 다른 인생을 살도록 더 많은 자유 시간을 확보해 줄 수 있을 것이다. 그러나 전체적으로 문화의 발전 속도가 빨라지게 되면서 우리의 기대 또한 가속을 원한다. 주어진 부가 시간을 즐기는 대신에, 우리가 놓친 모든 경험에 대해 염려 또한 증가한다. 우리의 마음 속 어딘가에서 자녀 양육, 관계의 발전, 친구들과의 공동체 형성 등 우리 인생에서 정말 관심을 가져야 하는 문제들을 놓치고 있으며, 이들을 위해 시간, 일관성, 인내, 훈육 및 세심한 배려와 관심을 쏟아야 함을 깨닫기도 한다. 그러나 속도에 대해 우리가 갖고

있는 문화적 강박관념은 할 수만 있다면 빠른 해결책과 지름길을 가도
록 우리를 유혹하고 있다.

　5. 소비문화. 앞에서 살펴본 현대 문화의 여러 측면들처럼, 생
산과 소비 그 자체가 본질적으로 잘못된 것은 아니다. 결국 물건을 만
드는 것은 창조의 한 형태로 하나님의 성품을 반영한 것이며, 우리 노
동의 열매들은 창조의 선한 부분이기도 하다. 그러나 그리스도인들은
어떻게 생산과 소비의 명백한 논리가 우리의 죄성에 호소하는지, 이러
한 충동들이 얼마나 쉽게 우상화되는지 주목할 필요가 있다. 예를 들
면, 현재 우리의 경제 체제가 얼마나 자주 하나님께 대해서만 사용해
야 하는 방식의 언어로 묘사되는지 그 내용을 살펴보자.

❖ 하나님처럼, 시장은 무소부재無所不在하시다. 시장은 어디에나
　있다. 사라지지 않는다. 매일 우리는 평균 3,000개의 광고 메시
　지를 접하며 산다. 이러한 광고는 우리의 필요가 아닌 우리의 욕
　망을 자극한다.
❖ 하나님처럼, 시장은 전지全知하시다. 시장은 모든 것을 다 안다.
　만약 우리가 시장에 손을 떼면 그래서 시장이 스스로 경쟁하도
　록 내버려 둔다고 해도 시장은 알아서 이런 저런 주장을 따라 모
　든 사람에게 유익을 끼치게 될 것이다.
❖ 그리고 하나님처럼 시장은 전능全能하다. 시장은 모든 것을 가능
　하게 한다. 최저가에 최고의 유익이라는 논리에는 더 이상의 말

이 필요치 않다. 만약 돈벌이가 된다면, 다른 생각은 해볼 필요
도 없다.

소비주의 문화는 아주 엄청난 방식으로 삶의 전반에 영향을 미
친다. 20세기 초에는 약 40%의 미국 사람이 자신들이 번 것보다 많이
소비했다. 2008년 신용카드를 사용하는 사람들의 평균 빚은 거의 8천
불에 달한 것으로 조사되었다. 한국인 1인당 평균 부채는 2천600만원/한국은행
2017년 최근 십년 동안 가장 빠르게 성장하는 사업은 창고업이다. 우리
가 필요한 것 이상으로 많이 소유해서 우리 집에 물건을 쌓아 둘 곳이
없어졌기 때문이다. 이와 더불어 우리는 쇼핑을 할 때 아드레날린 호
르몬이 올라가는 것과 진정한 행복을 혼동하기 시작했고, 무의식적으
로 위험, 비용, 이익이란 용어를 관계적으로 정의하기 시작했다.

* * *

아주 폭넓게 이해하자면 이것이 우리가 수영하고 있는 조류의
본질이다. 우리는 개인주의 문화, 단절된 문화, 대중문화, 즉석문화,
소비주의 문화라는 거대한 흐름 속에서 산다.

그렇다고 이러한 모든 것이 다 나쁜 것은 아니다. 거의 모든 표
준 지표들을 볼 때, 북미의 그리스도인들은 서구 사회의 정치, 경제,
문화적 기회들로부터 엄청난 수혜를 받고 있다. 이러한 일에 치르는
얼마간의 실제 비용은 큰 이득을 가져다준다. 여행의 자유와 직업에

대한 기회들은 우리 세상을 정말 지구촌으로 만들어 주고 있다. 그러나 끊임없는 이동은 우리가 망망대해에 표류하고 있다는 느낌과, 가정이나 장소에 깊이 소속되지 못한 느낌을 가져다주며, 끊임없이 떠돌아다님으로써 방향을 잃은 느낌을 갖게 한다.

현대 광고 전문가들은 사람들이 이렇게 뿌리 없는 상태를 재빠르게 인식하며 대체방법들을 제시한다. 시골 가게에서도 편리한 삶을 느끼고, 켄터키 프라이드치킨 가게에서 할머니가 만들어주시는 맛의 음식을 만들어주겠다는 식의 광고들이 그러한 예들이다. 그러나 우리가 이미 잘 알고 있는 것처럼 이러한 광고의 저변에는 일시적인 위안을 줄 수 있을지는 모르지만 실제 생활과는 거리가 먼 인위적인 전략이 숨어있다.

우리 문화는 사람들에게 무한한 기회를 약속한다. 그러나 종종 우리는 공허한 삶을 살고 있는 우리 자신의 모습을 발견한다. 우리에게 기회는 무한하지만, 여전히 외롭고 단절된 느낌을 지울 수 없다.

이러한 모든 염려들의 핵심에는 우리 자신과 이웃들은 물론 우리가 창조주 하나님으로부터 분리되어 있다는 사실이 놓여있다. 우리는 이러한 사실을 거의 인식하지 못하고 있다. 온전함에 굶주려 있는 우리 모습 뒤에는 하나님을 향한 갈망이 있다. 어거스틴의 기도는 이러한 인간의 모습을 설득력 있게 잘 요약해 주고 있다. "우리의 마음이 주 안에서 쉼을 발견할 때까지 우리는 참 안식을 누릴 수 없습니다."

약속의 땅에서 추방됨

내가 지금 표현하는 낯선 모습처럼 시편 137편은 시의 첫 구부터 이방인의 땅에 포로로 잡혀있는 시어를 사용하고 있다. 북미의 많은 그리스도인처럼, 이스라엘 자손은 자신들을 특별한 목적과 사명의 사람이라고 이해하였다. 그들은 아브라함과 사라가 하나님과 맺은 언약과 이집트 노예로 있을 때 그들을 극적으로 이끌어 내신 이야기, 약속의 땅으로 그들을 인도해 내신 하나님의 능력 있는 행동, 예루살렘을 중심으로 여러 나라들이 동맹을 맺게 된 역사에 뿌리를 둔 놀라운 전통을 갖고 있었다.

그러나 재앙이 닥쳤다. 우선 아시리아 사람들이 이스라엘 북쪽에 있는 열 지파를 공격해서 무너뜨린 재앙이 먼저 일어났다. 그리고 바빌로니아가 남은 두 지파마저 침공하여 예루살렘 성벽을 무너뜨리고 살아남은 자들을 포로로 삼아 먼 이국땅으로 이주 시켰다. 자신들의 고향 땅, 역사, 그리고 서로 의지하던 백성들로부터 떨어져 살아야 했던 포로들은 하나님께서 혹시 그들을 잊으신 것은 아닐까 하는 생각까지 했다. 137편을 쓴 시인은 어떻게 이 낯선 이방 문화에서 주의 노래를 부를 수 있겠는가? 하며 스스로 질문하고 있다. 포로로 잡혀간 사람들은 어디에서 좋은 소식을 찾을 수 있을까?

현재 북미의 그리스도인들은 문자 그대로 집을 잃은 아프리카 수단이라든가 콩고에 사는 형제 · 자매들과는 차원이 다른 포로로 살고 있다. 그러나 포로는 물리적인 실재일 뿐 아니라 영적인 실재다. 현재 수많은 메노나이트들은 포로가 된 느낌을 갖고 산다. 한 때, "백성됨"이라는 감각과 더불어 그들이 가졌던 동일한 문화 유형은 더 이상 유지할 수 없게 되었다. 농경사회의 생활양식과 지리적 유사성에 의해 형성된 사회적 경제적 공동체라는 밀접한 관계망은 이제 기억 속에서 서서히 사라져가고 있다. 한때 정체성과 삶의 입지로 자리했던 전통은 메노나이트 젊은이들에게 더 이상 매력적으로 보이지 않는다. 좀 더 깊은 곳으로 들어가 보면, 믿음 그 자체가 심리적 속임수나 혹은 나약 하거나 불안한 사람들을 위한 버팀목 정도로 여겨지기도 한다.

누군가의 보증, 사람과의 연결, 삶의 일관성에 지독히 굶주려 있는 이 시대의 얼굴 앞에, 교회 자신이 문화의 깊은 조류에 휩쓸려 이 리저리 밀려다는 것처럼 보이기도 한다. 예를 들어 기독교의 언어와 실천은 우리 시대의 개인주의를 향해 도전하기 보다는 점차적으로 이 를 더 강조하고 있다. 현대 종교가 사용하는 어휘들 중 다수가 개인의 경건함, 사적인 기도 생활, 혹은 어떻게 하면 교회가 "사람들의 마음 을 사로잡을 수 있는지"에 초점을 맞추고 있다. 우리는 대형화된 기독 교의 매력에 사로잡혀 있다. 우리는 대중들에게 호소력 있는 텔레비전 목회와 메가처치 운영 전략에 한껏 빠져 있다. 교회 성도수를 늘려주 겠다고 약속하는 깔끔한 교회성장 세미나 광고에 쉽게 마음을 빼앗긴 다. 교회의 자리를 채우려 드는 손쉽고 빠른 방법을 찾는데 굶주려 있 다. 이러한 방식과 더불어, 우리는 내 맘에 맞는 교회, 나의 필요에 딱 맞는 회중을 선택하는 데 일말의 부끄러움도 없이 종교를 소비하는 소 비자들이 되어가고 있다.

바라기는 우리가 갖고 있는 해법들이 우리 앞에 놓여있는 도전들을 사라지게 해주길 희망한다. 그러나 우리는 종종 저항해야하는 문화가 교회에 어떻게 어떤 모습으로 반영되어 있는지 제대로 인식하지 못하고 있다. 그러기에 교회가 안고 있는 도전들에 대한 해결책들을 제대로 찾지 못하게 되었다. 결국 정말로 우리 마음속에 그려져 있는 교회의 모습은 살아 숨 쉬는 회중이 아니라, 마치 월마트와 비슷한 그 어떤 모습일지 모른다. 왜냐하면 원하는 모든 것들을 가능한 최고로 싼 값에 사서, 가장 빠르고 간편한 셀프 서비스가 가능도록 문제를 해결하고 있기 때문이다. 소금물을 마시는 사람처럼, 갈증을 해소하려는 우리의 노력은 결국 더 많은 것을 갈망하도록 만들고 있다.

아마도 이러한 설명이 어떤 사람에게는 비관적인 모습으로 과장되이 여겨질지도 모른다. 앞으로 더 많은 이야기들을 열정적으로 이야기하기에 앞서, 먼저 해야 할 일은 우리의 현 상황을 직시하는 일이다. 우리는 이 일을 미루거나 회피하지 말아야 한다. 교회는 새롭게 갱신되어야 한다. 교회가 이를 갈망하고 있다. 그러나 만약 우리가 어떤 사람인지와 우리가 원하는 자화상이 어떤 모습인지 사이에 존재하는 격차를 줄이고자 한다면, 단순히 희망에만 부풀어 있을 것이 아니라, 처음부터 끝까지 든든한 기초 위에 다리를 놓아야 한다. 그리고 감정과 추상적인 생각들이 현실에는 그다지 큰 도움이 되지 않는다는 사실을 분명히 밝혀야 한다. 그리고 빠른 해결책이나 이를 꽉 물고 결심한다고 해서 개혁이 일어나는 것이 아니라는 사실을 인식하는 가운데 든든한 기초 위에 놓는 다리 그 자체가 든든한 길이 될 수 있어야 한다.

포로들을 위한 희망은 있는가?

교회를 향한 복음은 항상 하나님의 신실함과 풍성하심을 기억하는 일과 더불어 시작된다. 하나님은 교회를 한 번도 그냥 내버려두신 적이 없으며, 하나님은 우리에게 예배와 신실한 증거를 위해 필요한 모든 것을 주신다.

우리에게 너무나 익숙하여 때로는 쉽게 지나치는 주기도 안에는 혁명적인 내용이 들어있다. 그 기도 안에는 우리가 앞으로 나아갈 수 있는 방법들이 들어있다. 주기도는 "이름이 거룩히 여김을 받으시오며"와 같은 예배의 표현으로 시작하여 즉시 하나님께 필요한 것을 부탁하는 분명한 청원기도로 옮겨간다. 그리스도인들이 "뜻이 하늘에서 이룬 것같이 땅에서도 이루어지이다"라고 기도할 때, 우리는 깜짝 놀랄만한 요청을 하나님께 드리는 것이다. 이 기도 문장에서 우리는 하나님께서 의도하신 목적으로부터 분리되어 있는 분열된 우리의 모습을 본다. 하늘의 하나님 나라에서 충분히 화해한 것처럼 이 땅 위의 우리 삶에서도 충분히 이루어지도록 치료해달라고 요청하고 있다. 기도는 "우리에게 일용할 양식을 주옵시며"라는 표현 아래 기본적인 물질적인 필요를 그리고 "우리가 우리에게 죄 지은 자를 용서한 것 같이 우리의 죄를 용서하여 주옵시며"라는 표현 아래 영적일 필요를 요청하며 하나님을 의지하는 기도로 나아간다. 그리고 "나라와 권세와 영광이 아버지께 영원히 있습니다."라는 또 다른 간절한 표현으로 하나님을 경배하며 기도가 끝난다.

기독교 신앙의 결정적인 요소들에 대한 거의 모든 묵상의 내용이 이 기도에 들어있다. 기독교 신앙은 예배로 시작해서 예배로 끝난다. 예배란 지금 여기에서, 지금 우리가 사는 일상의 이 시간, 이 공간에 온전히 실현되어야 하는 표현이자 우리 모두가 하나님의 임재하심을 갈망한다는 표현이다. 이러한 희망은 16세기에 시작된 아나뱁티스트-메노나이트 전통에 생생히 기록되어 있다. 주기도를 드리는 그리스도인들로 알려진 메노나이트, 아미시, 후터라이트와 같은 아나뱁티스트 후손들은 성령의 능력을 힘입어 말 뿐만 아니라 행동으로, 의지뿐만 아니라 실천함으로, 그들의 머리와 가슴이 느끼는 것과 똑 같이 몸으로 삶을 사신 그리스도처럼 살 수 있다고 주장한다.

아나뱁티스트 설교가였던 한스 뎅크가 말한 것처럼 "매일 삶 속에서 그리스도를 따르지 않으면서 진정으로 그리스도를 알 수 있는 사람은 없다." 역사에 걸쳐, 우리는 이상에 필적하는 삶을 살면서 끊임없는 실패를 맛보아왔다. 그럼에도 불구하고 그리스도를 따르지 않고서는 그리스도를 제대로 알 수 없다는 신념은 너무나 분명하다. 이러한 신념은 하나님의 풍성하심에 뿌리를 두고 있고, 하나님의 풍성하심은 우리가 이러한 좋은 소식을 실제로 세상에 전달할 수 있도록 만들고 있다. 예수의 화해의 사역에 뿌리를 둔 희망은 깨지고 나뉘어진 세상을 치유하시는 하나님과 함께 살아가도록 우리에게 능력을 부여하신다.

2. 나뉘어서는 안 되는 삶:
왜 성육신이 그토록 중요한가?

그 아들은 보이지 않는 하나님의 형상이시요, 모든 피조물보다 먼저
나신 분이십니다.… 그분은 만물보다 먼저 계시고, 만물은 그분 안에
서 존속합니다.
그분은 교회라는 몸의 머리이십니다. 그는 근원이시며, 죽은 사람들
가운데서 제일 먼저 살아나신 분이십니다. 이는 그분이 만물 가운데
서 으뜸이 되시기 위함입니다. 하나님께서는 그분의 안에 모든 충만
함을 머무르게 하시기를 기뻐하시고, 그분의 십자가의 피로 평화를
이루셔서, 그분으로 말미암아 만물을, 곧 땅에 있는 것들이나 하늘에
있는 것들이나 다, 자기와 기꺼이 화해시켰습니다.

골로새서 1:15, 18~20

로마에 있는 시스티나 예배당Sistine Chapel의 천정에는 성경의
역사를 그림으로 재현해 놓은 미켈란젤로의 "아담의 천지창조"가 그
려져 있다. 벽화의 한 쪽에 흰 수염을 흩날리며 마술적이면서도 동시
에 친절한 표정에 오른손 검지를 펴고 있는 하나님의 모습이 보인다.

반대편에는 손가락을 거두어들이고 있는 아담이 그려져 있다. 미켈란젤로는 성경의 창조 이야기에서 이 극적인 순간의 상상력을 가져와 행동하시는 하나님의 주도권이 무엇인지 분명하게 표현해놓았다. 화폭의 2/3에 해당하는 하나님의 몸은 아담을 향해 기울어져 있다. 이와 대조적으로 아담은 땅 위에서 휴식을 취하는 듯 편안한 모습을 하고 있다. 비록 아담은 자신의 왼손가락을 하나님의 손가락을 향해 내밀고 있지만, 하나님의 태도와는 상당히 다르게 주저하는 모습으로 묘사되어 있다. 천정 아래에서 올려다보는 각도 때문에 충분히 느껴지지는 않지만, 아담을 향해 펼치는 손가락과 이에 대한 아담의 주저하는 반응에 의해 연출되는 공간의 긴장감은 이 그림의 핵심이다. 분명한 것은 만약 이 두 손가락이 서로 맞닿으려면 아담이 구부린 손가락을 펴야 한다는 점이다.

　미켈란젤로의 그림은 태초 이래로 인간이 깊이 숙고해야할 질문의 본질을 잘 포착하였다. 어떻게 하면 하늘과 땅이 만날까? 어떻게 물질계를 초월해 계신 성령이 시간과 공간이라는 물질계에 개입하실까? 어떻게 인간이 하나님과 화해할 수 있을까?

　그리스도인들에게 그 답은 한편으로는 아주 단순하면서도 또 다른 한쪽으로는 엄청나게 복잡하다. 하늘과 땅이 예수 그리스도라는 사람 안에서 만나 인간과 신이 화해를 한다. 예수는 하나님과 인간 사이에 존재하는 간극을 연결하는 다리가 된다. 기독교 신학이 사용하는 언어로 예수는 사람의 몸을 입고 성육신하신 하나님이다.

　이건 말도 안 되는 주장이다! 예수가 하나의 신a god이나 "하나님의 상징"이나 "하나님 같은 분"이 아니라, 사람의 모습을 띠고 온 하나님이라고! 사도 요한은 자신이 쓴 복음서의 첫 문장을 이렇게 시작한다. "태초에 '말씀'이 계셨다. 그 '말씀'은 하나님과 함께 계셨다. 그 '말씀'은 하나님이셨다.… 그 말씀은 육신이 되어 우리 가운데 사셨다."요 1:1,14 예수는 깜짝 놀라는 제자들에게 "나를 본 사람은 아버지를 보았다."고 말씀하셨다.요 14:9이 말씀을 믿지 못하고 여전히 의심하는 사람에게 예수는 때때로 "나와 아버지는 하나이다."라고 직설적으로 말씀하셨다.요 10:30

기독교 전통은 이러한 깜짝 놀랄만한 역설로 사람들과 소통하기에 적합한 단어, 이미지, 개념을 찾아내느라 엄청나게 씨름해 왔다. 초기교회 교부들은 너무 복잡하여 신비라고 밖에 말할 수 없는 이러한 내용들을 설명하기 위해 삼위일체, 동정녀, 성육신과 같은 언어를 만들어냈다. 이러한 맥락과 더불어 많은 신학자들은 예수의 "땅에 속한" 육체와 "영광스런" 육체의 차이를 구별하려고 시도하기도 했다. 그들은 "하나님이 창조하신 것이 아니라 낳았다begotten of the Father, not created"라는 식의 정확한 표현을 소개해왔다. 신학자들은 본질essence이냐 형태modalism냐와 같은 단어들을 놓고 격렬히 논쟁하였고, 더 나아가 예수가 "하나님과 동등한 존재of the same substance"homoousis냐 아니면 "하나님과 유사한 존재similar substance"homoiousis냐 하는 질문을 놓고 교회가 나뉘기까지 했다.

비록 현대인들은 이러한 관점에 대해 중요한 논점을 잃어버린 사소한 신학논쟁이라고 여기는 경향이 있지만, 이러한 주제로 논쟁하는 일은 실제로 큰 차이를 몰고 온다. 만약 기독교 대화와 회심을 수반한 변화가 심리적인 판타지에 불과한 것이라면 어떻게 죄를 짓고, 유한하고, 제한적인 인간이 거룩하게 될 수 있단 말인가? 만약 교회가 시간, 공간과 문화에 얽매여 있는 또 다른 하나의 사회 기관에 불과하다면 교회가 어떻게 그리스도의 살아있는 몸이 되며, 하나님 나라가 되는가? 간단히 말해 어떻게 말씀이 육신이 된다는 말인가?

1장에서 우리는 이미 우리가 사는 문화라는 조류가 우리를 외롭고, 공허하고, 분리된 느낌을 갖게 하는 다양한 방식을 살펴보았다. 내가 생각하기에 이러한 외로움의 진정한 근원은 문화적인 문제라기보다는 영적인 문제다. 흠이 없이 온전하게 되고자 하는 우리의 열망 한가운데에는 우리가 하나님과 분리되어있고, 서로에게서 멀어져 있고, 창조 그 자체와도 멀어져 있다는 사실이 놓여있다. 우리는 본질적인 질문에 답할 수 있어야 한다. 즉 어떻게 하면 하나님께서 조화롭고, 친밀하고, 온전하게 창조하신 우리의 모습인 영과 육을 하나 된 모습으로 회복할 수 있을까? 어떻게 하면 하늘과 땅이 다시 하나가 될 수 있을까?

이번 장이 이러한 질문들에 대해 완전한 대답을 제공하지는 못할 것이다. 그러나 자신이 마치 포로가 된 것처럼 느끼는 사람들에게 적어도 자신의 몸과 전쟁을 치르고 있거나, 아내나 이웃들이 이상하게 느껴지거나, 창조나 자연이 너무 낯설게 느껴지거나, 하나님으로부터 너무 멀리 떠나 있는 사람들에게 성육신에 대한 보다 깊은 이해를 도모함으로써 본향으로 가는 길을 발견할 유용한 지도를 제공할 수 있을 것이다.

어떻게 하면 하늘과 땅이 하나가 될 수 있을까?

그리스도인들이 성육신에 대해 이야기할 때 문자적으로 '체화됨'이라는 뜻, 대개 그들은 하나님의 독특한 계시로 이 땅에 사람의 형상을 입고 오신 예수 그리스도를 말한다. 그러나 성육신이 암시하는 내용은 성경의 창조이야기를 시작하면서부터 성경 전체에 분명히 드러나 있다.

창세기는 하나님이 무에서 실존을 만들어 낸 우주에 대해 기록하고 있다. 성경의 언어는 하나님의 성령이 "흑암이 깊음 위에서 움직이고 계셨으며" 우주가 질서 있는 형태를 갖추기 시작했다고 기록하고 있다. 창조는 하나님의 뜻 없이 존재하지 않으며 하나님이 하신 명령의 각 단계마다 물질세계를 통해 하나님의 현존으로 드러났다. 어둠으로부터 빛이 분리되었고, 물로부터 하늘이, 바다로부터 땅이 분리되었다. 창조 자체는 하나님의 영으로 가득 차있다.

창조의 정점은 하나님이 흙에서 인간을 만드신 사건이다. 살과 피로 만들어진 인간의 물리적인 육체로 따지자면 인간은 땅과 하나이다. 이는 부정할 수 없는 사실이다. 그러나 창세기에 따르면 그 형태에 있어서 인간은 또한 "하나님의 형상in the image of God"을 따라 만들어졌다고 기록한다. 창세기 1:27, 9:6 그리고 하나님께서 그 코에 생명의 숨을 불어 넣었을 때, 즉 우리 인간의 가장 본질이자 선물로서 살아있는 영이 주어졌을 때, 비로소 완전한 인간이 되었다.

그러므로 우리는 육체와 영으로 이루어져 있고, 몸과 영혼으로 이루어진 존재이다. 이 두 가지는 결코 나뉘지 않는다. 창조된 물질계가 하나님의 성령의 숨과 완전히 결합된 것을 놓고 하나님이 좋다고 선언하셨다.

하나님은 우리를 육화된 존재 즉 영혼을 가진 몸이자 육화된 영혼을 가진 존재로 만드셨다. 그리고 그 모습을 보고 좋다고 하셨다!

창세기의 첫 세장에 기록되어 있는 이 창조 이야기는 창조의 선한 부분이 인간을 완전한 신뢰, 친밀한 관계, 조화 속에서 살아가도록 하신 하나님의 의도였다고 말한다. 단순히 하나님과 함께 하는 것이 아니라, 자연과 더불어 서로 함께 사는 것을 하나님의 의도였다고 말한다. 그러나 우리가 잘 알고 있듯이, 이러한 조화는 얼마 되지 않아 깨졌다.

그리스도인들은 때때로 물질세계 특히 몸과 죄를 서로 결합시켜 생각하는 경향이 있다. 그들은 모든 "육체적인 것들"을 인간의 타락한 성향과 연결시키려 드는 유혹을 받는다. 예를 들어 "영적인 생각"보다 "육적인 생각"으로 모든 것을 연결시키려 드는 유혹이다. 이러한 식의 생각 아래, 죄로부터의 구원 혹은 구속은 그리스도인들을 더 "영적이게 하려고" "육적인 것"들을 피하도록 주문한다.

그러나 이는 근본적으로 창세기 이야기를 잘못 읽은 것이다. 창세기의 이야기 안에서 사람의 몸을 포함한 물리적인 창조는 본래 죄와는 아무 관련이 없다. 그러나 당신이 어디에 강조점을 두는가와 상관없이, 죄의 결과는 다소간 물질세계를 오염시킨 것이 아니라 서로를 분리시키고 소외시켰다. 죄는 피조물을 창조주로부터 분리시킨다. 죄는 영적인 것과 물질적인 것과의 본질적인 연합을 망쳐버린다.

간단히 말해서, 죄는 하나님과 피조물 사이의 본질적인 연합을 망치고, 하나님의 성령과 피조물을 서로 찢어놓음으로써 세상을 혼돈과 허무로 되돌아가도록 하는 것, 즉 성육신을 의지적으로 거절하는 것으로 가장 잘 이해될 수 있다.

이러한 것은 우리가 죄의 결과를 살펴볼 때, 더 분명하게 알 수 있다. 아담과 이브는 신뢰와 친밀의 관계로부터 완전히 나뉘고 깨진 인생으로 옮겨간다. 이러한 분열은 다양한 형태로 나타난다. 예를 들어, 아담과 이브는 죄로 인해 서로의 몸에 대해 낯설어하게 된다. 그들은 자신들의 몸을 하나의 "물질"이나 대상으로 인식하기 시작했다. 더 이상 서로가 서로를 신뢰의 관계 안에서 대하지 못하였고, 하나님과의 관계도 마찬가지였다. 그들은 자신들이 벗었음을 인식하였고, 부끄러워했고, 자신의 몸을 가리기 위해 옷을 해 입었다.

그러나 이러한 것들보다 더 중요한 현상은 아담과 이브가 하나님으로부터 분리되었다는 사실이다. 창조주와 혼연일체였던 친밀감은 의심의 대상이 되었고 결국 "날이 저물어 시원하여"창 3:8 하나님이 그들과 함께 동행하자고 하였을 때, 아담과 이브는 하나님의 낯을 피하여 다른 방향으로 도망하게 되었다.

물질과 영혼에 있어서 동일한 분리가 어떻게 인간이 자연 세계와 관계를 갖는지 결과로 드러났다. 죄의 결과로 인간은 자연을 물질이나 대상으로 다루게 되어 두려움의 대상이 되었고, 싸워서 이기고,

탐험하고, 정복해야 할 대상으로 여겼다.

죄로 말미암아 생겨난 이러한 새로운 분리에 대한 궁극적인 표현은 가인이 형제 아벨을 쳐 죽이는 살인으로 나타났다. 하나님께서 아벨을 눈에 띄게 차별한다는 사실에 대해 질투가 나 눈이 먼 가인은 동생을 하나의 대상으로 보기 시작했다. 즉 동생을 하나님과 연결된 영적 존재 혹은 자신과 연결되어 있는 혈육으로 보지 못하고 "그 놈"으로 보기 시작했다. 죄의 형성이라는 관점에서 보자면, 인간은 단순히 죽음을 향해 묵묵히 걸어가는, 다치기 쉽고, 노화되어가는 물리적 대상 즉 몸뚱이에 불과하다.

그러나 감사하게도 이게 이야기의 끝이 아니다. 비록 서로 나뉘고 깨진 관계라는 사실이 명백함에도, 그리고 자연과 하나님으로부터 분리되었다는 사실이 우리를 당황하게 만들고 있음에도 불구하고, 우리는 여전히 보다 깊고 진실한 정체성에 대한 기억을 보유하고 있다. 어쨌든 뼛속 깊은 곳에서부터 우리는 하나님은 물론 서로 친밀한 관계를 갖고 살도록 지음 받았다는 사실을 잘 알고 있다. 우리는 죄로 얼룩져 있긴 하지만, 그래서 "에덴의 동쪽"으로 추방되어 사는 존재이지만, 동시에 우리는 하나님께서 의도하신 몸과 영혼이 새로 하나가 될 수 있다는 희망가운데 집으로 돌아가기를 갈망하고 있다.

성육신: 구원의 짝꿍

하나님께서 창조하시면서 의도하신 그 조화로운 집으로 돌아가는 길을 발견하는 내용이 성경의 나머지 부분을 이루는 핵심 주제다. 구약은 하나님께서 사람들을 창조하신 원래 모습인 몸과 영혼이 하나로 온전해지도록 백성들을 부르시고 계시다는 내용을 거듭 반복해서 보여주고 있다. 하나님의 현존은 항상 창조된 물리적, 물질적 세계 안에 손으로 만질 수 있는 모습으로 드러나 있다. 모세의 타지 않는 떨기나무, 때에 맞게 솟아나는 생명의 물, 하늘에서 기적적으로 내리는 만나, 돌 판에 구체적으로 새겨진 계명들, 신비한 능력으로 지켜지는 성소, 하나님께서 항상 "거하신다."고 설명하신 성전 등 구체적인 모습을 하고 있다.

확실한 건, 동일한 성서는 우상에 빠지지 말라고 반복적으로 경고한다. 즉 창조주 외에 뭔가를 만들어서 그것을 예배하려드는 인간들의 충동에 유혹을 받지 말라고 경고한다. 분명하게 말하지만, 그 어떤 형상이나 형태를 통해 하나님을 발견할 수 없다. 그러나 하나님은 또한 창조로부터 결코 멀리 계시지도 않는다. 이스라엘의 자녀들에게는 그들을 구원하시기 위해 위험을 무릅쓰고 역사에 개입하시는 하나님의 모습을 통해 드러나는 "능력 있는 하나님의 행동"을 기억하라는 부르심이 반복적으로 주어진다. 그들은 "물이 바다를 덮음 같이 여호와의 영광을 인정하는 것이 온 세상에 가득할"합2:14 그날을 위해 그리고 "모든 인류가 여호와의 영광이 나타남을 함께 보게 될"사40:5 그 때를 위해 열정적으로 기도했다. 이스라엘의 예언자들은 "다시는 놀라거나 두려워할 일이 전혀 없을"겔34:28; 습3:13 그날이 오기를 열망했다. 무엇보다, 그들은 기름부음을 받은 자 곧 메시아의 모습으로 드러날 하나님의 충만한 계시를 간절히 고대했다.

메시아께서 드디어 이 땅에 오셨을 때, 그는 애매하거나 추상적인 영의 형태로 오신 게 아니라 손으로 만지고, 눈으로 볼 수 있는 육체 즉 진짜 인간의 몸을 입고 오셨다. 그리스도의 탄생에 대한 복음서의 기록들은 그 시간과 장소를 아주 구체적으로 기록하고 있다. 누가의 설명에 따르면, 예수는 나사렛의 베들레헴이라는 동네에 사는 마리아와 요셉이라는 실제 부모를 통해 태어나셨다. 때는 구레뇨Quirinius가 시리아를 통치하던 때였다. 누가와 마태는 예수를 다윗과 그 윗세대까지 거슬러 올라갈 정도의 긴 목록으로 되어 있는 족보를 따져가면서 예수를 소개하고 있다. 복음서의 이야기들은 예수가 보통사람들에게 있어야 할 모든 측면 즉 실제로 몸과 피를 가진 인간이었다는 사실을 분명하게 드러내고 있다. 그는 먹고, 자고, 마셨다. 그는 나사로가 죽었다는 소식을 들었을 때 우셨다. 그리고 성전에서 물건을 사고파는 사람들에게 화도 내셨다. 그는 겟세마네 동산에서 자신이 느낀 두려움과 싸우기 위해 모진 애를 썼다. 그는 외로움과 거절이라는 인간적인 고뇌와 번민을 셀 수 없이 경험하였다. 그는 십자가 위에서 그 누구도 느낄 수 없던 강렬한 육체적 고통을 당했다. 그렇게 비천한 모습으로 고통스럽게 죽었다.

그러나 동시에, 동일한 복음서들은 예수가 "단순한" 또 하나의 사람이 아니었다는 점을 분명히 했다. 잘 알고 있듯이 예수께서는 처녀의 몸에서 태어났다. 자연세계는 하나의 별이라는 형태를 통해 그의 출생을 축하했고 천군천사들은 한 밤중에 들판에서 잠자던 목자들과 함께 경배의 찬송을 불렀고 어린 아기로 태어나신 그리스도께 찬양 드렸다. 사역 내내, 예수께서는 끊임없이 육체적 세계와 영적인 세계 사이에 존재하는 경계선이 별것 아닌 것처럼 넘나드셨다. 그는 사람들의 병을 낫게 하는 기적들을 보여주셨다. 그는 귀신들을 내어쫓으셨다. 그는 얼마 안 되는 물고기와 빵으로 오천 혹은 칠천이나 되는 사람들을 먹이였다. 그리고 그는 죽은 사람을 다시 살리기도 하셨다.

결국 죽음조차 인생의 마지막이 아니라는 것까지 보여주셨다. 무덤에 갇힌 지 3일 후에, 그리스도께서 죽은 자였다가 다시 살아나셔서 40일이나 더 세상에 머무시면서 자기 제자들과 함께 일을 하시다가 하늘로 승천하셨다.

예수 안에서 우리는 세상을 창조하실 때 하나님께서 우리 모든 사람을 위해 계획하신 온전한 뜻이 무엇인지 그 충만한 예를 경험한다. 성육신은 궁극적으로 모든 것을 "처음부터 다시 시작"하는 일이다. 바울의 편지는 예수를 "새로운 아담"이라고 부르면서 모든 것을 처음부터 다시 시작하기까지 나아간다. 만약 첫 번째 아담의 이야기가 죽임에 이르는 인간의 파멸과 깨어짐에 대한 이야기라면, 두 번째 아담인 그리스도의 이야기는 깨어진 창조의 이야기를 다시 완전히 회복시키는 이야기다.

놀랄 것 없이 화해와 치유의 주제는 예수 사역의 한 가운데 자리한다. 그가 가는 곳마다, 그가 만나는 사람마다, 예수는 나뉘고, 깨지고, 상처 입은 사람들과 관계를 치유하신다. 가장 분명한 사건이 사람의 몸을 치유하시는 기적들이다. 그러나 깨어진 몸 뿐 아니라 그리스도의 기적은 상처 입은 심령들을 치유하시는 많은 예를 들어가며 성경에 기록되어 있다. 이러한 치유를 통해 영적으로 죽었던 사람들이 새 생명을 얻고, 서로 낯설어하거나 만나기를 꺼려하던 사람들이 함께 어울리고, 수치와 굴욕가운데 살며 사회에서 완전히 소외된 사람들의 존엄이 되살아난다.

그리스도의 죽음과 부활 사건보다 더 극적으로 화해의 사역이 표현된 곳은 없다. 성경은 그리스도께서 겪은 고통과 그 고통의 실존을 아주 생생하게 보여주고 있다. 십자가의 고통은 채찍에 살점이 찢겨나가고, 그의 손과 발에 대못이 박히고, 창으로 옆구리를 찌르는 것과 같이 세밀하게 설명되어 있다. 이러한 설명은 단지 신체적인 고통만이 아니라 감정적인 동요와 정신적인 고통까지 불러일으킨다. 유다는 그를 배반했다. 그의 제자들은 겟세마네 동산에서 잠에 곯아 떨어졌다. 교회를 세우겠다고 한 반석 즉 베드로마저 세 번이나 그를 모른다고 부인했다. 이러한 상황뿐만 아니라 그리스도의 고통은 더 깊은 곳까지 나간다. "나의 하나님, 나의 하나님, 어찌하여 나를 버리셨나이까?"마27:46; 막15:34와 같이 십자가 위에서 울부짖던 예수의 외침은 사람들의 몸을 오싹하게 만든다. 성경은 인류가 받았던 고통, 인류가 겪어야만 했던 신체적 죽음을 예수께서 동일하게 경험하셨다는 사실을 조금의 오차도 없이 아주 분명하게 기록하고 있다.

그러나 만약 이 이야기가 거기서 끝난다면, 예수도 역사에 등장했던 수많은 사회 혁명가나 현인들처럼 잊고 말면 그만일 것이다. 많은 프로테스탄트 설교와 우리가 잘 아는 찬송가가 알려주는 내용과는 반대로, 예수 그리스도와 관련된 이야기의 진짜 놀라운 부분은 잔인무도한 십자가 사건이 아니라 십자가 후의 부활 사건이다. 매 맞고, 십자가에 달리고, 창에 찔리고, 죽은 채로 남겨졌던 그리스도의 몸은 더 이상 무덤에 가둘 수 없음이 아주 명백하게 드러났다. 부활은 생명을 창조하신 하나님 앞에서 죄와 죽음의 세력들은 힘을 발휘하지 못한다는 분명한 육체적, 물적 증언이다. 부활 안에서, 하나님은 우리의 몸들이 단순히 물질로 구성된 것이 아니라, 우리를 서로 나뉘게 하고 하나님으로부터 멀어지게 하는 권세들이 별게 아니며, 죽음이 우리의 마지막이 아님을 분명히 하셨다. 부활 안에서, 그리스도의 몸을 찢어 놓은 폭력과 악의 권세, 이 세상에서 엄청난 능력을 뽐내는 권세는 패배한다.

복음서들이 그리스도의 부활하신 몸이 실제 물리적 몸이었다는 것을 공감적으로 표현한 것은 결코 우연이 아니다. 실제로, 부활하신 예수는 벽을 통과하여 걸으셨고, 원하시는 대로 나타나셨다가 사라지기도 하셨다. 그러나 그는 유령이나 악령이 아니었다. 부활하자마자 거의 즉시 그는 글로바와 함께 저녁 식사를 나누기 위해 빵을 떼어서 그들에게 주셨다. 그는 부활했다는 사실을 도저히 믿을 수 없다던 도마에게 나타나셔서 그의 상처 입은 손과 옆구리를 만져 봐도 좋다고 하셨다. 그리고 제자들에게 그의 몸이 진짜라는 사실을 확인시켜 주셨다. 그리고 조반으로 구운 생선을 잡수셨다. 그렇게 부활하신 후 40일 동안 그의 제자들과 함께 계시다 하늘로 승천하셔서 하나님 아버지의 오른 편에 지금도 앉아 계신다.

무엇이 문제인가? 초기 교회가 성육신에 신경을 쓴 이유

비록 초기 교회가 이스라엘과 맺은 하나님의 언약을 지속하는 것으로써 그리스도의 삶, 죽음 그리고 부활을 이해했음에도 불구하고, 예수의 성육신은 인간 역사의 새로운 시대를 알리는 신호탄이 되었다. 이를 바울은 "누구든지 그리스도 안에 있으면, 그는 새로운 피조물입니다. 옛 것은 지나갔습니다. 보십시오, 새 것이 되었습니다." 고후5:17라는 말로 표현했다. 이러한 새 창조의 가장 분명한 증거는 오순절에 회복과 치유라는 초기 교회의 선교를 동반한 성령의 선물과 많은 "기사와 이적"을 통해 새로운 공동체가 형성되는 모습으로 나타났다.

생명력을 가진 이 새로운 공동체는 창조 안에서 모든 인류를 위한 하나님의 뜻, 즉 세상을 향한 하나님의 뜻이 무엇인지 기억나게 해 주었다. 예를 들어 돈을 자유롭게 나누어 썼고, 공개적으로 죄를 고백하고 용서하며, 당국자들이 연약한 회원들 위에 군림하지 않았으며, 이방인과 유대인, 종과 주인, 남자와 여자라는 장벽이 무너졌으며, 모든 사람들이 서로를 존중하고 서로의 품위를 지켜주었다. 이러한 새로운 공동체 안에서, 성육신은 "새 창조"라는 말로 표현되었고 이 세상 속에서 변화된 관계로 사람들을 살아가게 했다.

신약성서의 저자들은 그리스도의 성육신이 어떻게 이러한 화해를 가능하게 했을까를 묘사하기 위해 아주 다양한 이미지들을 사용했다. 예를 들어 어떤 저자는 우리가 받아 마땅한 처벌을 대신 받을 무고한 희생자sacrifice의 죽음이 필요하다는 전통적인 대속이론을 주장하였다. 또 어떤 저자는 법정 용어인 구속redemption을 위해 속전 혹은 자유가 필요했다고 설명하였다. 또 다른 저자들은 예수를 도덕적 모범설 moral example 빌2장 혹은 참된 지식을 베푸는 자 참된 빛, 요1:9로 설명하거나 죽음과 악의 권세 즉 정사와 권세를 파하시고 승리하신 모습골 2;15으로 묘사하였다.

바울은 복음 메시지가 자신이 살던 당시의 히브리 문화 혹은 그리스 문화가 갖고 있던 범주들보다 훨씬 더 크다는 사실을 인정하면서, 고린도 교회에 공개적으로 보낸 편지에서 모든 가능한 문화적인 가정들과 당시 학자들의 통찰력으로 도저히 이해할 수 없는 사건 즉 유대인에게는 거리끼는 것이고 그리스인에게는 어리석은 사건으로 그리스도의 십자가를 묘사했다.고전1:23

비록 모순처럼 보이겠지만 바울은 십자가에서 죽으신 그리스도를 초기 기독교 메시지가 가진 아주 분명한 강점으로 설명하였다. 그러나 후에 기독교 신학자들은 이성의 원리에 맞게 그리스도의 본성을 설명하고 이론을 발전시킬 필요성을 느꼈다. 그래서 어떤 초기 그리스도인들은 하나님이 실제 인간이 되셨다는 사상을 거스르는 가운데 근본적으로 예수의 신적인 역할 혹은 영적인 역할에 설명을 집중하였다. 이러한 관점을 사람들은 도세티즘 혹은 가현설이라고 하는데 그리스어 보인다라는 뜻의 *dokei*에서 나온 설명이다. 가현설은 예수가 실제 인간은 아니지만 인간처럼 보였다고 주장한다. 예수가 태초부터 하나님과 함께 계셨기 때문에, 예수가 이 땅에서 보낸 33년의 세월은 그가 가진 진짜 영적인 정체성에 있어 거의 순간에 불과하다는 주장이다. 예수는 신적인 그리스도의 성령을 잠깐 드러냈던 매체에 불과한 것이지 결코 완전한 사람이 되셨던 적이 없다는 설명이다.

이 가현설은 교회사에서 다양한 형태를 띠어 왔다. 특별히 현재 널리 유행하는 변종이 있는데 우리의 죄를 구원하시는 구원자로서 그에게 주어진 신적 역할에만 거의 모든 관심을 집중함으로써 예수의 지상 3년 삶 동안 행하신 그의 치유의 사역이나 가르침을 그냥 건너뛰는 모습이다. 예수의 신성 즉 신으로서의 정체성을 강조하는 것은 주로 "마음의 변화라고 하는 회심"의 문제로 예수를 우리의 "마음에 받아들이도록" 함으로써 내면적인 혹은 영적인 구원만을 강조하는 경향을 보인다. 현대의 가현설은 예수를 뭔가 추상적인 분으로 보게 하는 경향이 있다. 그래서 예수와 개인적 관계를 갖는 내적 경험이 일상의 제자도에 뿌리를 내린 변화된 삶과 아무런 연결점이 없도록 만들고 있다.

만약 가현설이 그리스도의 사람됨에 대해 불편해 하는 동안, 초기 교회 역사 안에서 드러난 두 번째 놀라운 충격은 예수가 완전한 신이라는 사실을 부인하는 반대 방향으로 움직였다는 점이다. 4세기 신학자였던 아리안의 이름을 따른 아리안주의Arianism는 예수가 하나님에 의해 창조되었고, 따라서 하나님과 동일한 분으로 여길 수 없다고 주장하였다. 만약에 예수가 진짜, 물리적인 육체를 가졌다면, 그는 동시에 신적인 존재로 있어서는 안 되었다. 아리우스의 논리 뒤편에는 하나님의 근본적인 성품을 높이려는 깊은 열망이 놓여있다. 아리우스는 어떻게 초월적이시고, 변함이 없으시고, 영원하신 하나님이 과정 속에서 변화무쌍한 인간이 될 수 있느냐?고 주장하였다.

우리가 사는 시대에서 볼 수 있는 아리안주의는 예수를 매우 선한 사람, 우리를 하나님께로 인도하시는 지혜로운 사람으로 표현되는 경향이 있지만, 우리에게 영감을 주는 선생 그 이상도 이하도 아닌 존재일 뿐이다. 예수는 천부적인 재능과 지성을 가진 존재였다. 그의 모범은 우리를 보다 거룩하게 살도록 격려하고 그의 가르침은 이 세상을 향한 하나님의 목적을 더 잘 이해하도록 돕기 위함이다. 그러나 결국 예수는 우리와 많은 점이 비슷한데 좀 더 똑똑하고, 지혜롭고, 친절하신 사람에 불과할 뿐이다.

초기 교회는 이러한 가르침, 즉 예수께서 육체를 가지신 것처럼 보일 뿐이었지 실제로는 하나님이셨다고 보거나, 예수는 하나님처럼 완전한 모습으로 나타난 거의 완전한 인간이었다는 두 의견 사이에서 많은 씨름을 벌여왔다. 결국 한 쪽 면만 주장을 하는 사람들을 이단으로 정죄하였다. 이들과는 달리 교회는 십자가예수께서 사람으로 고통 받고, 피를 흘리고 죽은와 부활예수께서 하나님의 아들로서 악과 죽음의 권세를 이기신 사건과 깊이 연루되었던 사도들의 초기 고백들을 재확인하였고, 온전한 신fully divine이시면서 동시에 온전한 인간fully human이 되셨음을 통해 성육신의 신비를 설명하였다.

2세기에, 초기교회 교부인 이레니우스는 예수는 "우리의 모습대로 오셨다. 그렇게 그는 우리를 자신과 동일한 모습으로 살아가도록 모범을 보여주셨다"[1]고 주장했다. 그의 가르침은 종종 "그는 인간이 되셨던 것처럼 우리도 하나님이 될 수 있다"는 말로 요약하기도 한다. 4세기에 와서, 교회를 대표하는 사람들은 교회가 모순처럼 보이지만 성육신을 교회의 공식적인 입장으로 표방하기로 동의했다. 마찬가지로 325년에 열린 니케아 종교회의에서 예수는 하나님과 "본질상 같은" 분이며 "성육신하심으로 인간이 되신" 분이심을 받아들였다. 몇십 년이 흘러, 콘스탄티노플 공의회381년에서는 성육신에 대해 좀 더 정확하게 표현했고, 1세기 후에 만들어진 아타나시우스 신경Athanasian Creed, 500년에는 다음과 같이 기록하였다.

그분께서는 성부의 본체에서 영원으로부터 나셨기에 하나님이시요, 모친의 본체에서 세상에 태어나셨기에 사람이십니다. 그분께서는 참 하나님이시요, 영혼과 육신을 갖추신 참 사람이십니다. 신성으로는 성부와 같으시나 인성으로는 성부보다 낮으십니다. 하나님이시며 사람이시나 둘이 아니요, 다만 그리스도 한 분이십니다. 신성이 변하여 육신이 되어서가 아니라 오직 인성을 취하시여 신성에 결합하셨기에 한 분이시며 본체의 혼합이 아니라 위가 하나이시기에 참으로 한 분이십니다. 영혼과 육신으로 한 사람이시듯 하나님과 사람으로 한 분이신 그리스도이십니다. 위키피디아 한국어 번역을 사용함 – 역자주

---

1) Irenaeus, *Against Heresie*, bk. 5, preface

아나뱁티스트-메노나이트 전통이 이해하는 성육신

16세기 아나뱁티스트들은 신학을 논함에 있어 추상적인 개념에 대한 논쟁을 피하는 경향을 보였다. 교회가 가르치는 교리를 정확한 언어로 표현하며 열띤 논쟁을 벌이기보다 기독교 제자도의 살아있는 예와 실천이 신학적 논쟁에 있어 보다 효과적이라고 가르쳤다. 그러나 이들의 실천에 압력과 핍박이 가해지자, 그들의 가르침이 초기 교회의 교리와 실천사항과 완전히 조화를 이루도록 빠르게 움직였다. 아나뱁티스트들은 그리스도의 본성과 관련된 질문에 많은 관심을 쏟았고 엄청난 양의 글을 남겼다. 특별히 그리스도의 성육신에 대해 지대한 관심을 가졌다.

메노 시몬스를 포함한 몇몇 초기 아나뱁티스트 저술가들은 아나뱁티스트들에게 꽤나 널리 유포되었던 개념 즉 예수의 몸이 "천상의 육체"를 이야기한 가현설도세티즘의 변종이라고 주장함으로써 이단으로 인식되었다. 그러나 그들은 몇 안 되는 예외에 불과하다. 대부분의 아나뱁티스트들은 초기교회의 성육신에 대한 이해를 전체 신학의 기초로 하고 있다.

사실상 교리적 문서들을 가지고 하나님의 성품이나 본질에 대해 세밀하게 주장을 펴는 가톨릭과 프로테스탄트들의 표준화된 접근방식과는 대조적으로, 일반적으로 아나뱁티스트들은 예수에 초점을 맞추어 신학적 의견을 피력한다. 물론 그들은 하나님이 사람들에게 여러 방식으로 자신을 드러내고 계심을 잘 알고 있다. 이스라엘 백성과 언약을 맺고, 성령을 선물로 약속하시고, 성서의 말씀을 통해 자신을 드러내고 계신다는 사실을 잘 알고 있다. 그러나 우리는 예수라는 인물 안에 하나님의 성품이나 본질이 가장 잘 드러나 있다고 알고 있다.

아나뱁티스트들이 믿고 있는 성육신에 대한 내용은 다음과 같이 요약할 수 있다.

1. 믿음과 삶에 대한 예수의 권위

예수는 온전한 하나님이자 동시에 온전한 인간이라는 아나뱁티스트 가르침은 예수에 대한 신적인 권위에 대한 그들의 신앙이 어떠한지 잘 뒷받침해 준다. 어떤 전통은 하나님의 성품 특히 특별히 구약과 신약 성서 안의 서로 대조되는 하나님의 성품이 그리스도의 가르침 안에 긴장으로 드러나 있다고 주장하는데, 아나뱁티스트들은 인간을 향한 하나님의 뜻이 예수라는 인물 안에 가장 잘 드러나 있다고 주장한다. 레온하르트 시머Leonhard Schimer라는 초기 아나뱁티스트 순교자는 성경 본문에 기초한 아나뱁티스트들의 전형적인 관점이 어떤지 잘 보여주었다. "그리스도 안에 온전한 하나님의 신성이 들어있다. 그는 유일하신 주님으로 만주의 주며 만왕의 왕이며, 인류를 위한 구세주이자 치유자이다. 그에게 하늘과 땅과 땅 아래에 있는 모든 권세가 주어졌다. 그러므로 우리는 그에게 올바른 모습으로 순종해야 하며, 만물 위에 뛰어나신 그에게 영광, 경외, 사랑을 바쳐야 한다." 시머와 동시대 인물이자 순교를 당한 한스 스라퍼Hans Schlaffer는 그리스도를 하나님의 충만한 계시로 받아들이는 것은 "입 밖으로 내어 표현하기 어렵고 위험한 말…로써 이는 유대인에게나 그리스인에게나 다 문제가 되었다"고 지적하였다. 그러나 스라퍼는 비슷한 성경 말씀을 인용하며 "태초에 말씀이 계셨고 이 말씀이 하나님과 함께 계셨고, 이 말씀이 육신이 되었는데 이 분이 그리스도다. 그리스도는 내 안에 아버지가 있고 아버지 안에 내가 있다. 나와 아버지는 하나다."라고 결론을 내렸다.

그리스도 중심의 권위는 아나뱁티스트들이 성경을 해석하는 방식에도 영향을 미쳤다. 성경에 분명하지 않은 말씀이 있다면, 아나뱁티스트들은 그 본문을 예수 그리스도의 가르침과 삶을 통해 해석해야만 한다고 주장한다. 예를 들어 구약의 약속들은 그리스도 안에서 성취되었다는 사실을 발견해야 하고, 그리스도께서 가르치신 빛은 인류를 향한 하나님의 온전하신 뜻이 무엇인지 드러낼 뿐 아니라, 이전에 그림자로 존재했던 것들을 제대로 이해할 수 있도록 밝혀준다. 이처럼 오른 뺨을 때리거든 왼뺨도 돌려대고, 악을 악으로 갚지 말고 선으로 갚고, "오리를 가게 하면 십리를 가라"는 그리스도의 원수사랑에 대한 명령이 성경의 상반된 가르침처럼 보이게 만드는 구약의 본문보다 우위에 있다고 이해한다.

성육신에 대한 이러한 관점 또한 그리스도의 "유일성uniqueness"을 강조한다. 만약 예수가 "온전하신 하나님"이시라면, 사람들이 하나님과 함께 구원의 관계 안으로 들어갈 수 있다는 데 다른 방법은 없을 것이다. 예수는 "나는 길이요 진리요 생명이다."요 14:6고 말씀하셨다. 16세기에는 이러한 점에 대해 논쟁할 필요를 느낀 그리스도인들채 얼마 없었다. 그러나 현재 메노나이트들에게, 이 주장은 매우 중요하다. 만약 성육신이 사실이라면, 현시대의 그리스도인들은 예수를 단지 윤리적 행동의 모범으로 축소시키고, 모든 종교들이 기본적으로 동일한 일반진리를 갖고 있다고 생각하는 경향을 매우 회의적으로 바라본 각종 형태의 아리안주의자들이 주장을 일언지하에 거절해야만 할 것이다.

2. 사람들에게 하나님은 물질을 통해 자기계시를 하신다.

만약 그리스도의 신적 권위를 인정하는 것이 무례한 것처럼 보인다면, 하나님이 물질적인 형태를 통해 인간들에게 나타내 보이셨다는 아나뱁티스트들의 주장 또한 동일하게 충격적인 모습으로 다가올 것이다. 우리 시대의 어떤 그리스도인들은 자신들의 신앙이 고도의 지적인 방식으로 존재한다고 생각하는 경향을 갖고 있다. 즉 그리스도는 어떤 개념이나 원리로 나타나실 거라는 생각이다. 어떤 이들은 그리스도께서 추상적이거나 영적인 존재이시기 때문에 감정이나 느낌에 초점을 맞추어야 한다고 주장한다. 이러한 강조점들은 예수에 대한 이해를 근본적으로 물질세계와는 전혀 상관없게 만든다. 결과적으로 기독교 신앙은 사랑이라든가, 따뜻한 느낌, 혹은 경건하게 들리는 문구들을 모아 놓고 묵상하는 식의 애매한 관념으로 축소될 수 있다.

아나뱁티스트들에게, 그리스도의 성육신은 인간에게 다가오신 하나님을 이해하는 데 있어 매우 중요하다. 예수 안에서 하나님은 물질로, 몸으로, 눈으로 보이는 형태로 세계 안으로 들어오셨다.

아주 단순한 주장처럼 보이는 성육신이 뜻하는 함축성은 십오하기 그지없다. 회의론자들에게 성육신은 예수의 삶, 죽음, 부활에 관한 설명은 단순히 위대한 비유가 아니라는 의미로 비춰진다. 성육신은 창조된 세상에 구체적인 모습에 뿌리를 내린 실제 이야기다. 성육신은 문자적으로 인간 역사에 하나님이 들어오신 사건이다. 영성주의자들에게, 성육신이 의미하는 바는 창조된 것들이 본질적으로 하나님의 자기계시라는 말이다. 실제로 물리적, 살과 피가 없이, 가시관을 쓰시고 십자가에 달리신 인간 예수를 알지 못하며 인류역사에 나타난 하나님을 온전히 알 수 없으며, 우리 인간들도 하나님의 구원을 온전히 알 수 없을 것이다. 달리 표현하자면, 하나님의 성령은 결코 추상적이거나 어떤 느낌이 아니다. 하나님은 물질이라는 형태와 매개를 통해 자신을 드러내신다. 라디오의 주파수처럼, 주의 말씀은 그것이 물리적 세계에 전달되어 변환되기까지는 고요함으로 존재한다. 그렇다고 이것이 메시지의 권위나 능력을 경감시키지는 못한다. 왜냐하면 메시지가 매개는 아니기 때문이다. 그러나 이 메시지는 분명 물질세계 안에서 하나님, 성령님 그리고 그리스도의 현존하심에 대한 우리의 이야기와 맞닿아 있다.

　　일반적으로 이러한 시각은 우리가 어떻게 창조세계를 바라볼 것인가 생각할 때 매우 중요한 의미로 작용한다. 하나님은 창조세계를 바라보시며 좋았다고 선언하셨다. 이것이 의미하는 바는 하나님께서 세상에 자신의 모습을 보이도록 드러내셨다는 말이다. 그리스도의 성육신이 하나님께서 물질이라는 형태를 사용하셔서 이 세상에 눈에 보이는 모습으로 나타나셨기 때문에, 우리의 몸을 포함하여 이세상의 모든 것은 값지고, 소중하다. 이는 하나님께서 언제든지 역사 속으로 들어오실 수 있는 방법을 항상 열어두셨음을 의미한다.

3. 구원의 의미: 성령을 통해 그리스도에 참여함

그리스도 안에 성육신하신 하나님을 이해하는 것은 구원에 대한 아나뱁티스트의 관점이 내포하고 있는 엄청난 함의, 특별히 어떤 이들이 성화라고 표현하는 독특한 삶과 변화의 가능성을 잘 드러내준다. 분명히 말하건대 아나뱁티스트들은 타락을 결코 무시하지 않는다. 실제로 그들은 인간 죄의 편만성에 대해 분명한 이해를 갖고 있다. 그러나 그들이 가르치는 성경의 이야기는 창세기 3장이 아니라, 창세기 1장에서 시작된다. 그렇다. 사탄의 능력은 실존이며, 자연 질서가 죄에 의해 치명적인 피해를 입었다. 그러나 우리는 사랑과 은혜의 하나님에 의해 하나님과는 물론 다른 이들과 더 나아가 자연과 조화를 이루며 살도록 계획되었다. 그리고 그리스도 안에서 말씀이 육신이 되었기 때문에, 구속이 추상적이고 영적인 면에서만이 아니라, 보다 구체적인 방식으로 가능하게 되었다.

아나뱁티스트들이 아주 좋아하는 한 성경 본문은 이러한 관계를 잘 자라는 식물의 이미지를 통해 설명하고 있다. 예수께서 제자들에게 말씀하셨다. "나는 포도나무요, 너희는 가지이다. 사람이 내 안에 머물러 있고, 내가 그 안에 머물러 있으면, 그는 많은 열매를 맺는다. 너희는 나를 떠나서는 아무것도 할 수 없다.… 너희가 열매를 많이 맺어서 내 제자가 되면, 이것으로 내 아버지께서 영광을 받으실 것이다."요 15:5,8 성령을 통하여, 그리스도인들은 그리스도의 몸에 참여할 수 있다. 그렇게 함으로써 우리 자신의 몸, 생각, 행동이 구원을 받는다.

때때로 아나뱁티스트는 구원에 있어서 은혜의 역할을 무시하고 믿음 대신 "의로운 행위"를 강조한다는 식으로 거짓 고발당했다. 이와는 반대로 아나뱁티스트는 항상 구원은 하나님에 의해 값없이 제공되는 무조건적 선물로 묘사하였다. 그러나 그들은 이와 동시에 기독교 신앙이 하나님 앞에서 단순히 수동적이거나 "정당성을 인정받아야 하는" 법적인 문제로 보지 않는다. 오히려 그리스도 안에서 우리는 생명을 부여하는 하나님의 성령의 사역에 동참하도록 초청받은 존재로 설명한다. 그리스도인들은 마치 포도나무에 붙어 있는 가지처럼 그리스도 안에서 살아 움직이는 존재들로 "의로운 사람"으로 의의 열매를 맺어야 한다. 다른 말로 표현하자면, 은혜는 우리가 하나님 앞에 단순히 의로운 존재일 뿐 아니라, 거룩해지고 하나님의 뜻을 성취하도록 능력을 부여 한다. 아나뱁티스트 리더였던 필그람 마르펙은 "이 세상에는 육체적 고통당하고 죽으신 그리스도를 고백하는 그리스도인들로 가득 차 있다. 그러나 자신의 삶 속에 그리스도께서 부활하셨음을 믿고 고백하는 사람들은 얼마 되지 않는다."고 기록하였다.

아나뱁티스트-메노나이트들은 성령을 통해 그리스도에 참여하는 것이 구원이라고 이해한다. 그리스도의 성육신 온전히 참여하는 것, 즉 성령의 현존을 통해 온전한 인간으로 오셔서 그의 신성을 드러내는 것이 구원이다. 사도 바울이 말한 것처럼, "우리의 옛사람이 그리스도와 함께 십자가에 달려 죽은 것은, 죄의 몸을 멸하여서, 우리가 다시는 죄의 노예가 되지 않게 하려는 것임을 우리는 압니다.… 여러분은 율법 아래 있지 않고, 은혜 아래 있으므로, 죄가 여러분을 다스릴 수 없을 것입니다."롬 6:6,14

4. 현재 눈에 보이는 그리스도의 몸으로서 교회

끝으로, 성육신의 교리는 아나뱁티스트의 교회론의 핵심이기도 하다. 예수는 그를 따라오는 사람들에게 "두세 사람이 내 이름으로 모여 있는 자리, 거기에 내가 그들 가운데 있겠다."고 약속하셨다.마 18:20 사도들과 초기교회는 교회를 이야기할 때 그리스도의 몸으로 이야기하기까지 했다. 물론 그리스도는 더 이상 물리적으로 땅 위에 존재하지 않지만, 여전히 그의 이름으로 모이는 믿음의 공동체 안에서 만질 수 있고 눈으로 볼 수 있는 모습으로 존재한다. 그러므로 현재 이 세상에 하나님께서 존재하신다고 표현할 때 기본적으로 그리스도의 가르침을 늘 마음에 두고 살며, 그의 고난에 동참하며, 삶 속에서 부활의 소망에 대해 증거하는 제자들에 의해 구체화된 교회, 즉 성령이 현존하시는 교회를 빼놓고 이야기할 수 없다. 필그람 마르펙은 한 때 교회를 "성육신이 연장된 형태"로 묘사한 적이 있다. 이러한 표현을 통해 그가 말하고자 했던 것은 성육신이 옛날에 일어났던 어떤 "사건"이 아니라는 점이다. 오히려 부활하신 예수께서는 새롭게 거듭난 삶을 사는 신실한 신자들과 더불어 현재에도 함께 살아계신다.

교회가 그리스도의 몸이라면, 성령님의 현존이 교회의 본질이라는 점은 매우 분명하다. 교회는 신자들의 마음과 생각을 변화시키는 성령님의 적극적인 활동을 의지해야만 한다. 이것이 의미하는 바는 교회가 어떤 프로그램이나, 일련의 활동, 혹은 공들여 만든 교리들을 나열해 놓는 모습으로 축소되어서는 안 된다는 말이다.

동시에 아나뱁티스트들은 예수께서 하늘로 승천 하실 때 "영광스럽게" "변모하셨다"는 추상적인 언어로 예수를 묘사한 신령주의자들의 표현에 대해 논쟁하기를 거부했다. 아니, 논쟁보다 그 표현을 인정했다. 그리스도의 몸은 여전히 우리 눈에 보이는 형태로 존재한다. 예수의 시대에 그랬던 것처럼, 우리도 여전히 그를 따르고, 우리의 시간, 돈, 재능을 가지고, 국가, 시장 및 우리 가족 안에서 다른 사람들과 연대함으로써 그리스도께 충성을 다한다.

결론

이러한 모든 방식 중에, 아나뱁티스트–메노나이트 전통은 기독교의 핵심 가르침들을 신학의 핵심으로 구체화시켰다. 그리스도는 말씀에서 육신이 되신 분시기에, 우리는 창조된 세계가 구속받으리라고 확신한다. 그리스도는 말씀에서 육신이 되신 분시기에, 우리는 그에게 참여하며 거룩하고 의로운 삶의 열매를 맺을 수 있다. 그리고 그리스도는 말씀에서 육신이 되신 분시기에, 우리는 그리스도의 몸으로서 함께 모여 예배하고, 이 세상의 복음으로 계속 존재하시는 그리스도 안에서 성육신하신 하나님을 증거하는 삶을 살아간다.

우리가 사는 세상은 깨지고, 나뉘고, 외로운 채 사람들을 점점 멀어지게 한다. 현대 문화의 깊은 조류는 상황이 점점 나빠지고 있다. 복음이라는 좋은 소식은 예수께서 적개심으로 나눠진 벽을 무너뜨리기 위해 오셨다. 예수 안에서 하나님은 인류를 하나로 만드셨다. 교회의 선교는 깨지고, 나뉘고, 외롭고, 낯선 사람들을 새로운 삶의 기쁨으로 초대함으로써 성육신을 증거하며, 그리스도의 가지에 붙어 있어 영양분을 충분히 섭취하게 한 후 화해 및 온전함의 열매를 맺게 해야 한다.

3. 정체성 기억하기:
우리는 누구이며, 왜 예배가 그토록 중요한가?

교회와 긴밀하게 연결되어 있는 작은 대학에서 가르치는 많은 기쁨 중 하나는 교실 밖에서 학생들과 가까이 만날 기회가 많다는 점이다. 최근에 나는 졸업 후 어떻게 살 것인가에 대해 고민하는 청년들과 깊은 대화를 나누었다. 처음에 우리는 직업이나 일할 기회들과 같은 일반적인 주제들을 놓고 대화를 시작했다. 매우 총명하고 재능이 많은 한 학생은 직업을 얻을 수 있는 많은 선택권을 갖고 있었다. 그러나 이 학생과의 대화는 곧 직업의 목적과 의미에 대한 보다 더 깊은 질문으로 진전되었다.

내가 만난 많은 학생들처럼, 그는 메노나이트 교회와 십대 때 받는 세례에 대해서도 질문했다. 고등학교 때, 그는 그에게 영적으로 멋진 경험이 된 단기 봉사활동을 여러 번 다녀왔고, 교단이 주최한 총회에도 두 번이나 참여했다고 설명해 주었다. 대학에 와서 그는 다양한 성경 및 종교과목을 수강하며, 열정적으로 캠퍼스 찬양단에 참여하였고, 스스로 그리스도인이라는 분명한 정체성을 갖고 있었다.

그러나 내가 어느 교회에 다니고 있는가 묻자, 그는 말을 얼버무리면서 사실 교회에 다니고 있지 않다고 했다. 대학교 1학년 때 그는 여러 교회를 방문하긴 했지만, 일요일 예배에 아무런 감흥을 느끼지 못했다. 내가 좀 더 깊은 질문을 하자, 그는 무심결에 "나는 왜 교회에 다녀야 하는지 모르겠어요. 대학에 들어온 이후에서야 부모님들이 어려서부터 나를 교회에 데리고 가셨기 때문에 그저 습관적으로 교회에 다니고 있다는 사실을 깨닫게 되었거든요. 지금은 교회에 나가지 않지만 전혀 교회에 대한 그리움이 생기지 않았어요."라는 말을 불쑥 꺼냈다. 그리고 "게다가, 제가 일요일 아침 교회에서 느꼈던 그 어떤 것보다 지금 하나님과 더 가까이 있고 하나님과 동행하는 느낌이 있거든요"라는 말을 덧붙였다.

이 말을 듣고 나는 분노 섞인 현기증을 느꼈다. 왜 어려서부터 교회에 깊이 뿌리를 내렸던 사람이, 공적으로 세례를 받고 헌신을 약속했던 사람이, 그리고 "부르심"으로써 자신의 미래에 대해 진지하게 생각하는 청년이 회중의 생활을 이렇게도 부적절하고 아무런 연관이 없는 것처럼 설명한단 말인가? 어떻게 그리스도인이 되어서 정기적으로 예배를 드리는 사람들이 한마음을 갖지 못한단 말인가?

그러나 이러한 나의 놀라운 심경을 말로 표현하기 전에 이미 나는 이 문제가 이 학생의 일만이 아니라는 사실을 너무 잘 알고 있었다. 최근 조사 발표에 따르면, 청년들의 교회 출석률은 모든 교단을 불문하고 지난 30년간 계속 감소하고 있는 추세다. 1989년 메노나이트의 평균 연령은 49세였으나, 2006년에는 54세로 높아졌다. 1972년 18세에서 45세에 해당하는 메노나이트 신자들이 차지하는 비율이 54%였으나, 1989년에는 45%로 줄었고 2006년에는 30%가 되었다. 한 유명한 조사 결과가 말하듯이 주류 프로테스탄트 교회들은 "문자 그대로 죽어가고 있다."

『그들은 예수를 좋아하지만 교회를 좋아하지 않는다』라는 책에서 댄 킴발은 교회에 대해 청년들이 갖고 있는 견해들을 잘 정리하였다. 그의 연구에 따르면 청년 대부분은 일반적으로 예수에 대해 긍정적인 태도를 갖고 있는 것으로 나타났다. 대체로 그들은 종교에 매우 관심이 있었고 영성과 관련된 주제들에 대해 폭발적인 관심을 보였다. 그러나 교회에 대한 그들의 태도는 그 자체로 매우 부정적인 경향을 보였다. 교회는 너무 비판적이며 무례하다. 교회는 정치적인 문제에 있어 너무 편협하다. 많은 주제들이 있지만, 동성애 이슈 자체를 너무 두려워하고 여성폄하가 너무 심하다. 교회에는 성경에 기록된 모든 단어를 문자 그대로 읽는 근본주의자들이 가득하다.

이러한 말을 듣는 대부분의 독자들은 자연스럽게 "말도 안 돼! 이러한 조사 결과는 잘못된 거야! 이러한 연구조사는 우리교회의 상황을 제대로 대변하고 있지 않아!"라고 반응한 나처럼 똑 같이 반응할 것이다. 그러나 우리가 이러한 견해에 동의하든 동의하지 않든 기독교 너머에서 이러한 근본적인 변화는 이미 실제 상황으로 존재한다. 한 세대 전에 많은 지역에서 정기적으로 교회에 출석하던 모습을 더 이상 현재의 모습 특히 청년 세대의 모습으로 가정해서는 안 된다. 그리고 만약 우리의 유일한 반응이 우리 교회는 뭔가 다르다는 식으로 방어적이 된다면, 우리는 지금 우리 시대에 일어나고 있는 어마어마한 변화에 대해 효과적으로 반응하기 어려울 것이다.

이전 장에서 나는 성육신이라는 기독교 교리가 구원에 대한 아나뱁티스트-메노나이트의 이해의 초석이라고 말했다. 이번 장에서 나는 어떻게 성육신에 대해 갖고 있는 우리의 지적인 이해를 말씀이 육신이 된 신비로 옮겨갈 수 있는지 특별히 예배에 중점을 두는 가운데 좀 더 깊이 살펴보고자 한다. 왜 그렇게 예배가 중요한가? 왜 그리스도인들이 다른 사람들과 함께 모여, 찬송하고, 기도하고, 읽고, 묵상하는 것이 그토록 중요한가? 그리고 우리 일상생활에 적절한 예배는 어떤 모습이어야 하며 문화의 깊은 흐름에 적절한 예배는 어떤 모습인가? 살펴보고자 한다.

다음에 나오는 고찰은 이러한 질문들에 대한 반응의 시작이지만, 보다 더 깊은 대화를 위해 도움을 주고 방향을 제시하는 것이 되면 좋겠다.

예배에 대해 아나뱁티스트-메노나이트가 갖고 있는 두 얼굴

일요일 아침에 교회에 참석하는 것이 얼마나 중요한 지 청년들을 설득하는 일은 모든 교파에게 주어진 숙제다. 그러나 예배 형태와 예전에 대해 아나뱁티스트 전통이 역사적으로 어떤 태도를 취해왔는가에 대한 설명을 어떻게 할 것인가 하는 문제가 현재 메노나이트들에

게는 훨씬 더 어렵다. 만약 가톨릭 신자 중 아무에게나 자신들의 믿음
이 갖는 특징을 설명하라면, 그들은 틀림없이 그들의 미사를 언급할
것이다. 루터교인들에게 같은 질문을 한다면, 그들은 아마도 "말씀과
성례전"을 언급할 것이다. 오순절의 교인들에게 질문을 한다면, 그들
은 방언에 대해 말할 것이다.

그러나 메노나이트들에게 그들이 소유한 믿음이 갖는 특징을
설명하라면, 누구도 쉽게 그 답을 예측할 수 없을 것이며 예배에 관련
된 것 중 자신이 느꼈던 것들에 대해 말해줄 것이다. 아마 그들은 4부
합창의 전통에 대해 언급할 것이며, 많은 사람들은 그들이 갖고 있는
평화 전통, 섬김과 봉사에 대한 헌신, 일요일 아침에 집중되어 있는 교
회 활동에 대한 것보다 교단 전통이 갖고 있는 독특한 공동체의 요소
들에 대해 말하기를 즐겨할 것이다.

이러한 양면성 뒤에는 여러 가지 이유가 숨어있는데, 그 이유
들은 역사에 깊이 뿌리를 박고 있다. 부분적이기는 하지만 16세기 아
나뱁티스트 운동은 중세 가톨릭의 예배 의식과 맹목적인 숭배의 모습
을 거스르는 모습으로 등장했다. 아나뱁티스트 첫 세대는 가톨릭 미
사와 관련되어 있는 정교한 성상들과 화려한 겉치레를 신랄하게 고발
했다. 웅장한 성당 안의 정교하게 다듬은 제단, 금으로 된 성배, 스테
인드그라스 창문, 세례 수조, 성인들의 조각상, 마리아 신전, 각종 유
물들은 허례허식이자 신학적으로 잘못인도된 것으로 보았다. 가톨릭
교회가 성인들의 유물들과, 거룩한 장소 및 성인들의 인생을 강조했다
면, 아나뱁티스트는 이러한 것들을 우상 숭배로 보았다. 장식품으로

치장한 드높은 성당은 성직자들의 엄격한 통제 아래 가난에 절은 소작 농들의 등골을 빼내며 건축되었다. 무엇보다 아나뱁티스트들은 가톨릭교회가 정의하는 유아세례나 미사와 같은 예전들이 성서에 근거한 것이 아니라고 믿었다. 그래서 16세기 아나뱁티스트가 되었다는 것은 겉으로 드러난 성상들과 예배의 형식 및 예전을 아주 분명한 태도로 거절했다는 의미다.

　아나뱁티스트들이 가톨릭 예배와 예전을 비판한 그 핵심에는 성례전의 본질에 대한 근본적 불일치가 존재한다. 가톨릭 예전을 시행할 때, 일반 사람들은 교회가 집행하는 성례전을 통해 하나님의 현존 앞으로 나온다. 그렇게 그들은 구원을 경험해 왔다. 예를 들어 세례식은 원죄의 얼룩을 씻어내며 궁극적으로 어린이들에게 영생을 약속하는 예식으로 자리한다. 성찬식을 통해 가톨릭 신자들은 빵과 포도주가 물리적인 그리스도의 현존을 체험한다. 성례전은 안수 받은 사제에 의해서만 집전되어야하기 때문에, 제도화된 교회의 성직계급에 의해 구원이 독점되는 것처럼 보였다.

　아나뱁티스트는 이러한 성례전적 가르침을 거부하였다. 그들이 주장하는 바에 따르면 하나님은 단지 세례반의 성수와 성찬식의 빵과 포도주에만 아니라, 모든 창조만물에 드러나 있다. 어떤 특정한 예배 시간만 거룩한 게 아니라, 모든 시간이 거룩하기 때문에 하나님께서 가장 기뻐하시고 즐겨하시는 종류의 예배는 아름다운 성당이나 잘 준비된 예식을 통해 드려지는 것이 아니라, 그리스도께 복종하는 일상생활을 통해 드려야 한다고 믿었다. 미가 선지자의 말은 아나뱁티스트들에게 매우 친근한 메시지로 다가온다.

> 내가 주님 앞에 나아갈 때에, 높으신 하나님께 예배드릴 때에, 무
> 엇을 가지고 가야 합니까? 번제물로 바칠 일 년 된 송아지를 가지
> 고 가면 됩니까? 수천 마리의 양이나, 수만의 강줄기를 채울 올리
> 브기름을 드리면, 주님께서 기뻐하시겠습니까? 내 허물을 벗겨 주
> 시기를 빌면서, 내 맏아들이라도 주님께 바쳐야 합니까? 내가 지은
> 죄를 용서하여 주시기를 빌면서, 이 몸의 열매를 주님께 바쳐야 합
> 니까? 너 사람아, 무엇이 착한 일인지를 주님께서 이미 말씀하셨
> 다. 주님께서 너에게 요구하시는 것이 무엇인지도 이미 말씀하셨
> 다. 오로지 공의를 실천하며 인자를 사랑하며 겸손히 네 하나님과
> 함께 행하는 것이 아니냐! 미 6:6~8, 새번역

가톨릭의 예배 형태에 대한 이러한 제한적 태도는 단순히 아나
뱁티스트들이 모임을 비밀리에 갖도록 만들었을 뿐만 아니라, 당시 교
회와 당국자들로 하여금 이러한 내용을 가르치지 못하도록 금지시키
고 끝내는 이들을 죽이기까지 했다. 이처럼 초기 아나뱁티스트들은 종
종 도망자들의 모임으로 은밀하게 구석진 방, 헛간, 동굴 혹은 울창한
숲 한 가운데에서 드렸다. 그것도 다른 사람들이 잘 다니지 않는 시간
에 드렸기 때문에 그들의 예배는 지역 보안관이나 화난 이웃들에 의해
언제든지 중단되는 위험을 감수해야 했다.

이렇듯 비밀스럽게 예배를 드렸기에, 초기 아나뱁티스트들의

예배 정황이 어떠했는지 구체적인 내용에 대해서는 후대에 잘 알려지지 않았다. 1527년 스위스 형제단은 아주 간단한 "회중의 훈령"이라는 문서를 회람했는데, 아나뱁티스트들이 드린 예배에 대한 기본적인 구조가 들어있다. 이 문서에는 "형제들과 자매들은 주중에 최소한 3회나 4회" 만나도록 권고되어 있다. 만남의 목적은 함께 성경을 읽고 해석하며, 믿음 안에서 서로를 격려하고, 만약 구성원이 잘못된 길에 들어서면 이를 경책하기 위함이었다. 이 훈령은 구성원들이 가진 재산을 서로 관대한 마음으로 나누도록 제안하고 있다. 그리고 이 훈령은 그리스도의 고난을 기억하기 위해 그리고 "모든 형제들을 위해 자신의 몸과 생명을 바치겠다는 헌신을 기억하는 의미로" 주의 만찬을 정기적으로 시행하도록 요청하고 있다.

　　1557년 아나뱁티스트 예배를 직접 참여한 목격자이자 스트라스부르그 출신의 루터교 교구 목사였던 엘리아스 샤드Elias Schad의 기록에 따르면, 그 근방에서 온 대략 200명의 아나뱁티스트들이 한 밤중에 도시 밖의 숲속에서 비밀스럽게 만났다고 보고하였다.[2] 감독들의 짧은 설교가 연속적으로 선포된 후, 참여자들은 무릎을 꿇고 "마치 말벌들이 벌집에서 떼를 지어 소리 내는 것과 같은 모습으로" 기도하기 시작했다. 설교시간 동안에, "대부분의 사람들이 앉아 있었지만, 어떤 사람들은 서있었고, 어떤 사람들은 나무에 기대어 있었고, 어떤

---

2) Master Elias Chad, "True Account of an Anabaptist Meeting at Night in a Forest and a Debate Held There With Them," *Mennonite Quarterly Review* 58 (July 1984), 292-95.

사람들을 얼굴을 땅에 대고 있었고, 어떤 사람들은 졸기도 했고, 어떤 사람들은 아예 잠을 자기도 했다." 설교 다음 긴 기도를 드린 후, 장로들은 참가자들에게 일반적인 인사말을 전했고 참여한 사람 전체를 대상으로 설교에 대한 질문을 던졌다. 만약 성령께서 인도하심에 따라 "형제들의 성품을 격려"하기도 했다. 이러한 모임은 거의 새벽 2시가 되어야 드디어 끝났다. 비록 1578년에 헤세 지역에서 모인 모임에 대한 기록과 찬송, 세례 및 주의 만찬이 시행에 대해 몇 가지 차이를 보이긴 했지만, 샤드의 보고는 비밀스럽게 드리는 아나뱁티스트 예배에 대한 다른 기록들과 정확하게 일치했다.[3]

비록 메노나이트들은 공식적인 예전에 대해 회의적인 모습을 보이고 있지만, 그들의 예배에는 눈에 띌 정도의 구조와 패턴이 있다. 현재 전형적인 메노나이트 예배에는 환영의 말, 몇 곡의 찬송, 연보, 성경읽기, 설교, 공개적인 회중의 나눔 시간, 광고, 예배를 떠나며 축복하는 말, 여기저기서 기도드리는 모습 등이 포함되어 있다. 그러나 이러한 기본적인 형태를 떠나, 현재 메노나이트 예배는 고도의 신학적 원리를 따지기보다는 교회가 속한 지역 문화에 더 큰 비중을 둔다. 어느 일요일 아침에, 같은 메노나이트 회중에 속한 사람들은 그날 예배에서 무엇을 경험할 것인지 아주 다양한 기대감을 갖고 예배에 참여한다. 예를 들어 기쁨의 감정을 경험하기 원하는 이들, 깊이 묵상할 필요가 있는 지적인 도전, 성서의 말씀과 깊은 만남, 관계에 대한 실제적인

---

3) Theodor Sippel, ed, "The Confession of the Swiss Brethren in Hesse, 1578," *Mennonite Quarterly Review* 23 (January 1949), 22–34.

조언, 혹은 윤리적 행동에 대한 훈계 등을 기대하며 예배에 참여한다.

대부분의 메노나이트들은 일반적으로 예배가 기독교 신앙의 주된 핵심이라고 생각하지 않아왔다. 메노나이트들에게 최선의 예배 즉 하나님께서 가장 기뻐하시는 형태의 예배는 예수의 가르침을 따라 순종하는 삶으로써 세상 속에서 주변 사람들에게 모범이 되는 삶이 곧 예배라고 여겼다. 그러기에 메노나이트 예배는 공동체가 함께 모일 때든 매일의 삶속에서 그리스도를 따르는 제자도로 나타날 때든 하나님의 현존을 찬양하는 경향으로 나타났다. 그러나 메노나이트들에게 최악의 예배는 전통에 따라 혹은 틀에 박힌 습관을 따라 교회를 가거나, 아니면 교회에 출석하지 않으면 죄의식이 생기기 때문에 불편하더라도 교회에 가서 앉아있는 모습이다. 이러한 일이 발생할 때, 젊은이들은 논리적으로 "왜 그렇게 괴로워하냐?"고 묻는다. 특별히 그들이 지역 배구 시합을 하면서 공동체성을 느꼈을 때, 지역에 있는 기관에서 봉사의 기회를 얻게 되었을 때, 아이포드에 담겨있는 음악 목록을 통해 멋진 영감이나 통찰력을 얻게 되었을 때 이러한 질문을 던진다.

예배와 부흥에 대한 굶주림

이러한 표현이 너무 비관적으로 들릴지 모르겠지만 최최근에 아주 많은 회중들이 예배에 활력과 새로운 에너지를 불어넣기 위해 부분적으로 새로운 방법들을 채택하는 모습을 볼 수 있다. 그렇게 하는 데는 나름대로 이유가 있다. 그리고 이러한 상황이 가장 분명하게 드러난 곳이 음악이라는 영역이다. 현재 수많은 메노나이트 교회의 예배에 찬양 시간이 대폭 늘었다. 대개는 마이크와 기타, 피아노, 드럼을 연주하는 대여섯 명으로 구성된 찬양 팀이 경쾌한 리듬의 최신 기독교 음악과 찬양으로 예배를 인도하는 곳이 많아졌다. 이러한 노래의 가사들은 모든 사람이 잘 볼 수 있도록 스크린에 미리 준비되기에 사람들은 더 이상 시선과 손을 찬송가에 고정하지 않고 자유롭게 박수를 치거나 찬양에 몰입할 수 있다.

어떤 메노나이트 회중들은 예배를 활성화하기 위해 "고교회"의 예배 순서를 따르기도 한다. 이러한 회중들은 교회력이 제공하는 절기와 성서일과lectionary의의 성경읽기 본문을 따라 예배 주제를 체계화하는 경향이 있다. 이들은 종종 미술과 춤을 예배 공간에 도입하기도 하고 떼제나 아이오나 공동체의 음악을 보조 찬양으로 도입하기도 한다.

이러한 시도들 중 그 어느 것도 내부적인 갈등과 저항 없이 채택되지는 않는다. 그러나 현재 많은 메노나이트 회중의 주일아침에 일어나는 상황과 논쟁의 강도로 볼 때 뭔가 중요한 내용을 놓치고 있음을 알 수 있다.

21세기 메노나이트들은 보다 더 의미 있는 예배, 거룩한 하나님을 만났으면 하는 바람에 있어 심히 굶주려 있다. 그러나 아나뱁티스트 전통으로부터 분명한 지침을 찾을 수 없기 때문에, 예배 갱신을 향한 노력들은 다양한 기독교 전통으로부터 닥치는 대로 빌려오는 경향을 보이고 있다. 그래서 결국 잘 정착된 예배 방식을 찾기까지 좋은 것과 나쁜 것 더 나아가 추한 것까지 마구잡이로 빌려오는 경향도 발견된다.

왜 예배가 그렇게 중요한가?

시대의 흐름과 혼동 속에서도 만약 우리가 예배에 대한 근본적인 질문들과 씨름하다 보면 우리가 무엇을 찾고자 하는지 발견하는데 도움을 얻을 수 있을 것이다. 예를 들어 내 사무실에 직접 찾아와 질문한 그 청년에게 무언가를 말해 줄 수 있어야 했는데, 대략 그 질문들은 이렇다. 왜 예배가 그렇게 중요한가? 왜 과거로부터 물려받은 예배의 습관을 현재 사람들에게 연결시키길 기대하는가? 왜 공원을 걷는 일을 예배의 충분한 형태로서 고려하지 않는가?

최근 몇 년 동안, 메노나이트들을 포함한 다양한 기독교인들이 이러한 질문들에 대해 진지하게 반응하기 시작했다. 물론 예배의 부분으로 받아들여야 하는 요소들에 대해 모든 사람들이 동의한 것은 아니지만, 우선 예배에 꼭 있어야 하는 네 가지 주제들을 간략하게 정리해보고자 한다. 그렇게 함으로써 예배에 대한 주제를 놓고 진지한 대화를 반복하면 좋겠다. 예배에 있어 중요한 또 다른 한 가지는 다섯 번째 주제로 다음 장에서 별도로 다루고자 한다.

1. 하나님은 찬양받으시기에 합당하시다.

비록 회의적인 학생의 질문에 즉각적으로 확신을 제공할 수 있을 지는 모르겠지만, 예배를 드리는 가장 강력한 이유는 아주 간단하다. 그리스도인들이 예배를 위해 모이는 근본적인 이유는 예배가 우리를 창조하시고, 우리에게 생명을 주시고, 우리를 창조의 회복에 참여하도록 초청하신 하나님께 적절히 반응하는 행위이기 때문이다.

어떤 면에 있어서, 예배에 대한 모든 다른 설명은 부가적이거나 불필요하다. 예배는 우리를 사랑하시고 우리와 함께 교제하기 원하시는 하나님께 대한 적절한 반응 이외 아무 것도 아니다. 예배는 마치 숨을 쉬거나 음식을 통해 영양을 섭취하는 것처럼 인간의 삶과 안녕을 위해 자연스럽고 꼭 필요한 행위이다. 이처럼 가장 근본적인 면에서 예배는 우리 자신, 우리 교회, 예전, 전통, 혹은 우리의 감정에 관한 것이 아니다. 예배는 단순히 하나님의 선하심과 은혜와 영광을 찬양하기 위한 인간의 의식적인 반응이자 감사의 표현이다.

하나님에 대한 이러한 찬양의 자세는 우리가 하루 종일 깨어 있는 동안 하는 모든 일에 깊이 스며들어 있어야 한다. 실제로 시편의 시에는 자발적인 찬양의 표현으로 가득 차 있다. 이러한 시들은 하나님의 본래적인 선하심을 깨달음으로서 촉발된 표현들이다. "오너라, 우리가 엎드려 경배하자. 우리를 지으신 주님 앞에 무릎을 꿇자."시편 95:6 "너희는 주님의 신실하심을 깨달아라."시편 34:8 "내가 주님을 찬양할 때에, 내 입술은 흥겨운 노래로 가득 차고, 주님께서 속량하여 주신 나의 영혼이 흥겨워할 것입니다."시편 71:23 일상의 기도라는 책은 "감사는 우리가 어디에 있든지, 항상 감당해야 할 의무입니다"라고 고백하고 있다.

인간들은 너무나 잘 잊기 때문에, 우리 자신의 우선순위와 순간의 염려들에 너무나 쉽게 마음을 빼앗기기 때문에, 하나님을 찬양하기 위한 특별한 시간과 특정한 장소를 따로 떼어 놓는 것이 적합하다. 공식적인 예배에서 그리스도인들은 그들이 하는 말의 내용에 주의를 집중할 수 있고, 그들이 부르는 찬송, 서로를 향한 몸짓, 우리가 찬양을 드리는 곳의 시간적 이미지들과 물리적 공간에 집중할 수 있다. 이러한 예식은 그 자체가 목적이 아니라 단순히 우리가 하나님께 공동으로 감사드리는 방식이며 주의를 집중하는데 도움을 주는 방식일 뿐이다. 예배 의식은 하나님께 대한 우리의 적절한 관계가 어떤지 규칙적으로 생각나게 해준다. 예배의 리듬을 통해, 우리의 찬양은 공식적인 예배 시간을 넘어 우리 일상의 모든 부분에 깊이 스며들게 한다.

2. 예배는 우리의 궁극적인 충성이 어디에 있는지 분명하게 해준다.

이 말을 약간 다른 방식으로 표현하면, 예배는 실재하는 가장 기본적인 전제가 무엇인지 제대로 이름을 붙여줌으로써 우리의 궁극적인 충성이 어디에 있는지 밝혀내는 것이다. 노래하고, 성서를 읽고, 고백하고, 기도하고, 설교하고, 나누기 위해 함께 모임으로써 우리는 인생의 의미와 목적에 대한 우리의 가장 근본적인 신념들을 표현한다. 그러므로 예배의 중심에는 하나님의 통치와 하나님께 충성하겠다는 공적인 선포가 놓여있어야 한다. 그런 의미에서, 예배는 정치적인 행위이다.

만약 예배가 정치적 행위라고 이야기하는 것이 낯설게 느껴진다면, 아마도 현대 서양인들이 특히 미국인들이 거룩한 것성-sacred-경건함, 예배, 기도와 같은 영적인 세상과 속된 것속 – secular – 을일, 정치, 경제 등과 같은 일상의 세상을 너무 양분시켜 놓았기 때문이다. 우리는 너무나 쉽게 일요일 아침에 사람들이 보여주는 행위를 거룩한 것이라고 가정한다. 예배를 종교적인 관심사들에 집중하도록 만들어 놓았기 때문에, 예배는 마음의 문제이자 개인적이며 사적이 되었다. 그러나 우리는 그 주의 나머지 시간 동안 일터에서 이루어지는 행위는 마치 예배와는 하등의 상관이 없는 것처럼 가정한다.

이러한 성과 속의 차이는 우리가 인식하지 못하는 방식으로 현대 문화에 편만해 있다. 마치 일요일 아침과 나머지 6일간의 삶의 "현실"이 엄청나게 다른 것처럼 인식하고 있다. 그러나 우리가 너무나 쉽게 간과하는 사실 하나는 사람들이 이렇게 하든 저렇게 하든 항상 모든 인간의 행위는 예배와 관련되어 있다는 사실이다. 즉 비록 대부분 스스로를 속된 사람이라고 여길지라도 우리 모두는 우리의 신념, 태도, 행동과 관련되어 있는 실재를 분명히 인식하고 있다. 예를 들어 일요일 오후에 8천명의 동료들과 함께 스포츠 경기장에 모이는 사람들을 생각해보자. 그들은 공동의 의식을 경험하기 위해 경기장에 들어가, 때때로 함께 노래하고, 춤을 추며, 기쁨의 환희에 몰입되고, 때론 인간의 한계라는 고통스런 실재를 직면한다. 어떤 사람들에게는 쇼핑이 일종의 예배의 경험으로 자리한다. 이들은 신전인 쇼핑 몰에 들어가, 잘 짜인 광고 문안이라는 교리를 따라 쇼핑 몰에 울려 퍼지는 마케팅 음악을 찬송삼아 구매를 통해 편안함, 함께함, 혹은 잠깐의 황홀경까지 경험한다. 국가에 속해 있는 시민으로서 좀 더 복잡한 관계를 생각해 보자. 미국 시민들은 매년 7월 4일 화려한 의식으로 퍼레이드를 하거나 매일 수백만의 학령 아동들이 국가에 대한 맹세를 하거나 각종 스포츠 경기가 있을 때 찬송을 부르듯 경건한 자세로 애국가를 제창한다. 이는 일종의 예배 형태로 국가와 인간 본성 혹은 운명에 대한 이야기를 하나로 묶어 주는 역할을 한다.

정확하게 말해 예배는 통치와 충성에 대한 표현이기 때문에, 성경은 우상숭배에 대한 경고로 가득하다. 즉 거짓 신들을 예배하는 것이 얼마든지 가능하다는 말이다! 만약 이러한 염려가 사실이라면, 만약 그리스도인들이 거짓 신들에 의해 잘못 인도된다면, 우리는 이러한 유혹에 빠지지 않도록 예배에 대해 아주 진지하게 생각해야만 한다. 예배를 통해 우리는 참되고 한분이신 하나님께 충성을 선포하며, 그리스도의 몸을 이루는 지체들로서 우리 자신의 정체성을 새롭게 해야 한다.

우리는 아주 건망증이 심한 사람들이기 때문에, 예배를 통해 우리의 충성을 공적으로 드러내는 기회를 정기적으로 가질 필요가 있다.

3. 예배는 세상을 정직하게 바라볼 수 있도록 돕는다.

우리는 여전히 예배를 다른 방식으로 표현할 수 있을 것이다. 즉 우리는 진리를 어떻게 말해야 하는지 배우기 위해 예배한다. 스스로 인식하지 못하겠지만 우리 모두는 세상이 구조와 통일성을 갖추고 있어야 한다는 신념을 갖고 있다. 그렇지 않으면 세상이 혼돈과 혼란에 빠질 것이라 생각하기 때문이다. 세상에 질서를 부여하는 이야기들은 종종 우리가 어렸을 적에 부모로부터 우리에게 전달되었고 유년 시절 우리는 질서를 부여하는 문화적 환경 속에서 자라났다. 그러나 이러한 이야기들이 영원한 것은 아니다. 실제로 우리는 매일 친구들, 동료들, 정치인들, 광고, 토크 쇼, 잡지, 영화 등 많은 다른 목소리들을 들으며 산다. 이러한 모든 소리들은 복잡한 우리 인생을 이끌기 위해 서로 경쟁한다. 이러한 목소리들은 우리에게 세상이 어떻게 돌아가는지에 대한 이야기를 들려준다. 이러한 이야기들은 "의미 있는" 삶의 방식을 보여주는 명확한 한 가지 이야기를 제공해주기도 한다.

그러나 문제는 이러한 많은 목소리가 거짓으로 판명될 수 있다는 점이다. 최근에 나온 패션을 따라잡으면 사람들이 당신을 좋아할 것이라는 약속, 혹은 술을 마시면 좀 더 친밀감을 느낄 수 있다는 말, 혹은 다이어트를 하면 당신이 좀 더 멋진 사람이 될 거라는 약속이 그 예들이다. 인류 역사는 궁극적으로 폭력의 역사이며, 힘을 가져야만 악에 대처할 수 있다고 주장해왔다. 이러한 주장보다 현재 우리 세상에서 더 설득력 있는 메시지는 아마 없을 것이다. 확실히 말하건대, 우리는 이러한 주장을 공적으로 드러내지 않으려 하고, 대부분의 사람들은 의로운 목적에서 사용할 수 있는 폭력을 최소화하려 들 것이다. 그러나 우리가 폭력을 사용하는 테러리스트들이나 과격한 폭력을 경멸함에도 불구하고, 많은 그리스도인이 자신을 방어하기 위해 너무 쉽게 폭력을 사용하며 "테러와의 전쟁"을 선포하기도 한다. 물론 그렇게 하는 이유는 선한 목적에서이다. 폭력은 항상 사용할 수 있는 모든 카드를 다 쓴 후에 "최후에 사용하는 수단"이라고 이해하지만, 이러한 목소리가 우리 마음에 얼마나 깊이 뿌리박고 있는지 측량하기는 쉽지 않다. 만약 우리의 본성의 기본적인 근거가 할리우드 영화나 정치적인 연설이나 라디오 토크 쇼에 의해 형성된 것이라면, 우리는 이러한 세계관을 사실로 쉽게 받아들이고, 역사의 결과는 결국 폭력을 "좋게 사용하는" 방식으로 귀결될 것이다.

기독교 예배는 이러한 것들에 도전하는 행위다. 실제로 존재하는 모든 다른 설명들보다 더 참되고 정직한 이야기로 창조, 생명, 인간의 운명에 대한 이야기를 제시한다. 성경 이야기는 진리로서 단지 하나님과 함께 교제하기를 원하는 우리의 깊은 욕망에 대해서만 아니라, 이기심, 폭력, 죄에 대한 우리의 끊임없는 성향에 대해 정확하게 기술하고 있다. 우리 모두는 에덴에서 쫓겨난 사람들이다. 죄에 대한 환상과 안개는 우리를 하나님은 물론 서로에게서 멀어지게 한다.

그러나 여전히 우리는 하나님께서 우리를 창조하신 진짜 목적에 대한 기억을 갖고 있다. 그리스도 안에서 우리 앞에는 우리가 진정으로 원하는 치유와 온전함을 향해 가는 길이 놓여 있다. 그리스도는 사랑과 상처받기 쉬운 예수의 삶을 통해 십자가 위의 죽음이라는 추한 폭력의 면전에서조차 강요의 논리를 텅 빈 어리석음, 즉 "세상의 지혜"라고 폭로했다. 그의 부활을 통해서 그리스도는 폭력과 두려움의 권세를 넘어 승리하는 모습으로 다시 나타나셨고, 그와 함께 혼란스럽고 상처 입은 세상을 치유하도록 우리를 초청하신다. 기독교 예배는 부활이 죽음을 이긴다는 실존을 이야기하며, 이 이야기가 마치 하나님의 왕국이 이미 이곳에 와 있는 것처럼 살게 하며, 그리스도의 다시 오심이 마치 역사의 정점인 것처럼 여기며, 인내와 희망을 갖고 살아가도록 우리에게 능력을 부여한다.

우리가 일요일 아침에 모이는 이유는 이 부활 이야기가 실제라는 것을 말하기 위함이다. 우리가 예배에서 반복해서 선포하는 이 부활 이야기는 하나님이 아니라 우리 인간이 역사를 통제한다고 생각하는 우리의 착각을 드러내주며, 우리가 어떻게 하나님의 임재를 이 세상에 고취시키면서 살 수 있는지를 지속적으로 상기시켜 준다.

그렇다면 이러한 내용을 실천하기 위해 어떤 모습으로 살아야 하는가? 2001년 9월11일 일요일 아침, 전 세계의 많은 그리스도인들처럼 미국 인디애나 주에 있는 나의 작은 회중교회도 그날 일어난 사건을 기억하고, 반성하고, 애도하기 위해 함께 예배모임을 가졌다. 미국이 당한 재앙에 대해 적절한 군사적 반응이 무엇인지 각 영역의 전문가들이 모여 논의하고 있던 그 순간, 우리는 신적인 관점에서 세상에서 일어나는 사건들을 어떻게 이해해야 하는지 하나님께 도움을 요청하였다. 역사에 거대한 모습으로 등장하는 하나님의 행동을 바라보며 우리가 겪게 되는 두려움과 상처받기 쉬운 감정들에 어떻게 반응해야만 하는가? 이 세상에서 일어나는 고통스런 폭력과 고난의 실재를 보시면서 그리스도께서는 우리에게 무어라 가르치실까?

예배를 드리는 동안, 우리는 많은 찬송을 불렀고, 서로를 향해 생각, 기도 및 훈계의 말을 나누었다. 그러나 내 기억에 가장 오랫동안 남아 있는 것은 스코트랜드의 아이오나 공동체가 만든 노래 가사의 한 부분이었다.

> 내 사랑이 더 강하니, 두려워 말라.
> 내 사랑이 너의 두려움보다 더 강하니.
> 내 사랑이 더 강하니, 두려워 말라,
> 내가 항상 너희와 함께 있으리니, 두려워 말라.

내용을 보아서 알겠지만, 이 노래 가사가 특별히 새롭거나 깊지는 않다. 그러나 이 노래가 내 기억에 가장 오래 남아 있게 된 이유는 결국 하나님을 신뢰하는 것이 기독교 신앙의 가장 근본이기 때문이다. 성서는 그리스도를 믿고, 하나님만 신뢰하는 한편 하나님의 현존과 능력을 의지하며 두려움을 던져버리라는 훈계로 가득하다. 그러나 하나님의 사랑이 우리의 두려움보다 강하다는 사실을 우리의 예배에서 공적으로 선포함으로써, 우리 교회는 "눈에는 눈"으로 보복하기를 원하고 애국주의적 연합을 요청하려드는 우리 문화의 전형적인 충동에 의지하기보다 하나님께서 보다 진실하고 신뢰할만한 방향으로 인간 역사를 이끌고 가실 것이라는 확신을 가졌다.

인간은 본성에 있어 뭔가를 잘 기억하지 못하는 피조물이다. 우리는 자신의 물건조차 어디에 두었는지 쉽게 잊으며, 물리적이며 감정적인 필요에 즉각적으로 반응하고 말하라는 요청에 낚여 벌새들처럼 물건을 이쪽에서 저쪽으로 나르기에 바쁘다. 그러나 이러한 요청들은 종종 환영이나 우리를 더 심각한 혼란과 무기력과 절망으로 이끄는 거짓말에 불과한 것으로 판명된다.

　　일요일 아침 예배는 우리가 이 세상은 신뢰할만하다는 사실과, 우리가 누구인지, 그리고 우리가 어떤 사람이어야 하는지 기억하도록 도와준다.

4. 그리스도의 몸 즉 새로운 공동체로서의 모임인 예배

　　지금까지 나는 예배가 하나님을 찬양하고, 우리의 깊은 충성심을 하나님께 보이고, 이 세상을 신뢰하며 산다는 의미가 무엇인지에 대해 이야기했다. 그러나 왜 우리가 이러한 일을 하러 교회에 가야 하는가? 왜 우리가 가정에서 혹은 혼자 여유롭게 숲속을 걸으면서 이러한 일을 하면 안 되는가? 이러한 질문에 대한 답에는 예배에 대한 또 다른 중요한 차원이 있음을 보여준다. 예배로 모일 때, 성령에 의해 신자들의 몸이 그리스도의 몸으로 변화된다. 예배로 모일 때, 우리는 부활하신 그리스도를 만난다.

　　교회church라는 단어를 들을 때, 대부분의 사람들은 아마도 건물이나 주일 아침 예배를 마음속에 떠올릴 것이다. "교회에 간다"는 의미는 우리가 90분 동안 의자에 앉아서 예배를 드리는 건물에 모습을 드러낸다는 뜻이다. 그러나 신약성서의 교회라는 단어는 이보다 훨씬 더 생생하고, 역동적이고, 참여적인 의미를 전달해 준다. 신약성서의 에클레시아ekklesia라는 단어는 어떤 특정한 목적과 임무를 위해 "불러냄을 받은" 사람들을 의미한다.

　　성서 전체에서, 구속이라는 하나님의 근본적인 선물은 사람들을 불러내어 하나님께서 원래 의도하셨던 방식으로 함께 살도록 초청하는 데에 초점이 맞추어져 있다. 그리고 그 구속은 창조물을 원래 의도하셨던 온전한 모습으로 회복하시는 하나님의 계획을 말한다. 이러한 맥락에서 창세기 12장의 하나님은 자기 고향에서 누릴 수 있는 안락함과 번영을 뒤로하고 친히 보여주실 먼 나라로 떠나도록 아브라함을 부르신다. 계획은 아주 분명하다. 만약 아브라함이 하나님만을 신뢰하면, 만약 그가 기꺼이 하나님의 명령을 따라 산다면, 하나님께서 많은 후손들과 더불어 복을 주실 것이며, 그의 자손들을 복된 나라로 만들 것이다.

구약의 나머지 부분은 아브라함과 사라의 자손들을 불러내어 하나님의 사랑과 자비와 선함을 반영하는 삶을 살게 함으로써 세상의 모델로 삼으시고 결국 인내로, 고집으로 창조를 회복하시는 하나님에 대한 설명으로 이어진다. 이것은 하나님의 선물로 주어진 십계명이라는 공동의 법을 중심으로 연합된 공동체의 모습을 띤다. 이것은 지위와 상관없이 모든 사람이 따라야 할 법이다. 이러한 공동체에서 왕들의 정치적 권력은 정의와 공의라는 가치와 조화를 이뤄야 한다. 이러한 공동체에서 사람들은 땅을 하나님의 선물로 이해하고, 개인의 소유물이 아닌 장기간에 임대해서 쓰는 것으로 이해한다. 실제로 매 50년 마다 공동체는 경제적 사회적 평등이 다시금 완전히 회복되는 희년을 선포해야만 했다. 부름 받은 백성으로서 이스라엘 자손들은 그들이 이방인, 낯선 사람, 고아와 과부, 그리고 가난한 사람들에게 환대를 베푸는 예배의 행위를 통해 하나님의 성품을 묵상해야만 했다.

그리스도는 불러냄을 받은 사람이라는 맥락 속에서 세상에 오셨다. 사역 처음부터, 예수는 그가 이스라엘의 법을 폐하러 온 것이 아니라, 이를 완성하러 왔다고 천명하셨다. 예수는 단순히 그를 사랑하고 계획에 따라 빚을 갚고, 음행을 피하라는 문자적인 법을 따라 살려고 온 것이 아니다. 결국 "죄인들도 자기네를 사랑하는 사람들을 사랑"하기 마련이기 때문이다.눅 6:32 그렇다고 이것을 단순히 "보다 영적"이거나 신실하게 된다는 말로 이해해서도안 된다. 산상수훈은 "하나님과 개인적으로 관계를 맺기 위해" 사람을 불러내었다는 것에 방점을 찍지 않는다.

대신에 그리스도께서는 하나님이 사람들을 세상에서 불러내신 진정한 이유는 사랑, 신뢰, 관대함의 관계 속에서 살아가게 하기 위함이라고 도전하셨다. 구원은 변화된 공동체의 삶을 통해 분명하게 드러난다. 이러한 변화된 공동체의 표지들은 구하는 사람들에게 주는 것, 다른 뺨을 돌려대는 것, 이 땅의 보물보다 하나님을 더 신뢰하는 것, 섬기는 자가 되고, 갇힌 자를 방문하고, 병든 자를 돌보고, 냉수 한잔을 대접하는 실천과 삶을 포함한다. 새로운 공동체가 실천해야할 이러한 내용은 너무 특별해서 다른 사람들이 별로 관심을 두지 않는다. 실제로 유대 리더들과 로마 당국자들은 이러한 가르침을 매우 불편하게 생각해서 예수를 십자가에 못 박기로 동의했다.

그러나 하나님은 거기서 모든 것을 끝내지 않으셨다. 부활하신 그리스도께서 하늘로 승천하시기 전에, 그는 제자들에게 그가 영원히 제자들과 함께 하겠다고 약속하시고 이를 거듭 확신시켜 주셨다. 사도행전은 어떻게 하나님의 구원의 선물이 다시 사람들을 불러내는지 여러 가지 놀라운 이야기를 통해 구체적이고 분명하게 들려주고 있다. 오순절에 성령님의 능력에 흠뻑 취한 제자들은 예루살렘에 모여 새로운 공동체로 변화되는 경험을 했다. 즉시 그 제자들은 새로운 언어를 신적인 선물로 받아 깨어진 관계와 나뉘어진 문화에 교량역할을 하는 사람들이 되었다.

초기 교회의 구성원들은 기쁜 마음으로 자신들의 소유를 팔아 다른 사람들의 필요를 채워주었다. 행 2, 4장 초기부터 이 그룹은 과부들과 가난한 사람들의 필요를 대변하기 위해 집사들을 세웠다. 그들에게 주어진 분명한 임무를 감당하기 위함이었다. 그렇게 함으로써 사람들은 감정적, 영적, 신체적 치유를 경험하는 공동체를 이루게 되었다. 예수처럼, 사도들도 죽은 사람을 살렸고, 귀신을 내쫓고, 사람들이 온전한 정신을 갖도록 회복시켰고, 깨진 관계를 회복하도록 도왔다. 가는 곳마다, 그들은 깨지고, 나뉘고, 상처 입은 사람들을 찾아 그들과 함께 지냈다.

아마도 초기 교회에 주어진 가장 큰 도전은 그리스도를 따른다고 하면서 여전히 유대인과 그리스어를 사용하는 회심자들 사이에 있었던 깊은 분열이었을 것이다. 유대 문화적 전통 및 예전을 지켜야 하는지 말아야 하는지는 큰 고민거리였다. 예수를 따르는 유대인들은 당연히 이방인들이 유대인들의 갱신운동에 참여해야 한다고 여겼다. 그렇게 하려면 하나님께서 원래 아브라함과 맺은 언약 즉 유대 문화, 언어, 전통에 깊이 뿌리박은 내용을 따라야 한다고 여겼다. 만약 회심자들이 전통을 따르고자 원한다면, 그들은 유대인의 전통이 요구하는 예전을 따를 준비가 되어 있을 때만 가능했다. 한편 이방인 회심자들은 새로운 것을 경험한 사람들, 곧 그리스도의 가르침과 성령의 임재를 따라 특별하게 인도를 받은 공동체의 부분으로 자신들을 이해했다.

주어진 질문을 정면 돌파하기 위해 소위 예루살렘 총회에 모인 리더들이 얼마큼 균형 잡힌 답을 하는가에 따라 교회의 미래와 운명이 달려 있었다. 불러냄을 받은 사람들에 대한 하나님의 언약이 다른 언어와 문화에 제대로 전달될 수 있을까? 이 문제는 쉽게 해결할 수 있는 문제가 아니었다. 그러나 기본적인 방향이 솔직하고 분명하게 제시되었다. 즉 그리스도 안에서 "그리스인과 유대인도, 할례 받은 자와 할례 받지 않은 자도, 야만인도 스구디아인도, 종도 자유인도 없다."골 3:1 그리스도 안에서 서로에게 가졌던 적대감의 장벽이 무너졌다. 그리스도 안에서 이방인이나, 외국인이나, 부자나 가난한 사람이나, 교육받은 사람이나 교육을 받지 못한 사람이나 상관없이 모두가 형제와 자매로 함께 했다. 여기에서 모든 사람들은 서로를 존중과 존엄을 갖고 대하였으며, 각 사람이 그리스도의 몸에 기여하는 그들만의 독특한 은사를 가졌다.

아브라함의 자손이 되는 축복은 모든 사람들이 자신들의 재산을 축적하는 것이 아니라 "모든 민족들이" 함께 함을 의미했다. 공동체의 은사는 온전한 세상을 구속하기 위해 사용되어야 했다. "이 약속은 여러분과 여러분의 자녀와 또 멀리 떨어져 있는 모든 사람, 곧 우리

주 하나님께서 부르시는 모든 사람에게 주신 것"행2:39이기 때문이다. 성령의 임재하심을 통해 부활하신 그리스도는 그리스도의 몸인 **교회** *ekklesia*와 함께 하신다. 재산을 나누고, 몸과 마음을 치유하고, 문화의 장벽을 넘어 화해하는 교회는 성령으로 변화를 받은 그리스도의 살아 있는 몸을 세상 속에서 있는 그대로 드러낸다는 차원에서 선교적이다. 그들이 함께하는 삶의 질은 죄와 폭력의 패턴에 사로 잡혀 있는 옛 방식을 뒤로 하고, 그리스도의 제자들이 되어 새로운 공동체의 구성원으로 끊임없이 사람들을 초청한다는 점에서 선교적이다.

그런 점에서 예배는 하나님에 의해 부름 받은 사람들, 그래서 이 세상 속에서 그리스도의 현존을 가시적으로 드러내는 특징이 있다.

예배가 본질적으로 중요한 이유가 여기에 있다. 예수께서 분명하게 말씀하신 것처럼, 그 누구도 "두 주인을 섬길 수 없다."마6:24; 눅16:13 예배는 구속받지 못한 세상과 부름 받은 교회, 어둠의 왕국과 빛의 왕국, 그리스도와 벨리알 사이의 경계선을 분명히 한다. 그러므로 예배는 두 마음을 품은 사람, 무정하고, 재미없고, 죄에 이끌려 살고, 습관을 따라 사는 사람들을 위한 것이 아니다.

이러한 공동체와 하나가 되기 위한 초청은 아주 독특하다. 즉 그 초청은 받아들이거나 거절하거나 둘 중 하나다. 아나뱁티스트 메노나이트 전통에 있어 그 누구도 나면서부터 교회에 속한 사람은 없다. 그 누구도 예배를 드리도록 강요되지도 않는다. 그러나 예배에 참여하고자 하는 사람들은 공동체로서 이 세상 속에서 독특한 삶의 모습을 통해 분명한 정체성을 드러내게 되어 있다. 그런 의미에서 교회는 의미상 항상 선교와 관련되어 있다.

결론: 증거하기 위한 모임으로서 예배

실제로 유럽의 주요한 도시마다 그 위용을 자랑하며 우뚝 서있는 성당들은 현재 거의 텅 비어 있다. 사람들이 그곳에서 예배드리기를 멈춘 것이 아니라, 문화적으로 많은 사람들이 시간, 에너지, 자원들을 사용함에 있어 다른 것을 예배하기로 선택한 것이다. 그리스도인들이 예배하러 모일 때, 그들은 예수 그리스도 안에 충만하게 드러난하나님, 즉 아브라함과 사라의 하나님께 충성을 맹세한다. 이러한 이야기를 다시 들려주면서, 그리스도인들은 보다 분명하고 보다 신뢰하는 모습으로 자신들의 세상을 이해한다.

아나뱁티스트–메노나이트 전통에 있어서 예배는 본질적으로삶을 함께하고, 하나님께서 인류를 향해 의도하신 온전함과 연합으로나아가는 교회의 협동을 의미한다. 예배는 어린양의 결혼잔치를 통해모든 피조물들이 맛볼 회복을 지금 우리의 삶 속에서 미리 맛보는 행위다. 예배란 이러한 잔치를 맛보는 가운데 사랑, 신뢰, 취약함, 친밀함의 관계 안에서 살기로 부름을 받은 사람들의 정체성을 드러내준다.그러므로 예배로 모이는 것은 기본적으로 세상에서 그리스도인 됨을드러내는 것이다. 예배의 실천은 문자적으로 세상 속에 있음을 삶으로드러내는 것이다. 이러한 실천사항들은 삶의 모든 것이 예배라는 점을시사한다.

4. 성육신에 참여하기:
증거하는 삶으로서의 기독교 예배

"그 나라를 오게 하여 주시며, 그 뜻을 하늘에서 이루심 같이, 땅에
서도 이루어 주십시오."

 — 마태복음 6:10

"현재의 우리는 우리가 반복적으로 하는 행동의 결과다. 그러므로
탁월함은 행동이 아니라, 습관이다."

 — 아리스토텔레스

"선교의 핵심은 항상 예배에 있다.… 만약 여러분이 자신을 후히 주
시는 사랑으로 세상을 창조하신 참 하나님을 예배한다면, 그것이 여
러분이 하나님의 사랑을 세상에 반영할 수 있는 유일한 방법이 될 것
이다.… 여러분이 그 하나님을 바라보면 볼수록, 그 사랑을 찬양하면
찬양할수록, 여러분이 세상을 향해 넘치도록 베풀어주신 사랑을 반영
할 것이다."

 — N.T. 라이트〈?〉[4]

---

4) N.T. Wright, "Mere Mission," *Christianity Today*, January 2007, 41

2006년 10월 2일 아침, 펜실베이니아 주 랑캐스터 출신의 33세 된 우유 트럭 운전사가 등교를 위해 학교 버스에 오르는 두 명의 아이들을 꼭 껴안아 주었다. 그 후 그는 자신의 픽업트럭을 운전하기 전에 잠깐 지역 철물점에 들렀다가 니켈 마인즈Nikel Mines라는 작은 마을 근처에 통짜 건물로 되어 있는 아미시 학교에 도착했다. 그 다음에 무슨 일이 있었는지는 여전히 상상에 맡겨야만 할 것 같다. 건물에 거주하는 사람들 대부분을 떠나라고 명령한 후에, 그 사람은 10명의 아미시 소녀들을 바닥에 엎드리게 했다. 그 때 경찰이 학교 밖으로 출동하였고 찰스 칼 로버츠 4세는 생각만 해도 끔찍한 일을 저질렀다. 그는 차례로 열 명의 소녀들을 향해 총을 쏘았고, 결국 열 명 중 다섯 명이 그 자리에서 즉사했다. 그도 그 자리에서 목숨을 끊었다.

너무 낯선 상황임에도 불구하고, 이 니켈 마인즈 학교에서 있었던 아미시 마을의 총기사건의 이야기는 매우 고통스럽지만 친숙한 줄거리로 흐른다. 1999년 콜롬바인에서 있었던 대규모 총기사건 이래로, 미국에서는 33명이 죽은 버지니아 공과대학의 총기사건을 포함하여 대략 열 건 이상의 추가적인 학교 총기 사건이 발생하였다. 또한 그 잔인성과 폭력과 관련된 죽음에 대한 이미지들은 저녁 뉴스시간이나 다양한 텔레비전 쇼 등 미국 방송매체를 통해 그대로 방영되었다.

총기 사건이 일어난 후 며칠 동안 전 세계가 깜짝 놀랄만한 어떤 내용이 전해졌는데 이는 끔찍한 폭력의 현실에 대한 아미시 공동체의 반응이었다. 비극적인 사건이 일어난 지 몇 시간이 되지 않아, 참상과 직접 연관이 있는 가족들을 포함한 여러 아미시 사람들이 용서의 언어를 전해왔다. 사건이 발생한 바로 그날 저녁, 아미시 방문자들이 사건을 일으킨 범인의 아내인 에이미 로버츠의 집을 찾아왔다. 그녀에게 위로의 말을 전하기 위해서였다. "여기 당신의 집에 머물러 계십시오."라며 아미시 대표자들이 그녀에게 말했다. "우리는 이미 당신 남편을 용서했습니다…. 그리고 당신의 슬픔에 우리가 함께 하겠습니다." 이 일로 손녀딸을 잃은 한 할아버지는 손녀의 무덤가에 서있는 그의 자녀들에게 "우리는 이 일을 저지른 사람이 악하다고 생각하지 말아야 합니다. 왜냐하면 그 또한 하나님의 아들이기 때문입니다."라고 훈계하였다.

　　비록 어떤 사람들은 아미시 공동체가 표명한 이러한 용서가 적절한 것인지에 대해 의심을 했지만, 대부분의 사람들은 이들의 용서에 대해 찬사를 아끼지 않았다. 한 주가 못되어 용서를 주제로 한 2천개 이상의 관련 뉴스가 전 세계에서 방송되었다. 많은 매체들이 로버츠의 장례식에 참여한 70명의 사람 중 반 이상이 아미시들이었다는 사실에 놀라움으로 반응하였다. 또 다른 매체들은 공적으로 모여진 기금을 관리하는 위원회가 모인 기금 중 일부를 로버츠 가족을 위한 기금으로 따로 분리해 놓았다는 사실에 대해 언급하였다.

　　무엇보다 사람들의 마음을 혼란스럽게 했던 이야기는 아미시가 이 이야기를 "영웅적"인 모습으로 묘사하려는 시도를 거절했다는 점이다. 아미시들은 거듭 반복해서 살인자들을 바라보는 그들의 반응이 특별한 것도 아니고 이상한 것도 아니라고 주장하였다. 그들은 단순히 범죄적으로 잘못된 경우들을 덜 발표하기를 원했다. 실제로 한 사람은 아미시 가정들과 공동체들이 사랑하는 사람들에게 상처를 입히고 죽인 사람들에게 용서를 베풀었던 수많은 아미시 사례들을 인용하기도 했다. 더 나아가 범죄자들의 가족들과 지속적인 관계를 발전시켰던 사례들까지 언급하였다. 아미시들이 사고로 인한 죽은 일에 대해 재정적인 보상을 요청하거나 받아들인 사례는 거의 없었다.

만약 아미시들에 대해 전혀 들은 바가 없었던 사람들이라면, 매력적이긴 하지만, 미국 문화의 많은 드라마 속에서 거의 배울 가치가 없는 그룹이나 부적절한 촌극을 자아내는 존재 정도로 아미시를 알고 있을 것이다. 그러나 끊임없이 반복되는 폭력의 악순환을 끊어낸 아미시들의 용서는 아주 분명한 메시지를 담은 채 전 세계로 방송되었다. 흠잡을 것 없는 용서의 가능성은 결국 이 사회가 필요로 하는 메시지로 각인되었다.

그들의 용서의 몸짓 속에서 전 세계는 복음의 좋은 소식이 무엇인지 눈으로 목격하였다. 이것이야말로 기독교 신앙에 근거한 증언, 그러나 논쟁이 필요 없는 놀랍고도 아주 분명한 증언이었다. 기독교에 대해 깊은 회의를 갖고 있는 문화 속에서 아미시들이 보여준 단순하지만 분명하고 구체적인 반응은 비록 폭력에 의한 죽음이 눈앞에서 벌어진 상황에서조차 구원을 베푸는 사랑의 놀라운 능력이 어떤 모습인지 분명하게 보여 주었다.

이번 장은 그리스도인들이 전통적으로 이야기해 온 윤리ethics는 세상에 소금과 빛으로 표현되는 예배로 드리는 실천 그 이상 아무것도 아니라는 점에 대해 말하려 한다. 같은 방식으로, 그리스도인들이 전통적으로 이야기해 온 선교mission는 단순히 세상 속에서 예배를 눈에 보이게 만드는 것 이외 아무것도 아니라는 사실을 말하게 될 것이다. 예배, 윤리, 증언이라는 세 주제들은 모두 독립적으로 존재하는 것이 아니라 하나로 묶여 있다는 점을 실천사항이라는 개념으로 설명하였다. 세상에 대한 기독교의 증언은 어떤 설득력 있는 논쟁이나, 선교를 위한 전략으로 설명되지 않고 우리 일상의 삶 속에 드러나는 실천, 즉 일상속의 예배와 더불어 시작된다.

우리는 어떻게 고상해 질 수 있는가?

니켈 마인즈의 아미시 이야기에 대해 대중이 보여준 감응 이면에는 그들의 행동을 통해 우리 각 사람이 비춰보고 싶은 거울이 존재한다. 만약 내가 그러한 상황을 겪게 된다면 어떻게 반응할까? 마치 용서가 그리스도인으로서 마땅히 보여야할 반응이라고 여긴다면, 정직하게 그들이 보여준 용서의 길을 따라갈 내적 능력이 내게 있는가? 당신과 나 같은 "평범한" 사람들이 이처럼 고상하게 될 수 있으려면 무엇이 필요한가?

종교적 배경과 상관없이, 대부분의 사람들은 고상하게 사는 것은 좋게 여긴다. 모든 부모들은 자신의 자녀들이 신뢰를 받고 정직하기 원한다. 모든 유형의 정치인들은 공공의 일꾼들이 성실해야 한다는 점에 동의한다. 사실상 현재 미국 내 모든 학교의 전문가 과정을 밟고 있는 학생들, 즉 신참 변호사, 의사, 회계사 및 최고 경영자 과정을 밟고 있는 학생들은 최소한 한 시간 이상 "직업윤리 과목"을 듣도록 되어 있다. 이는 졸업생들이 윤리적으로 행동하기를 기대하기 때문이다. 그러나 아주 소수의 그룹들만이 성공을 거두고 있을 뿐이다. 그렇다면 아미시들이 보여준 반응의 이면에 무슨 비밀이 있었던 걸까?

그리스도인의 성품에 대한 답은 그 성품을 형성하는 데 필요한 것이라 여기는 우리의 전제 안에 들어 있다. 우리들 중 많은 이가 고상한 행동이나 윤리의 열쇠는 교육에 있다고 여긴다. 우리는 사람들이 자신의 행동을 주의 깊게 생각하고, 그 생각을 따라 행동하면 그들이 고상해 질 것이라고 가정한다. 소크라테스는 "선이 무엇인지 아는 것이 곧 선을 행하는 것이다."라고 하였다. 이 말은 일단 주어진 상황 속에서 무엇이 "옳은" 결정인지 이성적으로 이해한다면, 자연스럽게 우리가 덕을 행하게 될 것이라는 의미다. 예를 들어 만약 범죄자가 오랜 기간 동안 도둑질해온 것이 자기 자신에게조차 유해한 행동이었다는 사실을 인식한다면, 그는 그 어리석은 행동을 그만두게 될 것이며 미래에 더 좋은 선택을 하게 될 것이라는 말이다. 그러므로 선한 사람이 되는 것은 우리 자신의 선택의 결과에 대해 심사숙고해야 하고 대개 "최대 다수를 위한 최고의 선"으로 표현할 수 있는 어떤 기본적인 원리에 대해 판단하며 그에 따라 올바로 행동해야 한다.

기독교 윤리의 오랜 전통은 이러한 기본 가정을 그대로 사용해 왔다. 비록 어떤 그리스도인들은 윤리를 단순히 양심에 복종하면 되는 것 혹은 현실 속에서 "예수라면 어떻게 할 것인가?"라는 질문을 하면 일반적으로 보다 표준화된 접근을 따르게 될 것이라고 주장한다. 우리는 예를 들어 '원수를 사랑하라' 는 그리스도의 부르심 대 약자를 보호해야 하는 그리스도인의 책임과 같은 서로 다른 이상들 사이에서 선택을 내려야 할 만큼 세상은 윤리적으로 애매한 영역으로 가득하다는 사실을 인정한다. 여기에서 가장 먼저 내디뎌야 할 첫 걸음은 논리적으로 존재하는 딜레마를 다양한 부분으로 나누어 생각하며 분석할 줄 알아야 한다. 그리고 "올바르게" 반응하기 위해 황금율과 같은 일반적인 원리들을 적용해야 한다. 그 후, 원리에 맞게 적절한 행동을 따라야 한다.

이론적으로, 기독교 윤리에 대한 이러한 접근은 상당히 의미 있는 것처럼 보인다. 그러나 실제 상황에서 마주치게 되는 한계는 너무나 분명하게 다가온다. 실제로 도덕적 선택에 마주치게 되면, 우리는 뒷걸음질을 치게 된다. 그 상황에 적절한 모든 성경적 가르침을 고려해 보고, 보다 더 포괄적인 원리를 적용하고, 의도적으로 그러나 조심스럽게 의미 있는 결정을 내려야 하지만 실제 거의 대부분 우리들이 내리는 도덕적 결정은 감정이 최고조에서 "급하게" 내리는 경우가 허다하다. 비판적으로 우리가 내린 결정에 대해 사후에 반추할 수도 있겠지만, 매번 상가의 직원이 우리의 쇼핑 카트에 무슨 물건이 있는지 지켜보거나 혹시 우리에게 오천 원짜리 지폐 대신 만 원짜리를 거슬러 주지는 않았는지 우리의 손을 점검하는 모습처럼 우리는 이러한 반응과 관련되어 있는 고도의 원리들을 제대로 점검하지 않는다.

또한, 단순한 현실 상황에서 중독이나 우리의 죄 된 본성과 씨름하는 어떤 사람이 있다면, 소크라테스의 주장 즉 "선이 무엇인지 아는 것"이 곧 "선을 행하도록 만든다."는 것은 그저 잘못된 주장으로 판명될 뿐이다. 우리가 **행해야만** 하는 일이 무엇인지 아는 것이 우리가 무엇을 행할 것인가를 보장해주지는 않는다. 실제로 우리가 너무나 자주 도덕적으로 잘못된 선택을 하는 이유는 무지해서가 아니라, 충동이 이끄는 대로 행하는 욕망이 단순히 선해지고자 하는 욕망보다 훨씬 더 강하기 때문이다. 사도바울이 슬퍼했듯이 우리는 너무나 자주 "원하는 선한 일은 하지 않고, 도리어 원하지 않는 악한 일을 저지르는"롬7:19 모습의 실패를 반복한다.

결국, 이러한 태도로 윤리적 선택에 대해 이야기 할 때, 우리는 "이상"과 "현실" 사이에서 타협해야 하는 실존적 모습, 즉 이러지도 못하고 저러지도 못하는 비극적으로 모습에 초점을 맞추는 경향을 보인다. 더 나아가 이러한 딜레마는 실제로 성숙하지 못한 믿음의 표시로 작용할 수 있다. 물론 우리가 부적합한 정보를 기반으로, 그것도 시간에 쫓겨 그 결과가 어떤지 채 알지도 못한 채 결정을 내려야할 때가 있다. 그러나 우리는 모든 어려운 도덕적 결정이 "회색지대"에 속해 있기 때문에 타협은 불가피하다고 말하면서 너무 빨리 결정을 내리기 보다는 결정을 주저하며 뒤로 미룰 수 있어야 한다.

한 가지 예를 들어보자. 역사 내내 특정 상황 아래에 처한 대부분의 그리스도인들은 다른 동료 인간을 죽이는 것이 합법적이라고 주장해왔다. 그러나 "정당한 전쟁"이 주장하는 이러한 논점은 당신이 그리스도인이든 아니든 상관없이 그 **누군가**가 당신을 그렇게 죽일 수 있다는 논리를 펴는 것이다. 이는 방어하기 위해 사람을 죽이는 폭력에 참여하는 그리스도인들을 축복해도 될 것 같은 애매한 상황이 얼마든지 가능하다는 논리이다. 그러나 그렇게 하면서 우리는 실제로 그리스도 안의 생명은 죽음의 권세를 이기셨다고 주장하는 우리의 확신 곧 부활의 희망을 증거 할 기회를 잃고 있는 셈이다. 결국 악의 권세와 맞서 싸우셨던 그리스도 자신의 결정은 십자가의 비극 안에서 끝난 것이 아니라, 죽음을 이기신 생명의 궁극적인 승리와 부활에서 끝이 났음을 기억해야 한다. 우리가 쉽게 마주하는 폭력이나 악의 세력에 대해 우리가 취할 수 있는 마지막 방법에 타협의 여지가 얼마 없는 상황이라 할지라도, 그리스도인들은 그리스도의 변화시키는 사랑의 능력과 희생적 능력을 확신할 수 있어야 한다.

이러한 것들 중 그 어느 것도 윤리에 대해 주의 깊게 생각하는 것이 시간을 낭비하는 것이라고, 혹은 "참된 그리스도인들"은 항상 상황 속에서 하나님의 뜻의 본성을 정확하게 알 것이라고, 혹은 우리는 항상 도덕적 성품에 있어 올바른 선택을 할 수 있는 성숙한 모습을 소유하고 있어야 한다고 말하지 않는다. 그러나 윤리적으로 현명하게 사고할 때 고상한 그리스도인으로 변화될 것이라는 잘못된 생각으로 인도받을 가능성은 얼마든지 있다.

그러면 어떻게 그리스도인들이 보다 그리스도처럼 될 수 있을까? 기독교 전통에 있어서 그 해답은 아주 단순하면서도 엄청난 도전이기도 하다.

실천사항: 공동체의 맥락 속에서 성품 형성

이러한 엄청난 도전에 대해 간단한 반응은 다음의 말로 쉽게 요

약할 수 있다. 그리스도인들의 성품은 공동체에서 함께 그리스도의 성
육신을 증거하고, 정기적으로 예배함으로써 고상해진다.

　　이 문장의 의미는 무엇일까? 여기에서 니켈 마인즈 사건의 아
미시들이 보인 반응의 예를 살펴보자. 윤리를 각 개인이 결정하는 일
종의 이성적 선택의 연속이라고 생각하는 일부 해설가들은 "집단 사
고"의 결과 즉 강력한 사회화의 결과로 아미시의 용서는 선택이 아닌
강요가 되어버렸다며 아미시들의 충격적인 용서행위를 비난하였다.
그러나 이들의 비판은 복잡한 윤리적 사고과정에 관여하는 데 있어 우
리의 능력보다 우리의 **성품**이 반영된다는 사실을 간과하였다. 여기에
서 내가 말하는 성품이란 공동체의 환경 속에서 오랜 시간동안 형성되
어 우리 안에 자리하게 된 습관들, 기질들, 전제들을 포괄하는 것이자
세상이 작동하는 방식에 대한 깊은 이해를 말한다.

　　아리스토텔레스까지 거슬러 올라가는 수많은 사상가들에 따
르면 윤리적 행동은 인간의 이성적인 의사결정 과정에 의해 형성되거
나 강력한 의지의 영웅적 행동에 의해 형성되기보다는 공동체에 의해
지대한 영향을 받으면서 형성되었다는 점을 분명히 밝히고 있다. 선택
을 할 때 개인적으로 깊이 숙고하는 일은 윤리적 행동을 위해 부절절
한 것은 아니지만, 덕을 갖춘 사람이 되는 일은 숙련된 윤리적 사고방
식을 훈련하는 것보다 훌륭한 공동체 환경 안에서 올바른 일을 반복적
으로 실천함으로써 이루어진다. 간단히 말해서, 성품은 지적인 영역
이 아니라, 실제로는 덕의 문제라는 말이다.

　　최근 몇 십 년 동안, 다양한 철학자, 윤리학자, 신학자들은 성

품 형성의 과정에 실천사항이 끼친 영향에 대해 큰 도움을 얻게 되었다. 실천사항이라는 개념은 매우 유용한데 이는 그 용어가 서로 다른 주제들을 혹은 서로 양립할 수 없는 주제들을 분리해서 다룬 후 하나로 묶어줄 수 있기 때문이다. 통상적으로 사용하는 용어에 있어서 우리가 생각해 볼 수 있는 실천사항은 1) **일상의 과정에 관습으로 자리하고 있지만 여전히 의식적으로 하는 행동**들이 있다. 예를 들어 악수는 우리가 특별한 생각 없이 손을 내밀어 인사하는 일상적인 관습이다. 그러나 우리는 최소한 악수를 할 때 그 뒤에 악수를 하는 목적을 어렴풋하게나마 인식한다. 즉 기꺼이 손을 내밀어 악수하는 것은 친근감, 우정의 몸짓이다. 거의 의식하지 않지만 악수를 하기 위해 손을 내미는 행동은 우리가 서로 평화로운 관계를 맺기를 희망한다는 의미 즉 적어도 우리가 내미는 오른손에는 무기가 없다는 사실을 분명히 보여주는 행동이기도 하다.

실천사항이 보여주는 이보다 좀 더 깊은 의미는 2) **보다 큰 목적과 선을 이루기 위해 필요한 의식과 가르친 훈련**을 의미한다. 만약 당신이 훌륭한 기타 연주자가 되기 원한다면, 당신은 간단한 코드를 먼저 반복적으로 연습해야 한다. 그리고 결국 당신이 당신의 손가락을 어디에다 놓는지 일일이 생각할 필요도 없을 만큼 보다 복잡한 코드들을 몸으로 익혀야 할 것이다. 코드를 정확하게 잡는 것이 연습의 일차적인 목표이고, 코드를 제대로 잡으면 일말의 기쁨과 쾌락을 느끼겠지만, 이렇게 연습을 반복하는 더 큰 목적은 아름다운 곡을 연주하는 것이라는 맥락에서 더 잘 이해할 수 있을 것이다. 소위 말해 이러한 무한의 연습 시간과 기술을 습득하는 고된 노력은 일단 음악의 순전한 맛을 알게 되고 음악의 아름다운 맛을 느끼게 되면 거의 기억조차 하지 않게 된다.

실천과 관련된 세 번째 사항은 이보다 더 중요한 차원이 있음을 일러준다. 만약 어떤 사람이 법과 의술을 시행하기 원한다면, 우리는 당연히 그 사람이 3) 일련의 전문 기술, 행동, 혹은 전문가로서 갖추어야 할 자질이 있어야 한다고 생각할 것이다. 이런 의미에서 의사는 단순히 서로 분리된 행동을 그냥 따라하는 사람이 아니다. 의사는 아주 오랜 역사와 전통을 통해 전해 내려온 의술을 익히기 위해 의료행위에 참여한다. 그리고 더 크고, 포괄적인 의술이라는 목적을 이루기 위해 표준화된 의사 자격을 갖추고, 의료에 필요한 행위를 하며, 훈련에 필요한 내부 형태를 갖추는 훈련을 한다. 만약 의사가 정말 유능하다면, 혈압을 잰다든지 하는 아주 기본적으로 점검해야하는 진단행위를 빠뜨리지 않고 수행한 후, 다음 단계로 넘어간다. 이러한 행위들은 모두 훌륭한 의사들이 빼놓지 말고 해야 할 만큼 절대적으로 필요하다. 그러나 선천적으로 환자들의 건강과 안녕을 잘 돌보는 의료 행위를 지니고 태어났다고 해서 혈압을 금세 정상으로 떨어지게 하거나 환자를 보지도 않고 고혈압 처방을 내릴 수는 없다. 훌륭한 의료행위는 의사가 되고자 하는 사람이 오랫동안 전문가로서 의술을 시행해온 사람들과 의료 공동체가 축적해 놓은 정보들을 다시 오랜 기간 많은 진단을 행한 후에야 비로소 습득할 수 있다.

아마도 다른 예로 언어습득 과정을 고려해 보는 것 또한 도움이 될 것이다. 처음으로 스페인어를 배울 때, 나는 "스페인어를 배우는 방법"과 관련된 책을 열권이나 샀다. 매일 새로운 단어 다섯 개를 배우고 암기해야할 동사들의 목록을 만들었다. 몇 주 후에, 나는 비록 내가 동사의 변화와 발음 규칙에 대해 공부하느라 몇 시간을 공들이는 것도 중요하지만, 정말로 스페인어를 숙달하려면 머리가 아닌 입으로 실제 언어를 말할 줄 알아야 한다는 사실을 깨닫게 되었다. 정말로 많은 어휘를 알고 있다 해도, 원어민 공동체에서 의사소통을 하려면 유창한 스페인어가 필요하다.

우리 가족이 봉사활동을 위해 1년간 코스타리카에 가 있는 동안 매일 스페인어를 사용하게 되었을 때, 스페인어를 배우는데 필요한 나의 이해와 접근 방법은 극적으로 변했다. 처음에는 여러 가지를 의식하면서 말을 해야 했다. 한 문장을 제대로 구성하는데 엄청난 노력이 필요했고, 하루가 끝나면 나는 거의 녹초가 되어버렸고, 이렇게 해서 스페인어로 소통이나 하겠는가 하는 생각에 혼란스러웠고 의심마저 들었다. 그러나 거의 알아차리지 못할 만큼 천천히 문장의 앞뒤가 들어맞기 시작했다. 시간의 흐름과 더불어 점차, 머물고 있던 주인 가족과 충분히 소통이 가능하고, 강의를 준비하고, 버스 여행을 계획하고, 봉사자로서 일할 수 있고, 재정 관리를 원활하게 하고, 소소한 위기 상황을 다룰 수 있겠다는 자신감을 얻게 되었다. 단어를 외우고, 유창한 수준으로 언어를 말할 수 있도록 임무를 부여한 이러한 종류의 연습은 스페인어를 배우고자 하는 목표를 가졌던 내게 분명한 도움이 되었다.

그러나 코스타리카 지역의 원어민 친구를 사귀기 전까지 나는 언어 습득의 더 깊은 차원으로 들어가지 못했다. 어떤 점에서 내가 기울이는 노력의 목적이 "스페인어를 배우는 것"이 아니라, 다른 언어로 말하는 사람들과 친밀하고 믿을 수 있는 관계로 들어가기 위함이라는 사실을 깨닫게 되었다. 그렇게 하기 위해 나는 정기적으로 나의 표현을 고치고 스페인어 문법을 따라 말해야 한다는 걸 의미했다. 언어를 섭렵하는 것은 그 자체로 효용이 있는 것은 아니다. 일단 나의 관심사가 스페인어를 섭렵하는 것에서 관계로 바뀌자, 언어공부의 목적이 바뀌었고, 새로운 모습으로 언어가 유창해지기 시작했다. 스페인어를 배우는 것이 훨씬 쉬워졌고 즐거운 일이 되었다. 완벽한 문법을 추구하려 했던 태도도 바뀌었고 진심으로 소통하고자 신경을 썼다. 나는 스페인어를 원어민처럼 구사할 만큼 코스타리카에 오래 살지 않았다. 그러나 나는 상호 문화적 관계의 복잡성을 충분히 느낄 만큼 언어를 구사하게 되었고, 언어를 배우면서 내가 다른 사람이 될 수 있다는 사실도 깨닫게 되었다.

그리스도인이 되기 위한 예배 실천: 하나님께 항복하기|Gelassenheit

모든 유비는 저마다 한계가 있다. 여기에서 내가 말하고자 하는 것은 기독교의 덕 안에서 성장, 흔히들 말하는 **성화**의 중요성을 세 가지 단계로 단순화하거나 축소시키려는 게 아니다. 그러나 실천사항의 개념을 일상생활에서 표현 가능한 예배 습관이 되게 하는 방법에 대해 생각해 봄으로써 도움을 얻게 하기 위함이다.

니켈 마인즈 사건에 대한 아미시들의 반응이 주는 교훈에 대해 한 번 더 살펴보자. 외부 사람들에게 아주 인상적으로 보였던 것 중 하나가 어떻게 아미시 마을 사람들이 그렇게 빨리 살인자의 가족을 용서할 수 있었을까 하는 점이다. 분명히 아미시들은 용서하기 위해 윤리 위원회를 구성할 필요가 있었던 것도 아니고, 용서가 적절한 반응인지 아닌지 신학적으로 따져보기 위해 긴 시간을 보낸 것도 아니었다. 그들의 반응은 즉각적이면서도, 독창적이었으며, 모든 사람들이 만장일치로 베푼 용서였다. 매체들이 아미시의 용서에 대해 대서특필하자, 오히려 아미시들이 어리둥절한 반응을 보였다. 사실 총기사고가 난 후 몇 주 동안 기자들과 나눈 대화들 속에서, 아미시들은 로버트의 가족에게 베푼 용서가 특별한 것이 아니라고 끊임없이 말했다.

많은 이들이 최소한 하루에 두 번 그리고 모든 예배 시간에, 그들은 "우리가 우리에게 죄 지은 자를 사하여 준 것 같이 우리의 죄를 사하여 주옵시고"라는 내용과 똑 같은 식으로 하나님께 죄 용서를 구하는 주기도를 함께 암송한다는 사실을 언급했다. 주기도에 사용된 단어는 아주 단순하다. 그러나 그들의 주장은 깜짝 놀랄만하다. 우리를 향한 하나님의 값없이 주시고 은혜로운 용서는 궁극적으로 우리가 다른 사람, 특히 우리의 원수들을 용서하는 방식과 분리되어 있지 않다는 사실이다. 그들의 행동이 그다지 영웅적이지 않다고 하는 이유는 주기도에서 뿐만 아니라 성서 전체가 말하는 용서가 아미시의 존재와 그들의 삶에 핵심이기 때문이다. 용서의 언어는 아미시 찬송과 기도에 편만하게 자리하고 있다. 용서의 이야기는 입에서 입으로 전해 내려오며 아미시 삶의 표준이 되어있다. 사실 니켈 마인즈의 이야기를 담당 했던 기자들은 곧 또 다른 수 십 개의 이야기를 써내려갔다. 아미시들이 가해자들을 용서하고 그들을 해친 가해자의 가족과 친구가 되기로 결정했다는 내용이었다.

그러므로 니켈 마인즈의 용서는 단지 한 인간의 영웅적 이야기나 성취가 아니라, 하나님의 무제한적이며 공적을 요구하지 않는 사랑을 매일 삶 속에서 묵상한 것에 대한 자연스런 반응이었다. 용서를 주고받은 일상의 삶이 그대로 표출 된 것이었다. 이러한 맥락에서 볼 때, 그들의 용서는 위기의 순간에서조차 아주 자연스럽게 발현되었음이 분명하다.

이러한 모든 것에 있어 결정적인 사실은 이러한 실천들이 전체 공동체 안에서 발현되고 자연스럽게 교육되었다는 점이다. 아미시의 삶의 방식은 전체 그룹에 맞춰져 있기 때문에 어떤 사람들은 자기들의 "공로"를 발현한 형태가 아닌가 하고 비판하기도 한다. 이러한 염려는 아미시 공동체들이 실천하는 내용들이 때때로 철학자들이 공동체를 위한 목적으로 표현하는 바, 공동체에 의해 철저하게 관리된 것은 아닌가하는 보다 더 깊은 질문들을 제기했다. 이러한 실천의 목표가 단순히 그룹의 가르침에 순응한 것은 아닌가? 그게 아니라면 그들이 갖고 있는 보다 더 큰 목적을 위함은 아닌가?

아미시는 경향 상 삶의 모든 측면에 관한 이론적 근거를 분명하게 밝히지는 않는다. 만약 당신이 아미시 사람들에게 그들이 실천하는 특별한 것이 무엇인지 설명해보라고 한다면, 그들은 몇 가지 상세한 성경구절과 연관된 자신들의 전통에 대해 언급할지 모른다. 그들은 영성 즉 개인적이거나 감정적인 언어를 사용하면서 "하나님과 맺는 개인 관계"에 대해 거의 말하지 않기 때문에, 마치 성령께서 하시는 일이 그들의 삶에 핵심이 아닌 것처럼 느껴지기도 한다. 그러나 만약 당신이 아미시 사람들과 함께 앉아서 시간을 보낸다면, 이내 그들의 삶과 그들이 형성하고 있는 공동체의 구조가 정말 깊은 영성에 의해 형성되었다는 사실을 알게 될 것이다.

아미시 영성의 중심에는 항복Gelassenheit 혹은 "포기yieldedness" 하는 삶이 놓여있다. 아주 단순한 모습으로써, 항복Gelassenheit은 이 세상에 살면서 마주치는 삶의 모든 측면에서 하나님 앞에 자기를 포기하는 기독교적 겸손, 낮아짐의 자세를 일컫는다. 항복은 기도, 상호 책임, 하나님과 서로를 향해 상처를 받으면서라도 자신을 내어주려는 매일의 삶을 통해 계발된다. 이러한 항복은 말하는 방식, 옷 입는 방식, 몸의 자세, 직업 선택, 자녀 양육, 그리고 의사 결정 등과 같은 아미시 삶의 다양한 영역에 잘 드러나 있다. 초기 기독교 찬송의 핵심으로서 항복은 바울이 그리스도께서 자기를 비우신 모습을 기록해 놓은 빌립보서에 그 의미가 잘 드러나 있다.

무슨 일을 하든지, 경쟁심이나 허영으로 하지 말고, 겸손한 마음으로 하고, 자기보다 서로 남을 낮게 여기십시오. 또한 여러분은 자기 일만 돌보지 말고, 서로 다른 사람들의 일도 돌보아 주십시오. 여러분 안에 이 마음을 품으십시오. 그것은 곧 그리스도 예수의 마

음이기도 합니다. 그는 하나님의 모습을 지니셨으나, 하나님과 동
등함을 당연하게 생각하지 않으시고, 오히려 자기를 비워서 종의
모습을 취하시고, 사람과 같이 되셨습니다. 그는 사람의 모양으로
나타나셔서, 자기를 낮추시고, 죽기까지 순종하셨으니, 곧 십자가
에 죽기까지 하셨습니다! 빌 2:3~8

확실히 말하건대, 아미시는 예수의 가르침을 매우 진지하게 대
한다. 예수께서는 "누구든지 나를 사랑하는 사람은 내 말을 지킬 것이
다,"라고 말씀하셨다.요14:23 그러나 공동체의 더 큰 목표는 그리스도
의 가르침이라고 해서 무조건 의에 굴종하는 모습이나 기계적으로 재
생산하는 것이 아니다. 오히려 아미시들의 실천은 하나님의 성령께 자
신들을 포기하는 모습이 기독교 공동체의 진정한 목적이라는 것을 알
려줌으로써 신자들을 돕고 있다.

그리스도인들이 "마음의 태도를 새롭게 하며," "하나님의 형상
을 따라 참 의로움과 참 거룩함으로 지으심을 받은 새 사람을 입기 위
해"엡4:23~24 그리스도의 가르침에 복종하는 일은 당연한 것이다. 그
러므로 아나뱁티스트와 아미시들이 저술한 많은 글들에 끊임없이 반
복해서 나타나는 복음서의 이미지 하나가 바로 '포도나무에 붙어 있는
가지'이다. 예수께서는 "나는 포도나무요 너희는 가지라"고 말씀하시
며 제자들에게 가르침을 주셨다. "사람이 내 안에 머물러 있고, 내가
그 안에 머물러 있으면, 그는 많은 열매를 맺는다. 너희는 나를 떠나서
는 아무것도 할 수 없다.… 너희가 내 안에 머물러 있고, 내 말이 너희

안에 머물러 있으면, 너희가 무엇을 구하든지 다 그대로 이루어질 것이다."요15:5,7 가지가 살아있으려면 전적으로 포도나무에 붙어 있어야 한다. 그러나 가지가 실제로 살아있다는 것을 증명하는 것은 그 가지가 맺는 열매를 통해서다. 포도나무 안에 내재된 생명력은 반드시 열매를 맺도록 되어 있다. 그렇지 않으면 그 가지가 죽은 것이나 다름 없다. 이와 똑 같은 이미지가 갈리디아서에 성령의 사역들을 언급하며 눈으로 볼 수 있는 사랑, 기쁨, 화평, 인내, 친절, 선함, 신실, 온유, 절제갈5:22,23라는 열매로 기록되어 있다.

　　항복Gelassenheit은 또한 그리스도라는 포도나무에 붙어 있으면 그리스도의 고난을 함께 짊어져야 한다는 사실을 당연히 여긴다. 겟세마네 동산에서 예수는 "아버지, 이 잔을 내게서 거두어 주십시오. 그러나 내 뜻대로 되게 하지 마시고, 아버지의 뜻대로 되게 하여 주십시오."눅22:42라고 고뇌에 찬 기도를 드리면서 항복과 씨름했다. 고통은 인간이 추구해야 할 목표는 아니다. 왜냐하면 그것은 단순히 어떤 사람이 정말로 자신을 그리스도께 순종하고자 할 때 따라오는 것이기 때문이다. 바울도 갈라디아서에서 이렇게 기록했다. "나는 그리스도와 함께 십자가에 못 박혔습니다. 이제 살고 있는 것은 내가 아닙니다. 그리스도께서 내 안에서 살고 계십니다. 내가 지금 육신 안에서 살고 있는 삶은, 나를 사랑하셔서 나를 위하여 자기 몸을 내어주신 하나님의 아들을 믿는 믿음 안에서 살아가는 것입니다."갈2:20

　　아미시 공동체가 따랐던 용서라는 독특한 실천은 이러한 모든 것을 아우르는 삶의 모습으로 삶의 모든 면이 믿음의 표현이어야 한다는 깊은 감각이 오롯이 녹아 있다. 그들에게 "일요일 아침"에 표현되는 신앙은 한 주일 동안의 남은 시간 동안 어떻게 옷을 입고, 어떻게 말하고, 어떻게 행동하고, 어떻게 사는지와 전혀 동떨어져 있지 않다. 비록 아미시 자신들은 이 용어를 사용하지 않지만, 그들은 삶 자체를 성례전적sacramental으로 이해하며, 그들이 행하는 모든 것을 예배의 표현으로 간주한다. 마찬가지로 그들이 행하는 모든 것을 기독교인으로서의 증언이라 생각한다. 삶의 모든 것은 예배로 바꾸어 표현될 잠재적 가능성이 있다. 삶의 모든 것은 우리가 섬기는 하나님의 본성을 드러내는 삶 속의 증언이 될 잠재적 가능성이 다분하다.

왜 삶의 실천이 그렇게 중요한가?

지금까지 나는 아나뱁티스트–메노나이트 관점에서 구원에 대한 기본적인 요소를 보여주고자 했다. 우리는 모든 창조가 하나님의 영광을 보이지 않게 드러내고 있다는 세계관으로서 성육신을 설명했다. 가장 극적이며 심오한 형태의 세계관으로서 사람으로 태어나신 예수 그리스도의 성육신을 설명했다. 예수 안에서 말씀이 육신이 되었고 그리스도 안에서 우리가 하나님은 물론 서로 화해하며 사는 존재로서의 가능성을 설명했다. 성육신의 완전한 의미가 예배 안에 드러나 있다고 설명하였다. 그리스도인으로서 우리가 함께 모여 찬양하고, 충성을 선포하고, 세상이 신뢰할만하며, 부활하신 그리스도의 현존을 우리가 교회를 이루며 사는 시간과 장소 안에서 구체화시켜야 함을 이야기 했다.

이 장을 끝내면서 내가 말하고 싶은 것은 우리의 윤리적 행동이 조심스럽게 숙고하거나 양심적인 행동에 의해형성된다기 보다는 우리 주변의 공동체에 의해 더 많이 형성된다는 점이다. 만약 당신이 신앙을 행동으로 옮기는 선한 그리스도인이 되길 원한다면, 당신은 선한 사람으로서 습관과 성격을 개발해야 할 것이다. 선한 사람으로서 습관과 성격을 개발하려면 전체 세계관이 양육의 공동체라는 환경 속에서 늘 삶과 일치되는 방식으로 하나님을 예배해야 한다. 만약 성육신이 사실이라면, 그리스도인의 공동체에서 배양된 예배의 습관들은 반드시 눈에 보이는 형태로 나타나게 될 것이다. 그러므로 그리스도께 속한다는 것은 단순히 그의 정신에 참여하는 것일 뿐 아니라, 그의 몸에 참여하는 것이다.

그렇다면, 어떻게 예배의 실천에 뿌리를 내린 기독교 윤리가 교회에 적절한 모습으로 드러나도록 할 수 있을까? 이 책의 나머지 부분은 이 질문의 답에 초점을 맞추었다. 여기에서 나는 간단히 두가지만 제안하고 싶다..

1. 예배의 실행예식은 우리를 그리스도안의 새로운 피조물로 변화시킨다.

기독교의 실행예식과 성육신 및 예배라는 보다 더 깊은 기반에 닻을 내린 윤리는 현현 메노나이트 교회 내에 존재하는 두 가지 불필요한 분리적 경향을 피할 수 있도록 도와준다. 한 가지 경향은 선교를 가슴에 품고 있는 메노나이트들 간에 발견되는 것으로 예수와 갖는 개인적인 관계가 기독교 신앙의 거의 모든 것인 양 여기는 경향이다. 이러한 이해 속에서 구원이란 어떤 사람이 그리스도 안에서 믿음을 공적으로 고백하는 그 순간에만 켜졌다 꺼지는 일종의 내면적 스위치와 같다.

선교 전략이라는 특수한 용어로 따지자면, 이러한 접근 방식은 설득시키는 언어나 죄인들에게 예수를 "네"하고 받아들일 수 있도록 만드는 전략에 초점을 둔다. 일단 이러한 일이 일어나거나, 스위치가 켜지면, 그리스도인으로서 걷게 되는 여정 속의 모든 것, 예를 들어 교리, 전통, 윤리적 실천 등은 부차적인 것이 되어버린다. 즉 당신이 "구원받았다"는 그 중요한 사실과 비교하여 볼 때, 신앙의 여정 속에서 겪게 되는 다른 것들이 별로 중요하지 않게 되어버린다. 그러므로 무저항이나 상호 책임 혹은 다른 윤리적 실천사항들과 관련된 독특한 아나뱁티스트–메노나이트 가르침을 유지해 왔던 메노나이트 교회들은 이러한 가르침들이 새로 교회에 온 사람들에게 불필요한 장애가 되지 않는지 두려워하며 이러한 가르침을 억제하고자 하는 유혹을 받는다. 교회는 단순히 "구원"을 선포하고, 복음을 삶의 사적영역에만 적용하도록 내버려 둔다.

두 번째로 메노나이트 교회들이 동일하게 드러내는 또 다른 성향은 기본적으로 예수의 가르침을 따르는 것으로 구원을 정의한다는 점이다. 여기에서 기독교 신앙은 특별한 정책이나 독특한 제자도를 시험하기 위한 리트머스 종이처럼 "평화와 정의" 등 간단한 목록으로 쉽게 축소되어 버릴 수 있다. 그러나 이러한 접근방식은 또 다른 방식의 스위치처럼 작동하기 쉽다. 일단 어떤 사람이 세상의 불의에 대해 싸우기로 헌신하면 기독교 신앙에 있어서 고려해야할 모든 다른 사항들, 특별히 예배, 기도, 교리와 관련된 모든 것을 당신이 가장 중요하게 여기는 평화라는 목적 아래 둠으로써 단순한 보조수단으로 여기거나, 부차적인 것으로 여기게 된다. 교회에 새로 온 사람들이 "평화와 정의"에 전념한다면, 그들은 새로운 신자들이 원하는 것이 무엇이든 심지어 그들이 종교적인 헌신을 전혀 보이지 않아도 한없는 자유를 보장해주기도 한다.

성육신과 예배에 닻을 내리고 있는 기독교 실천이라는 관점에서 볼 때, 이러한 두 경향은 본질적으로 잘못 인도된 것이다. 이들은 초기 교회에서 이단들로 여겼던 내용들이 현대식으로 발현된 것이다. 첫 번째 경향이 예수를 육체와 분리시켜 우주적인 주로 격상시킨 가현설의 전통에 근거한 것이라면, 두 번째 경향은 우리가 따르고 싶은 모범적인 교사로 예수를 축소시켜 놓은 것으로 볼 수 있다.

아나뱁티스트-메노나이트 전통은 보다 풍부하고, 복잡하고, 역동적인 용어로 구원을 이해한다. 구원은 우리 인간의 부족함이나 회개가 필요한 상황을 인정하는데서 시작한다. 용서를 베푸시는 은혜로운 하나님의 손길을 받아들이겠다고 말하는 것은 구원의 과정에 있어 결정적인 출발점으로 자리한다. 그러나 구원은 진정한 회심 즉 하나님의 변화시키는 능력의 은혜로 빚어지는 인격의 질적인 변화가 구체적인 행동 속에 분명히 드러나는 진정한 회심을 수반해야 한다.

다양한 심문 기록들을 보면, 아나뱁티스트들은 그들을 죄로부

터 회개하고, 자신을 완전히 성령께 복종시키며, 새로운 믿음의 공동
체에 들어가기 위해 세례를 받으며, 성경을 연구하며, 그리스도께서
사신 대로 따라 살도록 불러낸 "능력 있는 설교" 때문에 그 운동에 참
여하였다고 보고하였다.5) 구원은 신자들의 변화가 "그리스도 안에서
빚어지는 새로운 창조"고후 5:17를 향해 나가야 한다는 점을 지적한다.
새로운 그리스도인은 단지 하나님의 용서하시는 은혜의 내면적인 변
화뿐만 아니라, 하나님의 능력 있는 은혜에 의해 매일의 삶 속에서 행
동으로 나타나는 외면적인 변화도 함께 받아들인다.

　　이러한 변화에 대한 다양한 방식의 이야기들이 있지만, 에베소
서에 기록되어 있는 바울의 친근한 말은 이 변화의 지점을 아주 잘 포
착하였다. "여러분은 믿음을 통하여 은혜로 구원을 얻었습니다. 이것
은 여러분에게서 난 것이 아니요, 하나님의 선물입니다. 행위에서 난
것이 아닙니다. 그러므로 아무도 자랑할 수 없습니다."엡2:8-9 프로테
스탄트 개혁가들이 전형적으로 인용하는 이 본문은 아미시나 메노나
이트와 같은 아나뱁티스트 그룹들이 항상 놓지 않고 붙들어온 말씀이
기도하다. 우리는 인간과 하나님 사이의 간극을 우리 자신의 노력으로
메울 수 있다고 보지 않는다. 그리고 이러한 간극을 올바른 감정, 올바
른 교리, 올바른 행동, 혹은 올바른 예배 행위에 의해 메울 수 있다고
보지 않는다. 오히려 "우리가 여전히 죄인이었을 때,"롬 5:8 하나님께

5) See, for example, the cases cited by Wolfgang Schäufele, "The Missionary Vision
and Activity of the Anabaptist Laity," *The Mennonite Quarterly Review* (January
1962), 99-115, and Franklin Littel, "The Anabaptist Theology of Mission," in *Ana-
baptism in Mission*, ed. Wilbert Shenk (Scottdale, PA: Herald Press, 1984), 18-23.

서 먼저 우리를 사랑하셨다. 그 결과 그 이후의 모든 것은 하나님의 초청에 대한 반응으로 이해한다.

그러나 구원은 여기에서 끝나지 않는다. 기독교 신앙이 단지 하나님께서 베푸시는 은혜의 선물을 받아들이는 것이라 여긴다면 결혼식과 결혼 생활을 혼동하는 것과 같게 된다. 어떤 그리스도인들은 그렇게 행동한다. 결혼식은 결혼이라는 축복을 배경으로 이루어지며, 매일 삶에서 계속 갱신되는 축복이라는 큰 맥락 안에 이해되어야 한다. 그러나 결혼식 자체를 놓고 보면 이 또한 하나의 선물로 결혼식 이후에 이어질 평생의 관계 속에서 경험하게 될 새로운 모험이자 흥분으로 작용한다. 이것이 초기 아나뱁티스트들이 우리에게 익숙한 에베소서 2장 9절의 "오직 은혜로 말미암은" 구원에 대한 구절을 따로 읽지 않고 그 다음에 이어지는 구절과 붙여서 읽는 이유이다. **"우리는 하나님의 작품입니다. 선한 일을 하게 하시려고, 하나님께서 그리스도 예수 안에서 우리를 만드셨습니다. 하나님께서 이렇게 미리 준비하신 것은, 우리가 선한 일을 하며 살아가게 하시려는 것입니다."**10절, 고딕체는 저자가 강조한 것임

은혜에서 선한 일로의 관심이동은 어떤 추가적 표현이나 그냥 나중에 따라오는 것이 아니다. 하나님의 선한 일은 어떤 사람이 취사선택할 수 있는 구원의 단순한 "장식품"이 아니다. 하나님의 선한 일은 은혜로 말미암은 구원의 필수불가결한 결과물이다. 사실 그리스도 안에서 이루어지는 우리의 삶이 선한 일로 드러나지 않는다면, 하나님의 "작품"은 우리 삶 속에서 분명하게 드러나지 않을 것이며, 우리는

"하나님께서 미리 우리에게 베풀어두신 것들"을 거스르며 살게 될 것이다.

일상적인 삶 속에서 드리는 예배는 기독교 신앙이 하나님의 은혜에 의해 발현되며, 하나님의 초청을 기꺼이 받아들이는 것임을 우리에게 상기시켜준다. 그리스도의 몸에 속해 있다는 우리의 정체성은 처음부터 끝까지 하나님의 행동의 결과이지 우리가 타협해야만 하는 그 무엇이 아니다. 그러나 하나님의 현존하심은 결코 추상적이 아니다. 하나님의 임재하심은 불완전하거나 흐릿해보일지 모르지만, 우리의 성품을 그리스도처럼 형성하도록 인도하는 실천적 예배를 통해 항상 눈으로 볼 수 있게 나타난다. 바울은 이러한 사실을 고린도후서에서 다음과 같이 설명했다. "우리는 모두 너울을 벗어버리고, 주님의 영광을 바라봅니다. 이렇게 해서, 우리는 주님과 같은 모습으로 변화하여, 점점 더 큰 영광에 이르게 됩니다."고후3:18

만약 우리가 변화를 받고 주의 영광에 참여하기 원한다면, 추상적이거나 이론적인 교회가 아닌, 실제 사람들로 이루어진 지역회중 안에서 구체적인 사항을 실천하는 일부터 시작해야 한다. 결국 스페인어를 배울 때, 어디에서 사용할지 모른 채 남미 어느 불특정 장소를 상정한 채 공부한다면 스페인어를 제대로 배우기 힘들 것이다. 한편 바르셀로나 혹은 알레주엘라와 같은 아주 구체적인 장소에 가서 실제 스페인어를 사용하는 사람들과 함께 음식을 먹고, 웃고, 일한다면 스페인어를 잘 배울 수 있을 것이다. 스페인어를 유창하게 하려면 언어를 배우는 장소를 결코 얕보아서는 안 된다. 왜냐하면 "현장에" 완전히 몸을 담그고 언어를 배우는 것이 최고의 방법이기 때문이다.

실제로 우리는 예배를 드림으로써 하나님의 새로운 은혜를 체험하며, 선한 삶을 이끄는 하나님의 사람이 되어간다.

2. 하나님의 풍성하심을 나누는 예배의 실행예식은 교회의 영역을 넘어 세상으로 흘러간다.

예배의 실행예식과 관련된 두 번째 중요한 특성을 알 필요가 있다. 주요한 특성들에 대핸 구체적인 내용은 다음 장에서 다룰 예정이므로 이번 장에서는 간단하게 소개만 하려한다. 사람들은 일상생활에서 믿음을 개인적 영역과 공적 영역으로 나눈다. 만약 교회가 그들의 삶의 부분에 전혀 자리하고 있지 않다면, 삶의 다른 부분들과도 분리되는 것은 분명하다.

그러나 사람들은 예배에 의해 그리스도인이 되어가므로, 이러한 구별은 의미가 없다. 예배는 하나님의 풍성하신 사랑에 깊이 뿌리를 내리고 있으며 우리가 상상하거나 인식하는 모습을 훨씬 능가하기 때문에, 예배를 통해 경험하는 하나님의 사랑은 반드시 교회를 넘어 세상으로 흘러들어가게 되어 있다. 하나님의 현존은 실제이며 명백한 실체이다. 하나님의 현존이 우리 위에 넘쳐흘러 세상으로 향하고 우리 주위 사람들에게 나누어지는 것은 복음의 좋은 소식이다. 예배의 실행예식은 신자들의 행동과 태도를 변화시키는 것이기 때문에 복음은 세상에서도 충분히 드러나게 되어있다. 두말할 필요 없이 예배의 실행예식은 **선교적**missional이다.

몇 가지 예를 들어보자. 이미 언급했듯이, 현재 메노나이트들 중 어떤 이는 아나뱁티스트-메노나이트들의 평화에 대한 입장과 증언이 선교에 장애가 된다고 생각한다. 그러나 구원을 원수와의 화해와 연결하기를 주저하는 이러한 태도는 복음의 본질을 놓치는 행위다. 그리스도인으로서, 나는 아이들에게 영웅적인 행동으로 보이기 때문에, 혹은 내가 메노나이트이기 때문에, 혹은 내가 자유주의자이기 때문에 원수를 사랑하라고 가르치지 않는다. 내가 아이들에게 원수를 사랑하라고 하는 이유는 그것이 하나님께서 우리를 사랑한 방식이기 때문이다. 우리가 사랑을 받을 가치가 없음에도 하나님은 우리를 사랑하셨다. 그리스도인들은 하나님께서 세상을 사랑한 동일한 방식으로 다른 사람들을 사랑할 준비가 되어 있을 때만 세상을 향한 하나님의 무조건적이며 희생적인 사랑이 얼마나 깊은 지 증거 한다. 원수를 사랑하는 것, 회한을 떨쳐버리는 것, 혹은 보복대신 용서를 베푸는 것은 "메노나이트" 교리가 아니다. 이러한 것들은 하나님이 베풀어 주신 사랑을 받은 사람들이 드러내는 자연적이며 피할 수 없는 반응이다. 원수를 사랑하는 것은 복음이라는 좋은 소식의 한 부분이기 때문이다.

마찬가지로, 예배의 실행예식에 의해 성품이 형성된 그리스도인들은 공적인 자리에서 진리를 말하기를 주저하지 않는다. 어떤 문화적인 기준에서 볼 때, 이러한 모습은 다소간 공격적으로 보일 수 있다. 복음은 열린 모습, 투명한 모습, 진리를 따라 살도록 우리를 자유롭게 만들기 때문에, 그리스도인들은 거짓된 모습과 우리가 살고 있는 사회의 거짓말들을 그냥 보아 넘기지 않는다. 외로움을 숨긴 채 알코올,

마약, 컴퓨터 게임 혹은 성에 이끌려 다니는 친구들에게 책임을 물어야 할 때, 혹은 지역사회에서 목격되는 인종차별, 양성평등에 대해 담대하게 말해야 할 때, 혹은 전 세계에 매일 굶주림에 허덕이며 죽어가는 사람들이 35,000명이나 되는 판국에 무기경쟁을 위해 매일 1조원 이상을 지출하고 있는 현실을 공식적으로 슬퍼해야 할 때, 그리스도인들은 자신들이 속한 사회에 동조하여 거드름을 피우는 모습으로 살지 않는다. 오히려 그들은 세상이 구원받아야 한다는 사실을 드러냄으로써 거짓의 가면을 벗긴다. 진리를 말하는 것은 복음이라는 좋은 소식의 한 부분이기 때문이다.

그렇다고 진리를 말하는 것이 항상 좋은 소식처럼 느껴지지는 않는다. 진리를 말하고자 실천에 옮기는 것은 다음과 같은 가정들과 마주치게 마련이다. 진리를 말하는 것은 우리의 안정을 위협하거나, 우리 안에 깊이 자리하고 있는 두려움들을 폭로한다. 때때로 세상에 대해 진리를 말하는 그리스도인들은 하나님이 실제로 세상, 더 나아가 세상의 깨어진 모습까지도 사랑하신다는 사실을 잊기도 한다. 그러나 복음에 근거한 진리야말로 진짜 좋은 소식이다. 예수는 "진리를 알지니 진리가 너희를 자유케 하리라"요8:32고 말씀하셨다.

끝으로 그리스도인들이 적극적으로 하나님의 치유하시고 회복시키시는 선교에 참여할 때, 예배는 세상으로 흘러넘쳐가며, 선교적이 된다. 실제로 다른 사람들을 치유하는 일에 아무런 노력도 기울이지 않고, 헌신할 아무런 준비도 하지 않는다면, 아무리 스스로 그리스도인이라 주장할지라도 삶 속에서 치유하시는 하나님의 능력을 온전히 경험할 수 없다. 기독교 예배의 실천사항은 불가피하게 우리를 세상으로 들어가서 하나님의 치유하시는 일에 동참하도록 부른다. 자선, 봉사, 사람들을 불쌍히 여기는 행동은 복음의 좋은 소식을 공적으로 드러낸 것에 불과하다. 만약 하나님께서 우리에게 하신 일을 동전의 한 쪽이라고 말한다면 동전의 또 다른 면에는 세상을 향한 하나님의 사랑, 진리, 치유하심이 존재한다. 깨어진 세상을 치유하시는 하나님과 함께 함으로써 그리스도인들은 평화의 의식을 넓혀나갈 수 있을 것이다.

이 지점에서 분명히 해야만 하는 더 큰 사안이 있다. 예배는 우리가 받은 복음이 무엇인지 구체적으로 드러낸다는 사실이다. 만약 우리가 하나님의 사랑과 치유의 현존을 드러내는 도구로 살지 않으면, 즉 하나님의 복음을 이 세상에서 구체적으로 드러내지 않으면, 사실 우리는 그 복음을 받아들였다고 볼 수 없다.

결론: 예배와 증거는 분리되지 않는다

내가 아는 학생이 비록 자신을 그리스도인이라고 여김에도 불구하고 교회에 출석하지 않는다는 사실을 귀찮은 듯 인정하였을 때, 그는 많은 사람에 의해 형성된 어떤 태도를 정확히 반영해 주었다. 현재 수많은 젊은이들은 교회를 마치 낡은 제도를 유지하고 있는 구태나 전통정도로 여긴다. 회원 수가 줄어드는 회중들은 종종 이러한 비판에 대해 전통이 문제이고 마케팅이 해결책이라는 식으로 반응한다. 자유시장은 개인의 선택에 무한한 권위를 부여하고 있기 때문에, 시장은 수요에 따라 소비자 중심적으로 반응하며, 소비자의 만족을 보장하는 상품들을 만들어내고 있다.

그러나 만약 기독교의 실천사항에 관련하여 내가 제시한 주장들이 맞는다면, 우리는 이러한 논리를 여러 번 다시 생각해보아야 한다. 문제는 적절하게 되고자 하는 바람에 있는 것이 아니다. 만약 교회가 성장하고자 한다면, 교회는 사람들이 실제로 던지는 질문들에 대해 명확하게 말할 필요가 있다. 그러나 교회의 적절성은 시장을 연구하는 것에 의해 결정해야 할 것이 아니라, 현대 기독교의 특징으로 존재하는 윤리적 간극에 있다는 사실을 보다 진지하게 말할 수 있어야 한다. 우리가 증거하는 믿음이 우리의 행동과 일치하지 않을 때, 사람들은 우리가 제시하는 진리에 대한 권위와 주장을 의심할 권리가 있다.

그러므로 교회 성장에 대한 중요한 질문은 기독교 교리가 아니라 예배 공동체에 의해 형성된 기독교 실천사항이 되어야 한다. 이는 평범한 일상의 흐름 안에서 기독교 실천사항이 자연스럽게 흘러나오게 되기 때문이다.

만약 그 학생이 정말로 교회에 출석하는 데 관심이 있다면, 나는 그에게 그의 성품을 형성해준 공동체에 대해 질문하겠다. 교회에 대한 적절성을 회복하는 첫 번째 단계는 예배에 출석하지 않는 교회 밖에 있는 사람들이 결코 예배를 드리지 않는 것은 아니라는 사실을 알려주는 것이다. 비록 나의 학생이 이 사실을 깨달을 지 알 수는 없지만, 그의 윤리적 선택은 항상 교회가 아니라 할지라도 그가 속한 몇몇 공동체의 실행 예식이 그를 만들어 왔을 것이다. 그가 관계를 유지하고 있는 사람들은 어떤 사람들인가? 그가 인정하고 받아들인 사람들은 어떤 사람들인가? 그가 공동체에 속해 있는 목적은 무엇인가? 믿음은 항상 구체적으로 표현되는 방식을 찾는다. 정신은 항상 구체화되어야 한다. 당신의 가장 깊은 신념들은 항상 특별하고 구체적인 방식으로 표현되길 원한다. 이러한 의미에서 "종교적인 것이 아닌 영적"이되라는 주장은 단순히 불가능한 것이 아니다.

둘째로 내가 그 학생에게 그리스도의 이름으로 모이는 공동체에 대해 말해주고 싶은 것이 있다. 나는 그리스도의 이름으로 모이는 공동체가 인간의 상황에 대한 엄청난 이해, 우리 시대의 문화적 흐름에 대한 적절한 비평, 그리고 하나님과 서로를 향한 화해는 물론 창조계와의 화해를 가능하게 해준다는 사실을 그에게 말해주고 싶다. 이 이야기는 정기적으로 예배하기 위해 모이는 사람들의 공동체에서 구체화되고 이야기 되고 있다. 이러한 공동체에 참여하는 것은 말씀이 육신이 되신 하나님의 성육신을 증거하는 행위다. 공동체의 실천사항들은 우리의 마음, 몸, 정신을 치유한다.

대중과 비인격적인 문화를 향한 복음의 좋은 소식은 그 말씀이 예수라는 사람을 통해 구체화되었다고 말한다. 믿음은 삶의 방식이다. 추상적이거나, 기술이나, 속임수가 아니라, 그리스도의 몸에 구체적으로 참여하는 새롭고 실제적인 삶의 방식이다.

개인적인 문화에 대해, 복음의 좋은 소식은 당신이 혼자가 아니라고 말한다. 당신은 창조라는 아주 오래된 이야기의 부분이 될 수 있고, 하나님께서 역사의 주인공으로 활동하고 계신 이야기의 부분이 될 수 있고, 당신의 이름을 알고 당신을 이 이야기의 부분이 되도록 초대하는 하나님의 이야기가 될 수 있다. 이 이야기에 참여한다는 것은 당신이 실패할 때, 당신을 사랑하고, 돌봐주고, 함께 웃고 울며, 당신이 가진 은사를 사용하도록 도전하는 사람들의 공동체에 들어간다는 의미다.

소비주의에 매몰되어 있는 문화에 대해, 복음의 좋은 소식은 당신이 소유의 무거운 짐을 벗어버리고 자유로워질 수 있다고 말한다. 당신은 소박한 삶이 얼마나 아름다운지 발견할 수 있다. 당신은 "이 세상이 하나님의 것"이라는 사실을 인식함으로써 그리고 우리는 창조계의 청지기에 불과하다는 사실을 인식함으로써 물질을 움켜쥐려는 욕망으로부터 자유로울 수 있다.

끝으로, 내가 학생에게 할 수 있는 최고의 주장은 논리적으로 그를 설득하는 것이 아니라, 그를 교회로 초청하며 예배의 행위에 참여하도록 초청하는 것임을 밝히고 싶다. 물론 그가 방문하는 회중은 진정한 공동체여야만 한다. 교회의 회원들은 그들이 드리는 예배에 대해 다분히 의도성을 갖고 있어야 한다. 그들의 예배는 분명히 볼 수 있는 삶의 방식으로 드러나야 한다. 무엇보다 그들이 드리는 예배와 증거에는 즐거운 기쁨이 들어있어야 한다. 바울은 이러한 점을 에베소에 있는 교회를 생각하며 드린 기도를 통해 잘 드러내 주었다. "모든 성도와 함께 여러분이 그리스도의 사랑의 너비와 길이와 높이와 깊이가 어떠한지를 깨달을 수 있게 되고, 지식을 초월하는 그리스도의 사랑을 알게 되기를 빕니다. 그리하여 하나님의 온갖 충만하심으로 여러분이

충만하여지기를 바랍니다."엡3:18~19

　　우리는 하나님에 의해 그와 친밀한 관계를 누리고, 신뢰, 자비, 사랑이라는 독특한 삶을 살도록 창조되었다. 예배 안에서 하나님의 현존을 실천함으로써 우리는 하나님과, 다른 사람들과, 피조물과 참된 화해를 경험할 수 있을 것이다. 이것이야말로 좋은 소식이 아닌가!

2부: 증언

5. 우리 몸 안에서 증거하기

몇 년 전, 어느 날 아침, 내 가슴에 예기치 않은 일련의 통증이 찾아왔다. 뜻하지 않는 고통에 대해 나의 주치의는 어쩌면 심장마비일지도 모른다고 생각하였다. 다행히도 심장마비는 아니었다. 현재 내 심장은 내 나이의 평범한 사람들 못지않게 건강하다. 그러나 예기치 않은 통증을 경험했던 그 날, 나는 이전에 보지 못했던 뭔가를 볼 수 있었다.

내가 구급차를 타고 병원에 도착하자마자 전문가들은 바퀴가 달린 거대한 장비를 가져온 후 컴퓨터 모니터와 그 장비를 서로 연결하였다. 전문가가 내 가슴에 의료장비를 갖다 대자, 끊임없이 박동하는 내 심장의 움직임이 모니터에 이미지로 나타났다.

내가 보기에는 아주 분명한 사진은 아니었다. 그렇지만, 전문가는 나에게 정확한 지점을 찍어가면서 다양한 동맥과 경맥이 지나가는 모습에 대해 설명해 주었다. 분명 내 심장은 잘 움직이고 있었다. 정말로 모니터 스크린을 통해 뛰고 있는 내 심장의 모습이 그대로 나타나 있었다! 피를 쥐어짜내는 심장의 박동을 지켜보고 있는 동안, 경이감이 내 온몸을 짜릿하게 만들었다. 거기에는 끊임없이 펌프질을 함으로써 이 땅에서 자신의 존재를 맘껏 드러내는 엔진이 작동하고 있었다. 매일 1년 365일 동안 조금도 쉬지 않고 일하는 심장이 고동치고 있었다. 내가 일할 때, 쉴 때, 운동할 때, 그리고 아무 일도 하지 않을 때조차 조용히 이 일을 감당하면서 나를 살아있게 해주었다. 대부분, 사실 거의 모든 순간에 나는 내 심장이 뛰고 있다는 사실을 알아차리지 못했다.

그 경험은 내게 사라지지 않고 남아있는 아주 강렬한 두 가지 깨달음을 남겨주었다. 첫 번째 깨달음은 우리가 우리 몸의 기본적인 역학을 무시할 수 없다는 거였다. 우리의 신체의 건강, 즉 살과 피로된 몸의 건강은 보장되지 않는다. 비록 나의 병이 거짓 신호를 보냈지만, 나는 내 몸이 얼마나 연약하고 취약한지 새로운 느낌을 갖고 다음 날까지 병원에 머물러 있어야 했고 어느 날 내 심장이 멈추게 될 것이라는 사실을 온몸으로 실감해야 했다.

두 번째 내 기억 속에 울림으로 자리하고 있는 깨달음은 생명 그 자체에 대한 경이로움이었다. 생명이 살아 숨 쉰다는 것이야말로 정말 대단한 일이다! 내 몸 안에서 뛰는 심장과 맥박을 모니터 속의 이미지로 확인하면서 나는 살아있는 생명의 기적에 대해 놀라움을 감출 수 없었다. 그것은 내 몸의 신체 조건에 대한 의학적 소견들의 총합으로 축소할 수 없는 생명의 기적에 대해 놀라움이었다.

우리는 모순 속에서 산다. 육체로 되어있지만 우리는 단순히 물리적인 존재 그 이상이다. 우리는 단순히 물리적인 몸의 생화학적인 존재를 따로 떼어놓고 설명할 수 없는 살아있는 생명의 기적이다.

성육신의 메시지는 이러한 생명의 신비 한가운데에 자리하고 있다. 우리는 살아있는 성체living sacraments 즉 하나님의 형상으로 지음을 받은 거룩한 존재이다. 여전히 우리에게 생명을 부여하시는 성령님은 결코 물리적인 측면으로 축소시킬 수 없다. 우리 몸에는 영혼이 깃들어 있고, 그 영혼은 몸과 하나이다.

이전 장에서 나는 예배가 단순히 인간과 하나님을 영적으로 잇는 다리가 아니라는 점에 대해 살펴보았다. 성령의 능력을 통해, 우리가 참여하는 예배가 우리를 그리스도처럼 닮아 가도록 도와준다고 설명하였다. 이번 장에서 나는 일요일 아침에 우리가 함께 모여 드리는 예배가 교회라는 울타리를 넘어서 우리의 일상생활의 공적인 영역으로 흘러들어가야 한다는 점을 말하고자 한다. 그렇게 하기 위해 하나님과 다른 이들과 어떻게 연합해야 하는지 구체적으로 살펴보려고 한다. 다음 몇 장을 통해, 우리는 어떻게 예배가 네 가지 다른 정황 즉 몸, 가족, 우리가 속한 공동체라는 공적인 세상, 그리고 우리가 예배하는 물리적 공간 속에서 증거하는 모습으로 연결될 수 있는지 살펴보게 될 것이다.

이러한 범주 아래 기독교의 증언에 대한 설명은 이를 증언함에 있어 우리 몸과 가족 그리고 우리 가족과 공동체 사이에 존재하는 특징을 인위적으로 설명한 것이 다소간의 약점으로 다가올 수 있다. 분명히 말할 수 있는 것은 우리 몸이 생명의 모든 측면과 관련이 있다는 사실이다. 그리고 공동체 안에서 우리가 신앙을 증거한다고 해서 가족 구성원으로 기능이 멈추어지지 않는다는 것이다. 생명의 모든 면이 예배이고 생명의 모든 면이 예수 그리스도의 성육신에 의해 가능해지는 화해와 온전함을 축하하는 것이다. 그럼에도 불구하고 이러한 특징들은 세상에서 기독교가 증언하는 다양한 표현들을 더 분명하고 명확하게 해주는 유용한 방식이기도 하다. 지금부터는 우리는 예배의 실천사항들이 증거라는 형태로 드러나는 몇 가지 중요한 영역에 대해 설명하고자 한다.

우리 몸에 대한 문화적 혼동

기독교 전통은 종종 우리 몸에 대해 헛갈리는 메시지를 제공해 왔다. 신약성서의 어떤 구절은 우리의 신체가 참된 그리스도인이 되는 데 원수인 것처럼 기록하고 있다. 우리는 "마음은 원이로되 육신이 약하도다."마26:41라며 자주 탄식한다. 사도바울은 몸이 타락한 존재인 양 마치 죄에 쉽게 물들고 성령과 끊임없이 전쟁을 벌이고 있는 대상으로 여기며 증오의 감정을 표출하였다. 신약성서의 다양한 본문들은 육체의 정욕과 욕정을 대상화하여 끊임없이 전투를 벌여야 하는 것처럼 기록하고 있으며롬8:5~13; 갈5:16~17, 하늘의 몸에 대해 이 땅의 몸을 부정적으로 비교하고 있다.고전5:42~43

이렇듯 우리 몸을 부정적인 태도로 설명하는 것은 영과는 다르게 몸이 썩는다는 사실에 근거한다. 즉 몸은 부패하고 연약해지는 지속적인 과정 안에 있다. 불가피하게 우리 육체는 죽음을 직면하게 될 것이다. 몇몇 초대교회 그리스도인들이 몸에 대해 내린 결론은 아주 명백하다. 우리의 몸은 변하고 결국 죽을 것이기 때문에, 생명을 주는 영혼에 비해 몸을 열등한 것으로 인식했다.

중세의 가톨릭은 이러한 관심사를 통해 "육체를 억제하고 고행하는" 수도원 전통을 세웠다. 만약 정신이 생명의 근원이고 육체가 영혼의 원수라면, 당연히 몸은 긴 금식, 불편한 옷 입기, 혹은 독신에 헌신하는 등의 실천적인 훈련이 필요할 것이다. 몇몇 초대교회 교부들이 가르친 것처럼 우리의 몸은 혹독한 통제 아래 두되 영혼은 적절하게 부양해야 한다.

현재 몇몇 그리스도인들은 이러한 논리를 옹호하려드는 경향을 보인다. 실제로 이 시대의 그리스도인들은 일반적으로 몸을 찬양하는 보다 폭넓은 문화에 합류하기를 좋아한다. 우리는 매일 온갖 다양한 형태의 시각적 이미지들에 파묻혀 산다. 문화적으로 우리는 스포츠에 사로잡혀 살고 있고, 부분적으로는 현란한 몸놀림을 욕망하고 한계에 다다를 때까지 가능한 몸매를 만드는 것을 칭찬한다. 우리는 인간 체형의 역학에 깊이 매료되어 있다. 텔레비전의 범죄 드라마는 신체적 트라우마와 폭력으로 인한 죽음을 생생하면서도 노골적으로 묘사해내고 있다. 이러한 드라마들은 신체를 분해하는 다양한 단계를 통해 시체를 부검하거나 몸의 부분을 해부하는 장면을 일부러 길게 보여주고 있다. 이러한 인기 있는 "몸 전시" 장면은 전 세계에 수 백만 명의 구경꾼들의 관심을 끌고, 문자 그대로 사람의 근육, 신경망, 뼈 밑 아래 실제 인간의 몸과 살갗을 샅샅이 드러내보여 준다. 또 다른 한편에서는 수십 장의 그래픽을 이용하여 몸의 횡단면을 낱낱이 보여주기도 한다. 이 외에 수많은 다른 방법을 사용하여 가능한 신체의 형태들을 보여주고 드러내는 그런 문화에 살고 있다.

그러나 우리 몸에 대해 민낯을 적나라하게 확인해주는 저변에는 보다 복잡한 실재가 존재한다. 우리의 몸에 대해 과도한 집착 이면에 일단의 혼동과 모순된 가정들이 존재하는데 한편으로는 우리가 신체에 대해 집착하면서도 또 다른 한편으로 몸에 대해 깊은 이질감을 느끼고 있다는 점이다. 실제로 우리는 몸과의 전쟁을 치르고 있는 문화에 살고 있다. 그리고 몸과의 전쟁을 치른다는 표현은 절대 과장이 아니다. 과감한 주장처럼 보이지만, 이미 현대 생활에 만연해 있는 다음의 긴장 상태들을 통해 우리가 몸에 초점을 맞추고 있는 실태를 좀 더 깊이 생각해 보자.

1. 음식.

생존의 차원이지만 몸을 유지하기 위해 음식에 대한 간절함이나 식욕보다 더 본질적인 기능은 없다. 우리는 살기 위해 먹는다. 기독교의 전체 역사 속에서 그리스도인들은 항상 음식을 하나님의 축복이나 풍요의 상징으로 여겨왔다. "우리에게 일용할 양식을 주시고"라고 기도드릴 때, 이미 우리의 존재가 음식에 달려있다는 것을 인정하는 셈이다. 음식이 없어서 35,000명이 매일 죽어가는 세상에 살면서, 우리는 이들을 위해 기도하지 않는다.

그러나 동시에 우리는 음식을 먹을 때 우리 몸이 필요로 하는 칼로리 즉 우리의 생존에 필요한 것 이상으로 많이 먹고 있다는 사실도 잘 알고 있다. 만약 우리가 실제로 굶주린 상태에서만 음식을 먹는다면, 우리는 현재 우리가 먹는 것보다 훨씬 적게 먹을 것이다. 그러나 현실 속에서 우리는 습관적으로 먹는다. 우리는 지루하거나 두려움을 느낄 때 기분전환을 위해 먹는 것을 선택한다. 우리는 입안의 식감을 충족시켜가며 음식을 먹는다. 걱정이 많거나, 아플 때 "편안한 음식"을 먹는다. 우리는 엄청난 광고 속에 숨겨진 메시지를 자기도 모르게 기억해 두었다가 그 음식을 사먹는다. 이러한 광고는 우리를 보다 더 건강하고, 행복하고, 인기 있고, 매력적인 사람으로 만들어 줄 것 같은 메시지를 우리에게 속삭인다.

구미와 소비는 우리 몸의 실제적인 필요와 별로 상관이 없기 때문에, 우리 사회에는 비만과 체중관련 질병이 점증하고 있다. 우리의 음식에 대한 집착에 맞추어 수천 종류의 다이어트 방식이 소개되고 있고, 섭식장애와 같은 질병은 물론 온갖 운동장비, 비타민제, 보조 식품들이 판을 치고 있다. 우리는 먹는 것을 사랑한다. 그 결과 우리는 지나치게 음식을 소비하고 그 결과 우리 몸을 증오하는 지경에까지 이르렀다.

2. 아름다움

이와 비슷하게, 우리의 몸매에 대한 문화적 집착을 생각해 보자. 인간의 몸에 대한 비율과 체형에 대한 집착을 생각해보자. 우리 모두는 아름다움을 갈망한다. 우리는 어떤 방식으로든 다른 사람이 한

마디 하지 않고는 못 참을 정도의 매력적인 사람이 되기를 깊이 욕망한다. 신체적인 아름다움에 대한 우리의 갈망은 심오하기까지 하다. 그러나 아름다움을 설명하는 어휘들과 범주는 그다지 잘 발전되어 있지 않다. 우리 몸은 우리가 어떤 사람인지 가장 잘 드러내는 형태이기 때문에, 우리 문화는 종종 이상적인 몸매, 그것도 대개는 성적으로 과장된 매우 협소한 의미나 애매한 의미로만 아름다움을 정의한다. 아름답다는 건 젊고, 잘 다듬어지고, 섹시하다는 걸 의미한다. 거친 재료를 가지고 아름다운 조각품을 만들 듯이, 우리는 대략 저마다 갖고 있는 이상적인 표준에 도달하기 위해 우리 몸의 여기저기를 다듬고 쳐내고, 운동하고, 다이어트하고, 훈련한다.

그러나 신체적인 아름다움은 잠시뿐이다. 유행은 변하고, 주름이 생기고, 결국 나이를 먹음으로 우리의 몸은 처지고 늙게 마련이다. 보톡스도 잠시 효력을 발휘할 뿐, 콜라겐 주입과 성형수술도 잠시일 뿐 근본적인 아름다움을 유지시켜주지 못한다.

그래서 우리는 다시 우리 몸과 치르던 전쟁을 포기하고 만다. 신체적인 아름다움을 갈망하지만, 추구하는 이상은 항상 우리가 관리하고 도달할 수 있는 능력 너머에 존재한다.

3. 친밀감

아름다움을 추구하는 것 뒤에 이보다 더 본질적인 갈망이 있는데 바로 친밀감에 대한 굶주림이다. 하나님은 우리를 창조하실 때 서로 투명하고 열린 관계 안에서 지내도록 창조하셨다. 그래서 우리는 서로 연결하고 싶은 혹은 연결되고 싶은 욕망 즉 우리 자신을 충분히 드러내고 싶어 하는 욕망을 갖고 태어난다. 그리고 다른 사람들이 저마다 자신들의 이득을 챙기기 위해 우리를 사용하지 않을 것이라는 확신 가운데 우리 자신의 모든 면모 즉 희망과 두려움, 강함과 약함을 드러내고 싶은 욕망을 갖고 태어난다.

그러나 너무나 자주, 우리 문화는 인간 본연의 친밀감에 대한 이러한 깊은 갈망을 성적인 행동으로 축소해버린다. 하나님께서 우리를 성적인 존재로 창조하셨다는 사실은 감사해야할 값진 선물임에 틀림이 없다. 하나님의 조건 없는 사랑에 궁극적으로 뿌리를 내린 신뢰와 헌신을 기반으로 한 결혼 안에서의 성행위야말로 진정한 친밀감의 표현이다.

그러나 섹스가 가져다주는 육체적 쾌락은 항상 덧없이 지나간다. 이러한 육체적 쾌락은 결코 영원히 지속되는 것이 아니기에 우리에게 시간과 영원히 서로 교차하는 순간으로써 성육신에 대한 인간의 깊은 굶주림이 있음을 알려준다.

지나치게 성적으로 경도된 우리 문화가 보여주는 아이러니는 이러한 신체적 친밀감이 진실한 헌신과 신뢰의 언약과 별 상관없게 되었다는 점이다. 그리고 이러한 것은 불가피하게 사람들을 그 어느 시대보다 더 외롭고 소외된 존재로 만들고 있다는 점이다. 친밀감을 상실한 많은 사람들은 외로움의 고통을 달래기 위해 알코올, 약물, 마약, 음란물 혹은 일련은 성관계를 통해 자신들의 욕망을 채우려 든다. 어쩌면 우리는 단순히 우리의 실제 몸과 다른 사람들을 만날 필요 없이 우리가 선택할 수 있는 방식으로 우리의 영혼과 육체를 분리해 인 터넷상에서 찾을 수 있는 시각적 친밀감으로 대체하는지 모른다.

다시 말하지만, 우리 몸은 우리를 저급하게 만들고 있다. 우리 는 연약하나 친밀감을 갈망하지만, 우리의 신체는 우리가 갈망하는 것에 걸림돌이 되는 것 같아 보인다.

4. 죽음

이러한 갈망의 뿌리에는 모든 것에 대한 인간의 욕망이 놓여있 다. 죽음을 비켜가고 영원히 살고 싶은 것도 인간의 욕망이다. 아담과 이브가 동산의 나무열매를 먹었을 때, 그들은 하나님처럼 죽지 않는 존재가 되고 싶었다. 생명에 대한 굶주림은 그 자체로 죄다. 결국 성경 은 생명의 선함을 소중한 선물로 묘사하는 설명들로 가득하다. 그러 나 여전히, 우리 문화는 종종 하나님께서 주신 생명에 대한 분명한 내 용들에 대한 관심보다 인간의 수명연장과 생명에만 지나치게 초점을 맞추고 있다. 결과적으로 우리는 수조 원을 들여 우리의 젊음을 연장 하고 좀 더 젊게 살려고 애를 쓴다. 비용이 얼마가 들든지 "모든 수단 을 다 동원하여" 가능한 죽음을 연장해 보려 한다. 최근 조사에 따르면 우리가 사용하는 의료비용의 반 이상이 사람들이 죽기 전 두 달 동안 지출되는 것으로 나타났다. 피할 수 없는 것을 피해가려는 필사적인 노력을 시도하면서 발생한 비용이었다.

우리의 몸이 점점 쇠잔해진다는 사실을 알기 때문에, 어쩌면 더 간절한 모습으로 명성을 구하고 유명해지길 원하는지도 모른다. 지금 이 순간에도 암세포들은 우리가 어떤 행동을 취하길 기다리면서 보이지 않게 우리 몸에 잠복해 있을지도 모른다. 어차피 우리가 영원히 살수 없기에 아주 짧은 시간만이라도 사람들에게 인정받기를 원하는 것일지도 모른다.

그러나 우리 몸은 우리를 실망시킨다. 물리적으로 다가오는 죽음을 조금 뒤로 미룰 수는 있겠지만, 죽음을 피해갈 수는 없다. 이 땅 위에 머무는 우리의 시간은 잠시 잠깐 일 뿐이다. 왜냐하면 우리는 모두 죽게 되어 있기 때문이다. 아마도 유명한 사람들은 이 사실을 깜박 잊었을지 모르지만 언젠가는 자신의 묘비에 쓴 글자조차 읽을 수조차 없게 될 것이다.

그러므로 우리는 끊임없이 혼란스러워하는 모습에 사로잡혀있는 것처럼 보인다. 우리는 우리 몸을 잘 돌보고 기뻐해야 한다. 그러나 우리는 또한 우리 몸이 우리가 일일이 다 지적할 수 없는 여러 기본적인 문제를 마주하고 있다는 사실을 깊이 깨달아야 한다. 우리의 몸은 하나님과 서로를 낯설게 만듦으로서 구체화된 외로움에 텅 빈 집과 같다.

그렇다면 이러한 많은 혼란 속에서 우리가 들어야할 몸에 대해 말해줄 복음의 좋은 소식은 무엇일까? 만약 우리 몸에 관한 복음의 좋은 소식이 있다면 이 세상에 어떻게 그 기독교의 증언을 들려줄 수 있을까? 아나뱁티스트–메노나이트 전통이 우리 몸에 대해 건강한 이해를 제공하는 독특한 메시지는 없을까?

우리 몸의 성육신을 위한 증언

"여러분의 몸은 여러분 안에 계신 성령의 성전이라는 것을 알지 못합니까? 여러분은 성령을 하나님으로부터 받아서 모시고 있습니다. 여러분은 여러분 자신의 것이 아닙니다. 여러분은 하나님께서 값을 치르고 사들인 사람입니다. 그러므로 여러분의 몸으로 하나님을 영화롭게 하십시오"고전6:19~20 바울이 고린도 교회에 보낸 이 편지는 신약 성서 작가들이 인간의 육체에 대해 별로 좋게 말하지 않는 데 모두가 같은 목소리를 내고 있다고 주장하는 사람들을 깜짝 놀라게 하는 내용이다. 그러나 이 구절은 독립된 구절이 아니다. 로마서에서 바울은 "여러분의 몸을 하나님께서 기뻐하실 거룩한 산 제물로 드리십시오. 이것이 여러분이 드릴 합당한 예배입니다."롬12:1라며 교회의 구성원들을 촉구하고 있다. 만약 바울이 우리 몸이 구속받기 힘들만큼 죄에 의해 완전히 타락했다고 믿었다면, 그는 사람들에게 하나님께 드릴 "산 제물"이라든가 "성령의 거룩한 전"이라는 표현을 쓰지 않았을 것이다.

몸과 영혼이 서로 사이가 좋지 않은 관계로 묘사한 성경구절이 있다는 것은 사실이지만, 성경적 주제를 좀 더 깊이 살펴보면 몸과 영혼은 본질적으로 연합되어 있음을 알 수 있다. 몸과 영혼은 모두 죄를 지을 수 있는 동시에 이 둘은 모두 구속을 받을 수 있다.

부정적으로 보자면, 죄는 단순히 몸의 문제만이 아니다. 죄는 그 사람 전체 인격에 영향을 미치므로 몸과 영혼에 모두 영향을 끼친다. 결국 아담과 이브의 죄는 교만이었지, 단순히 선악과를 먹은 육체적인 입맛이나 몸의 정욕에 국한되어 있지 않다. 죄를 지은 결과가 육체의 죽음으로 드러난 것은 사실이다. 그러나 죄는 영적인 죽음도 초래하였다. 이처럼 바울이 타락한 인간의 본성을 설명하기 위해 **육체**육신, 몸이라는 단어를 사용하였을 때, 그는 거의 항상 하나님을 거스른 인간의 몸과 영혼을 모두 언급한 것이지 몸만 따로 언급한 것은 아니다. 그러나 영혼이 죄를 지을 수 있다는 반대의 상황도 사실이다.골2:18 그리고 몸 또한 영적이 될 수 있다.고전15:44 죄는 몸과 영혼을 포함한 사람의 존재 전체에 영향을 미치기 때문에 몸과 영혼이 모두 죄에서 구속을 받아야한다. 이것은 그리스도인의 몸과 영혼이 모두 구속을 받아야 한다는 것을 뜻한다.

이제 좀 더 긍정적인 면을 살펴보자. 성서에 따르면 몸은 하나님께서 보시기에 좋았다고 하셨던 창조의 부분이다. 우리 몸은 선물로 주어진 것이지 저주를 받은 게 아니다. 하나님은 인간의 몸을 직접 만드셨고, 그 몸에 생기를 불어넣으셨다. 우리의 몸은 영혼과 더불어 하나가 된 통합적인 존재다. 둘 중에 하나가 빠진 모습으로 살아가는 사람은 없다. 하나님의 신적인 형상이 우리의 제한적인 몸 안에 들어있기 때문에, 비록 몸이 영원하지 않고 제한적이라 할지라도 몸은 존중받아야 한다.

그리스도의 성육신은 몸과 영혼이 모두 선함을 내재하고 있다는 것을 드러낸 급진적인 설명이다. 성육신은 물리적 세계에 대한 하나님의 인증이자 하나님의 창조가 본질적으로 선하다는 창세기의 주장을 다시금 인정하는 언어이기도 하다. 예수는 아주 구체적인 인간의 생명으로 사셨고, 그가 그냥 상징적이거나 우주적인 구세주로 오신 것이 아니라, 사람의 모습으로 우리에게 오셨기 때문에 그의 제자들처럼 그를 닮고자 매일의 구체적인 삶을 통해 그의 발자취를 따라 가려는 우리들에게도 축복이 된다. 베드로전서에서 우리는 "바로 이것을 위하여 여러분은 부르심을 받았습니다. 그리스도께서는 여러분을 위하여 고난을 당하심으로써 여러분이 자기의 발자취를 따르게 하시려고 여러분에게 본을 남겨 놓으셨습니다."벧전2:21라는 내용을 확인할 수 있다. "하나님 안에 있다고 하는 사람은 자기도 그리스도께서 사신 것과 같이 마땅히 그렇게 살아가야 한다."요일2:6 우리는 몸으로 이 일을 감당한다.

　　우리 몸속에 존재하는 살아계신 하나님의 현존을 증거하는 방식들 안에서 예배의 실행예식이 어떻게 우리를 만들어 가는가? 한편 이 질문은 우리가 행하는 모든 것이 우리 몸과 직접 관련이 있기 때문에 매우 낯설게 느껴진다. 그러나 우리 주위의 문화적 혼동이라는 맥락에서 나는 아나뱁티스트-메노나이트 예배가 우리 몸에 대해 표현하고 있으며 성육신에 대해 증언하고 있는 다섯 가지 구체적인 영역에 대해 살펴보고자 한다.

1. 찬양/노래하기: 몸, 마음, 영혼의 통합

　　대중적인 연예인이 아닌 한, 아마도 당신은 노래가 세상에 복음을 증거하는 형태라고 생각하지 않을 것이다. 그러나 비록 찬양이 세상에 복음을 증거하는 형태라는 사실을 충분이 인식하지 못한다 해도, 찬양은 기독교 교회가 원래부터 실천해온 중요한 예전 중 하나다.

찬양은 성육신의 표현으로 영혼과 몸이 일치를 이루는 순간으로 존재한다. 찬양은 몸의 활동과 더불어 시작된다. 우리는 종종 서서 노래를 부른다. 때때로 우리는 노래를 부르며 몸을 흔들고, 발을 구르고, 손을 올리거나, 손뼉을 친다. 무엇보다 노래를 부를 때 우리는 숨을 깊게 들이마신 뒤 숨을 내쉬면서 소리를 낸다. 그 소리가 우리 귀에 들리고, 그 소리가 우리에게 믿음의 울림을 준다. 그러나 이것이 전부가 아니다. 노래는 우리의 몸은 물론 생각과 감정을 통해 우리 존재의 모든 것을 연관시킨다. 우리가 부르는 노래 가사들은 종종 믿음의 고백이기도 하며, 우리가 갖고 있는 신념의 내용을 대중적으로 선포하는 행위이기도 하다. 이러한 신념을 표현함에 있어 우리는 우리가 믿는 특별한 교리를 형성하는 신학적 대화에 참여한다.

동시에 찬양은 찬송가에 있는 악보나 가사를 넘어 우리 안에 있는 뭔가를 건드린다. 긴장과 해소를 반복하며 심금을 울리다가, 갑자기 과거의 어떤 기억을 떠올리기도 하며, 두려움과 희망의 목소리를 통해 화음을 그려내기도 한다. 그렇게 음악은 우리를 만들어간다.

교회사 전체를 통틀어, 음악은 그룹의 정체성을 말해주는 가장 기본적 표지가 되기도 했다. 회중 안에서 음악은 공동의 활동으로 자리하며 교회 공동체에 연합을 도모해 주었다. "나와 대화하는 사람은 친구이지만, 나와 함께 노래하는 사람은 내 형제다"라는 독일 속담이 있다. 동시에 음악은 한 그룹을 다른 그룹과 어떻게 다른지 구분해 주기도 한다. 일요일 아침 예배 시간에 어떤 음악을 선택하고 어떤 풍의 노래를 선택하는 것만큼 민감한 반응을 이끌어내는 예배 요소는 없다!

아나뱁티스트-메노나이트 전통에 속한 그룹들에 있어서도 음악이 항상 중요한 역할을 해왔다는 사실은 그리 놀랄 일이 아니다. 1560년경부터 시작되었지만 지금까지도 아미시 그룹이 사용하는 초기 아나뱁티스트 찬양집은 주로 순교자들의 이야기들로 구성되어 있다. 매우 느린 노래를 제창하는 동안 회중은 고난 받았던 선조들의 믿음과 그들의 이야기에 동참하며, 어쩌면 자신들에게도 찾아올 고통을 받을 준비가 되어 있는지 상상하며 노래한다. 그 이래로, 메노나이트들은 독일 경건주의 전통, 개혁주의 시편들, 19세기 복음성가, 그리고 현대 기독교 찬양을 다양하게 받아들이며 찬양을 해왔다.

최근까지, 많은 북미 메노나이트 회중은 악기 없이 부르는 4부합창아카펠라을 잘 발전시켰다. 4부합창이 기막힌 조화를 이루려면 노래를 부르는 각 사람의 독특한 목소리가 필요한데, 각 사람은 자신이 내는 소리를 들음과 동시에 주변의 사람들이 내는 소리 하나하나를 주의 깊게 들을 수 있어야 한다. 개인의 기여는 매우 중요하지만, 반드시 자신의 목소리가 보다 더 큰 전체노래와 조화를 이룰 수 있어야 한다. 아카펠라의 아름다운 조화는 전체는 부분의 총합보다 크다는 자기 인식과 이에 대한 훈련을 필요로 한다.

최근에 메노나이트 교회는 보다 의도적으로 다른 문화적 배경을 갖고 있는 사람들을 환영하며 교제하고 있다. 따라서 자신들이 편한 운율의 언어가 아닌 다른 언어로 된 찬송을 예배 음악으로 채택하고 있다. 이렇게 하는 것은 차원이 다른 경청의 태도를 필요로 한다.

새로운 목소리와 새로운 화음을 아름답게 울려내면서, 교회는 서서히 새로운 정체성을 갖기 시작하였다.

이와 같이 찬양은 기독교 증언으로서 우리를 자라게 한다. 비록 찬양을 부를 때는 거의 이런 생각을 하지 않지만, 인간을 하나로 묶어주는 것으로서 찬양은 구체적인 실천사항이자 예전으로써 우리의 몸, 마음, 감정을 조율해주고, 이 세상을 잘 살아가도록 도와준다. 노래를 부름으로써, 수많은 성경구절, 믿음의 확신, 위로의 말, 하나님 사랑에 대한 기억이 우리의 몸 깊이 각인되고, 그렇게 노래의 가사와 감성이 우리의 존재에 영향을 미친다. 노래를 부르면서 예배를 드리는 그리스도인들은 종종 찬송가의 내용이나 자신들이 부르는 합창의 가사가 갑자기 특별한 파편으로 자신들에게 다가오는 것을 종종 느낀다. 이렇게 기대하지 않던 생각이 갑작스레 떠오르는 순간이야말로 그들에게 가장 절실한 순간이 아닐까 싶다. 아나뱁티스트 순교자들이 종종 자신들의 죽음을 노래했던 것은 결코 우연히 발생한 것이 아니다. 그들이 이러한 노래를 부르는 이유는 자신들이 노래를 부름으로써 "행복해"지기 때문이 아니라, 찬양을 부를 때 그들이 주님의 현존 앞에 분명히 설수 있게 되기 때문이다. 그들이 이러한 찬송을 부르는 것은 찬송이 주님을 고백하는 기쁨을 표현하기에 가장 좋은 방식임을 잘 알기 때문이다.

끝으로, 큰 회중이 합창을 부르면서 울려내는 화합 속에서 우리의 목소리를 잘 듣는 것은 기독교 공동체에서 사는 훈련이자 배움이기도 하다. 그리스도의 몸을 형성하는데 기여하는 우리의 모습은 독특하며 특별하다. 우리는 각 사람의 목소리를 잘 들을 필요가 있고 각각의 목소리는 잘 들려져야 한다. 그러나 이 세상에서 살아계신 그리스도의 현존을 증거하는 것은 보다 더 큰 은사들이 서로 잘 짜임으로써 함께 이루어야 하는 것이기에 사람들의 목소리를 잘 듣는 것은 아주 독특한 은사로 존재한다. 이러한 것은 확신에 찬 당신의 목소리를 내는 능력이 필요하기도 하지만 다른 사람들이 그들의 목소리를 잘 사용하도록 당신의 목소리를 내지 않고 보류하는 능력을 동시에 필요로 한다. 말하고 듣는 일에 있어 절름발이가 되지 않도록 스스로 의식하는 것, 공동의 목소리를 주의 깊게 듣고 반응함에 있어 그것이 개인의 필요에 의한 것인지 전체 그룹의 화합과 균형에 필요한 것인지 분별하는 능력을 필요로 한다.

다른 모든 실행예식처럼, 찬양은 그 자체로 보상이 된다. 그러나 찬양은 이 세상에서 잘 훈련해야할 그리스도인의 증거 방식이기도 하다.

2. 발씻김과 거룩한 입맞춤: 섬김의 자세와 성을 초월한 친밀감

요한복음이 기록하고 있는 최후의 만찬에서 예수는 뜻밖의 행동과 함께 식사를 시작한다. 그는 대야에 물을 붓고, 제자들의 발을 씻기기 시작했다. 비록 이 실행예식은 1세기 팔레스타인 지역에 사람을 환대하는 일반적인 관습이었지만, 예수의 제자들은 깜짝 놀라 어리둥절해 하는 반응을 보였다. 그리고 베드로는 자기 발을 씻길 수 없다고 강력하게 저항하기까지 했다. 그러나 예수께서는 아주 분명한 어조로 제자들에게 말씀하시면서 발을 씻기기 시작하셨다.

> 내가 너희에게 한 일을 알겠느냐? 너희가 나를 선생님 또는 주님이
> 라고 부르는데, 그것은 옳은 말이다. 내가 사실로 그러하다. 주이
> 며 선생인 내가 너희의 발을 씻겨 주었으니, 너희도 서로 남의 발을
> 씻겨 주어야 한다. 내가 너희에게 한 것과 같이, 너희도 이렇게 하
> 라고, 내가 본을 보여 준 것이다.요한복음 13:12~15

"내가 너희에게 한 것과 같이 하라"는 예수의 권면의 말씀에도
불구하고, 대부분 기독교 전통들은 이 말씀을 문자적으로 발을 씻겨
주어야 한다는 명령으로 이해하지 못했다. 어떤 전통은 이 예수의 행
위를 단순히 예수 시대의 문화적 관습에 불과한 것으로 보고 지금 이
시대에는 아무런 의미가 없다고 이해하기도 한다. 또 어떤 기독교 그
룹들은 예식이 요구하는 거북하고 어색한 친밀감은 물론 다른 사람 앞
에 무릎을 꿇고 평상시에 개인적으로 개인적 교감을 나누지 않는 방식
으로 사람의 몸을 만져야 하는 상황에 대해 몹시 당황스러워 한다.

그러나 전통적으로 아나뱁티스트–메노나이트 그룹들은 거룩
한 입맞춤과 더불어 발 씻김을 교회가 시행해야 할 예식이자 그리스도
의 예전으로 여겨왔다. 즉 교회의 질서를 올바로 유지하기 위해 결정
적이라고 가르치면서, 필그람 마르펙과 더크 필립스와 같은 아나뱁티
스트 리더는 발씻김을 세례식이나 주의 만찬만큼이나 중요한 것으로
여겼으며, 아나뱁티스트 찬송에 발씻김에 관련된 찬송을 포함시키기

도 했다.

비록 현재 아나뱁티스트–메노나이트 그룹들 중에 발씻김과 거룩한 입맞춤의 예식을 시행하는 그룹들이 많지 않지만, 이러한 실천 사항들을 예배에 포함시키기 위해 건강한 방식으로 논의를 하고 있는 회중들도 있다. 발씻김은 헌신의 의미를 상기시켜주는 유용한 예식이다. 세례는 한번만 받기 때문에 세례에 대한 기억은 과거의 안개 속으로 사라져버리기 쉽다. 청결을 뜻하는 물의 이미지와 관련된 정기적인 발씻김은 하나님 앞에 지은 죄만이 아니라, 우리가 우리에게 지은 죄를 용서하도록 주의를 기울이게 해준다. 발씻김은 또한 우리가 예수께서 걸어가신 길을 따라 걸으며, 동료 신자들과 여정을 함께 하겠다는 우리의 약속을 지속적으로 상기시켜 준다.

발씻김은 그리스도의 몸 안에서 서로를 섬기겠다는 헌신을 다시 세워준다. 서로의 발을 씻기면서 우리는 강압적인 힘으로 군림하는 것이 아니라, 깊은 의미의 자발적 복종과 우정을 신뢰에 기초한 복종의 자세를 잃지 않겠다는 취지를 비켜갈 수 없다. 서로의 발을 씻겨주면서, 그리스도 앞에서는 모든 사람이 근본적으로 평등하다는 진리 앞에 인종, 계급 혹은 배움으로 나뉘어진 일상의 삶이 갑자기 사라지는 것을 체험한다. 발씻김을 통해 우리는 서로에게 우리 자신을 내어 놓는 방식을 실천한다. 우리는 몸의 행동을 통해 우리 자신이 선한 것처럼 다른 사람도 선하다는 사실을 다시 확인한다.

이러한 의미와 더불어, 발씻김은 다른 사람들을 위해 봉사의 삶을 살겠다는 기독교 헌신이 무엇인지 밝히 드러내준다. 사역 내내 예수님은 반복적으로 제자들이 갖고 있던 권력에 대한 기본 전제들을 통째로 뒤흔들어 놓았다. "너희 가운데서 위대하게 되고자 하는 사람은 누구든지 너희를 섬기는 사람이 되어야 한다."마20:26, "너희가 어린이들과 같이 되지 않으면, 절대로 하늘나라에 들어가지 못할 것이다."마18:3 너희가 첫째가 되고자 한다면, 줄 맨 뒤에 가서 서야 한다는 식의 말씀을 들려주었다. 이러한 것은 자기를 혐오하는 잘못된 태도나 가학적인 태도를 말하는 게 아니다. 오히려 예수께서 제자들에게 하나님의 풍성한 사랑을 믿는 신뢰에 뿌리를 둔 겸손과 정직과 공감하는 태도를 배양하도록 도전한 것이다.

분명코 제자들은 예수님의 가르침에 귀먹은 듯 반응했다. 그러나 최후의 만찬에서, 예수께서는 다시 한 번 자신의 사역 내내 가르치셨던 이 본질적인 가르침에 대해 다시 소통하고자 시도하셨다. 예수께서는 제자들의 발을 씻기심으로 그들에게 자기 자신을 내어주는 사랑, 좀 더 구체적으로는 십자가 죽음을 통해 표현된 사랑을 구체적으로 보여주셨다. 이러한 행위를 반복할 때, 우리는 이 세상을 위해 희생적 사랑으로 오신 그리스도의 형상을 닮기 위한 작은 발걸음을 뗀다.

마지막으로 아나뱁티스트–메노나이트 전통에서 발씻김을 통한 신체적인 친밀감은 종종 거룩한 입맞춤, 때때로 "평화의 입맞춤" 혹은 "사랑의 입맞춤"으로 끝을 맺는다.롬16:16; 벧전5:14 발씻김과 거룩한 입맞춤은 모두 성적인 의미와 전혀 상관없는 연약함, 사랑, 친밀감의 몸짓이다. 입술을 오므려서 하는 모든 입맞춤을 성애나 유혹의 상징으로 여기는 북미의 맥락에서 볼 때, 엄청난 도전이다. 발씻김과 평화의 입맞춤은 문화적 전제들을 도전하거나 일축하는 엄청난 시도가 될 것이다. 그러나 분명 성적인 의미와 전혀 상관없는 친밀감의 형태가 있다는 것도 충분히 생각해볼만 하다.

발씻김과 거룩한 입맞춤은 예배행위로 그리스도인들의 상호복종을 기꺼이 표현하는 실천사항이었다. 이러한 실천사항을 통해, 그리스도인들은 실제적으로 그리스도의 몸의 일치를 몸소 실천하였으며, 하나님께서 원래 목적하신 인간성이 온전히 회복되었음을 증거하였다. 동시에 발씻김과 거룩한 입맞춤은 우리에게 다른 사람들을 섬기는 것이야말로 진짜 위대함이며, 우리에게 성적인 의미와 전혀 상관없는 신체적인 친밀감의 표현이 필요하다는 사실을 상기시켜준다.

3. 하나님의 풍성함을 기뻐함: 교제를 위한 식탁

우리 몸에 하나님의 임재를 드러낼 수 있는 또 다른 방식은 음식과 더불어 우리의 관계를 되찾는 것이다. 우리가 잘 아는 것처럼, 현대인들은 음식과 끔찍한 관계를 맺는 경향이 있다. 우리는 먹는 것을 좋아한다. 하지만, 너무나 자주 음식을 단순한 몸의 에너지원으로 여겨 마치 몸에 연료를 주입하듯 음식을 "구겨 넣거나" "게걸스럽게 먹는" 경향이 있다. 음식 준비를 필요악으로 여기는 "즉석 식품"은 이러한 관점을 잘 반영하고 있다.

혼란스러운 가치관을 가진 우리 문화 속에서 음식은 정말로 할 말이 많은 주제이다. 이러한 주제는 먹거리 생산 방식, 국제적인 가난과 기아, 음식과 관련된 건강, 창조세계의 돌봄과 같은 질문으로 확장

된다. 여기서 나는 평범한 교회 생활에 관한 내용, 즉 예배라는 맥락에서 실천 가능한 것인가 의심할 수도 있음직한 애찬에 주로 초점을 맞추려 한다.

교제를 위한 식탁으로서 애찬은 종종 각자 음식을 가져와 함께 먹는 방식을 의미하기도 한다. 즉 회중의 구성원들이 한 가지 혹은 두 가지 요리를 가져와 예배 후에 함께 먹는 공동의 식사를 말한다. 메노나이트들이 이러한 전통을 가진 유일한 그룹은 결코 아니다. 그러나 메노나이트 교회에 교제의 식탁은 매우 중요한 부분으로 오랫동안 귀하게 여기고 실천되어 왔다. 그렇게 한 데는 중요한 이유도 있다.

당연히 교제의 식탁은 굶주림을 해결해 준다. 그리고 대개 여러 선택사항과 더불어 풍성하고 유쾌한 모습으로 준비되곤 한다. 그러나 식탁 위에서 느껴지는 풍성한 칼로리와 눈을 즐겁게 하는 요리 너머로, 교제의 식탁은 주의 만찬의 연장으로 예배의 중요한 부분으로 자리한다. 주의 만찬은 먹는다는 단순한 행위 아래 모이는 것이지만 살아계신 그리스도의 현존을 통해 몸과 영혼이 다시 창조를 받은 공동체 안에서 하나님의 풍성함을 경험하는 실행예식이기도 하다. 식탁의 교제는 하나님의 넘치는 자비와 관대함을 경축하는 자리다. 식탁이 차고 넘칠 정도로 샐러드와 여러 가지 냄비요리, 다양한 국적의 음식, 공동체에서만 맛볼 수 있는 주요한 요리, 야채, 디저트, 그리고 모두가 어우러져 만들어내는 멋진 색감과 음식 냄새는 마치 우리 앞에 차려진 하나님 나라의 잔칫상 같다. 여기에서 우리는 하나님의 축복과 우리를 보호하시고 우리 삶을 이끌어 가시는 손길을 느낄 수 있다. 뿐만 아니라, "일용할 양식을 주옵시고"라고 수 천 번씩 읊조린 우리의 기도가 눈앞에 응답되었음을 경험한다. 그것도 하나님의 넘치는 기쁨의 잔치에 초대된 모습을 통해서 말이다.

음식을 함께 나눈다는 측면에서 식탁의 교제는 매우 중요하다. 한 가지 음식을 준비한다는 것은 각 사람이 갖고 있는 특별하고 독특한 선물을 공동체에 가져온다는 의미가 있다. 그러나 전체는 항상 부분의 총합보다 큰 법이다. 음식은 하나의 잔치가 되고, 교회의 각 구성원이 준비해온 음식이 전체 잔치에 큰 역할을 감당한다. 이러한 의미에서 식탁의 교제는 기독교 공동체의 본질을 다시 생각하고 세우는 역할을 감당하기도 한다. 바울은 교회를 몸으로 설명하면서 이와 비슷한 말을 했다. 몸은 서로 다른 많은 지체/부분으로 구성되는데, 각 지체는 저마다 결정적인 역할을 감당한다고 밝혔다. 그의 글은 "여러분은 그리스도의 몸이요, 따로 따로는 지체들입니다."고전12:27; 12:12라고 결론을 내린다. 우리는 각각 특별한 은사를 소유한 사람으로 각기 다른 기능을 한다. 그러나 이러한 은사들이 함께 회중을 위해 사용될 때, 회중은 개인들의 총합 이상으로 작용하여 살아있는 그리스도의 몸으로 큰 변화를 일으킨다.

식탁의 교제는 그리스도인의 환대를 나타낸다. 일요일에 교회를 방문하는 사람들은 따뜻한 환영과 함께 식탁으로 초대되고, 거기에서 충분히 이야기를 나눌 수 있어야 한다. 그렇게 식사는 단순히 이미 형성된 정체성을 드러내는 행위이자, 공동체를 기념하는 행위일 뿐만 아니라, 여전히 함께 형성되어가는 공동체라는 표지를 드러낼 수 있어야 한다. 즉 식탁으로 새로운 사람을 초청하고 받아들이기에 충분한 영역으로 자리해야 한다. 식탁의 교제에서 가족들은 가능한 흩어져서 앉아 모든 사람들이 나이, 계층, 인종, 결혼여부와 상관없이 함께 앉아 교회가 생물학적 가족을 넘어선 "1차 가족"임을 인식할 필요가 있다.

물론 모든 실행예식들이 잘못된 방향으로 흐를 가능성은 언제나 존재한다. 식탁의 교제가 먹고 마는 폭식의 자리가 될 가능성도 배제할 수 없다. 항상 가족들이 중심이 되어 자신들의 식탁을 차지한다면, 방문자들과 혼자 사는 사람들의 외로움은 더욱 가중되게 마련이다. 음식을 하나씩 가져오는 방식은 때때로 자신이 만든 음식에 대한 염려와 최고의 음식을 가져오는 사람들을 상대로 보이지 않는 경쟁심을 유발하기도 한다.

그러나 교회는 식탁의 교제를 시행함에 있어 창조를 통해 드러난 하나님의 풍성하심을 함께 기념하도록 해야 한다. 즉 서로 가진 은사를 비교하는 것이 아니라 서로 의지하는 가운데 일치를 이루는 것이 핵심이다. 그리고 서로가 함께 방문객과 소통함으로써 하나님께서 마련해주신 식탁의 교제에 모든 사람들을 포함시킬 수 있어야 한다. 식탁의 교제를 올바로 이해하기 위해 어린양의 결혼잔치를 생각하면 좋을 것이다. 어린양의 잔치는 여러 부족, 여러 나라에 속한 모든 하나님의 백성들이 주님의 보좌 앞에 찬송하며 나올 시기가 있음을 우리에게 알려주는데, 그 때 모든 사람들이 풍성하다 못해 사치스럽기까지 한 찬지에 함께 참여하게 될 것이다. 이 장면은 단순히 우리의 육체적인 굶주림만 만족시켜주는 자리가 아니라, 하나님의 풍성하심을 기뻐하고 모든 창조물들이 온전히 하나가 되는 자리가 될 것이다. 계19:6~9

4. "어린이들이 내게로 오는 것을 허락하고, 막지 말라": 우리 중에 연약한 사람들을 돌보기

"어린이들이 내게로 오는 것을 허락하고, 막지 말아라. 하나님의 나라는 이런 사람의 것이다."눅18:16 예수님의 말씀이다. 매주 일요일 아침 내가 다니는 작은 교회에서는 어른 설교를 시작하기 전에 담당자가 어린이들을 예배당 앞으로 초청한 후 시청각 자료와 함께 쉬운 언어를 사용하여 예배의 중심 주제에 맞추어 간단한 이야기를 들려준다. 우리가 '어린이 시간' 이라고 부르는 이 순서는 기독교 신앙에 대해 제한적인 이해를 갖고 있는 사람들을 어떻게 대하는지 잘 드러내는 실천적인 예배의 단면이다. 어린이들을 날 때부터 죄성을 갖고 태어난다고 보는 일부 기독교 그룹들과 달리, 아나뱁티스트-메노나이트 전통은 어린이들이 이 세상에 태어날 때 죄가 없는 상태라고 가르친다. 하나님의 형상 안에서 창조된 어린이들은 하나님의 자비로운 보호 아래 돌봄을 받는다.

예수께서도 참된 제자가 되기 위한 귀감으로 어린이들을 여러 차례 언급하셨다. 겸손에 대해 뭔가 중요한 말씀을 하실 때, 예수님은 어린 아이를 자기 앞으로 불러 세우신 후, "너희가 돌이켜서 어린이들과 같이 되지 않으면, 절대로 하늘나라에 들어가지 못할 것이다. 그러므로 누구든지 이 어린이와 같이 자기를 낮추는 사람이 하늘나라에서

는 가장 큰 사람이다. 또 누구든지 내 이름으로 이런 어린이 하나를 영
접하면, 나를 영접하는 것이다."마18:3~5라고 말씀하셨다. 또 다른 상
황에서 예수님은 "내가 진정으로 너희에게 말한다. 누구든지 어린이
와 같이 하나님 나라를 받아들이지 않는 사람은 거기에 들어가지 못할
것이다."막10:15고 하셨다.

　　회중 앞으로 아이들을 정기적으로 불러내는 일은 하나님 나라
가 급진적인 방식으로 이루어진다는 사실을 우리에게 상기시켜준다.
이는 하나님 나라가 인간의 지위나 그 영향력에 있어 사람들이 갖고 있
는 통념들을 뒤집어엎는 공동체임을 시사한다. 여기에서 중요한 것은
하나님 나라가 교육, 신학적 훈련, 부, 혹은 혈통에 근거하지 않는다
는 점이다. 오히려 하나님을 신뢰함으로써, 죄 없는 순수성에 의해서,
신뢰와 순수함으로 다른 사람들을 대함으로써 예수의 제자들이 하나
님 나라를 이해하게 된다.

　　우리가 이러한 삶을 살 수 있는 한 가지 방법은 매 일요일에 아
이들을 존중하는 모습으로 '어린이 시간'을 갖는 것이다. 그러나 예배
의 실천사항으로서 또 다른 표현의 방식은 어린이들처럼 연약한 회원
들, 특히 나이가 많으신 분들이나 장애를 가진 사람들에게 교회가 특
별한 돌봄의 영역을 넓혀가는 것이다. 우리가 튼튼하고, 건강하고, 젊
은 몸과 마음에 쏠려있는 문화적 초점은 부분적으로 우리가 가진 연약
한 모습과 연결되어 있는 의존성 및 무기력함을 두려워하는 모습에 의
해 이끌림을 받는다. 많은 사람들이 건강함을 추구하지만 여전히 공
동체의 현실에는 나면서부터 장애를 갖고 태어난 사람들과, 사고로 인

해 평생 견뎌야할 상황에 처한 사람들 혹은 나이를 먹으면서 병을 얻어 고통을 받는 사람들이 존재한다. 어떤 면에서 세상을 향한 기독교의 신실함을 증명하는 가장 온전한 방법은 공동체가 우리 중에 가장 연약한 사람과 절실한 돌봄을 필요로 하는 사람들을 대하는 방식에 의해 측정될 수 있다.

연약한 사람들을 돌보는 일은 때때로 상호부조 혹은 "짐을 서로 지는" 원리를 확대한 것으로 이해되는데 이는 아나뱁티스트-메노나이트 전통 안에서 아주 오랜 기간 동안 실천되어왔다. 예를 들어, 17~18세기 네덜란드 메노나이트 회중들은 그들 중 가난한 노인들과 장애인들의 필요를 위해 특별하게 구성된 가정들hofjes을 설립했다. 이러한 역사와 더불어 20세기 초 러시아 메노나이트들은 아주 시설이 잘 갖춰진 몇 개의 병원을 설립한 것에 더해 별도의 정신병동을 마련하였고, 청각 및 시각 장애인들을 위한 몇 개의 학교 그리고 현대식의 건강보험의 시조가 된 다양한 상호부조 프로그램을 시작하였다. 세계2차 대전 후에, 북미의 메노나이트들은 미국에 있는 정신병원 내의 건강관리절차를 증진시키는데 상당한 기여를 하였고, 국립정신건강재단 National Mental Health Foundation을 창립하는데 많은 도움을 주었으며, 미국사람들이 법적으로나 문화적으로 정신병자들을 향해 가져야 할 태도에 근본적인 변혁을 가져오도록 기여하였다.

현재 장애인과 노인들을 위한 직접적인 돌봄은 대체로 사회 봉사기관들이 하청을 받아서 일을 하며, 비용은 교회가 담당하기보다는 보험회사들이 감당한다. 그러나 회중들은 여전히 특별한 돌봄을 필요로 하는 사람들에게 친절을 베풂으로써 지속적으로 그리스도의 몸이 온전하게 기능하도록 힘쓰고 있다.

　　　이는 우리가 단지 물리적인 몸을 가진 존재라는 사실을 직면하는 가운데 우리 안에 있는 연약한 사람들을 어떻게 대해야 하는가를 정확하게 보여주는 실증이다. 우리 문화가 요구하는 사랑과 존중어린 아름다움이라는 표준을 따르지 않는 가운데 몸을 다룬다는 것은 사람들의 물리적 상태가 어떻든지 상관없이 모든 사람에게 하나님의 성령님이 임재하고 계시다는 사실을 증거하는 행위이기도 하다. 신체적 혹은 정신적인 장애를 갖고 사는 사람들을 돌보는 일은 인간의 존엄을 드높이는 일로서 이들의 기술을 생산성을 중시여기는 사회의 가치로 평가해서는 안 된다. 교회는 또한 다음과 같은 태도를 보임으로써 그들 중에 있는 연약한 사람들을 존중해야 한다.

❖ 사람들이 어려움 없이 교회 건물을 드나들 수 있도록 시설을 보장한다.

❖ 특별한 돌봄을 필요로 하는 아이의 부모 혹은 부모의 아이를 제도적으로 돌본다.

❖ 정신적인 장애가 있는 교회 구성원들을 정성껏 대한다.

❖ 치매로 고통 받는 이들을 존중하고 비록 넋이 나간 모습과 불쾌한 모습을 보일 때라도 이들과 함께 시간을 보낸다.

❖ 조울증을 앓는 사람들을 인내로 받아들인다.

우리 모두는 우리 몸이 온전히 하늘의 구속함을 입기를 간절히 고대하고 있다. 그러나 그러한 구속을 받기까지, 우리 가운데 있는 가장 연약한 사람들을 존엄성과 존중하는 마음으로 대하며, 그들 안에 존재하는 하나님의 거룩한 형상을 지켜주어야 한다.

5. 장례식: 그리스도인의 실천사항으로서 죽음을 잘 맞이하기

1974년과 1987년 사이에, 이디오피아의 메노나이트 교회는 그들의 믿음을 극도로 적대시하는 공산주의 군정치하에 있었다. 정부는 공적인 예배로 모이는 것을 불법으로 규정하고 핵심 지도자들을 투옥시켰고 교회를 공개적으로 후원하는 사람들을 처벌하겠다고 협박했다. 그러나 놀랍게도 메세레테 크리스토스 교회(Meserete Kristos Church)는 이러한 박해의 기간 동안 빠른 성장을 경험하였다. 이 어려운 세월 한가운데에서 이들이 관심을 보였던 선교전략 중 하나가 바로 장례식이었다. 정부는 죽은 사람들을 매장하기 위해 사람들이 모이는 것은 막지 않고 허락해 주었기 때문에, 교회는 죽은 사람들의 장례식을 치르면서 장례식에 참석한 다양한 사람들 앞에서 믿음을 공개적으로 전할 기회를 얻었다.

표면적으로 장례식은 선교전략으로 삼기에 이상해보일수 있다. 결국 기독교 신앙은 인생을 축하하고 기뻐한다. 그러나 죽음에 대한 우리의 문화적 두려움과 대조적으로 그리스도인들은 그 인생을 단순히 신체적인 몸이 가지는 생명으로 축소시키지 않는다. 오히려, 우리는 죽음을 극복해야 할 것으로 간주한다.

그러기에 기독교 장례식은 우리 신앙의 가장 기본적인 다음과 같은 주제들에 대해 공개적으로 증언할 수 있는 놀라운 기회이다.

❖ 하나님은 생명의 창조주이시며 이를 지속시키시는 분이다.
❖ 우리의 몸이 죽는 것은 죄의 결과다.
❖ 부활을 통해 그리스도께서는 죄와 죽음의 권세를 이기고 승리 하셨다.
❖ 부활로 인해, 그리스도 안에서 죽은 사람은 자신도 부활할 것이 며 하나님과 함께 영원히 살아갈 것을 기대한다.

이것은 그리스도인들이 가까이 사는 사람들의 죽음에 영향을 받지 않는다는 말이 아니다. 그러나 이것은 죽음이 보다 더 큰 틀 안에 있음을 알게 해준다. 기독교 장례식은 장례식에 참여한 사람들에게 부활 안에서 하나님께서 죽음을 이기셨다는 사실을 생각해 보도록 기회를 준다. 그러므로 그리스도인들은 죽음을 두려워하거나, 그들의 모든 비용을 다 소진해가면서 몸을 살리기 위해 애쓰거나 모든 가능한 의료 장치를 사용하여 목숨을 연명해 나가야 한다는 생각을 다시 점검하도록 도와준다. 호세아 선지자나 사도 바울은 확신에 찬 어조로 다음과 같이 질문하고 있다. "죽음아, 너의 승리가 어디에 있느냐? 죽음아, 너의 독침이 어디에 있느냐?"고전15:55; 호13:14

기독교 장례식에 참석함으로써 우리는 잘 죽는다는 것의 의미가 무엇인지 알고 있다. 그런 사람들로 우리는 죽음에 대해 스스로 준비할 기회를 얻는다. 16세기에, 수천 명의 아나뱁티스트들은 그들이 믿는 신념 때문에 처형을 당했다. 처형당하는 사람들의 숫자가 늘어남에도 불구하고, 이 운동은 점점 더 빠르게 확대되었다. 실제로 순교는 아나뱁티스트 운동에 참여하는 이유를 몰랐던 수많은 회의주의자들에게 강력한 영향을 끼친 놀라운 증언의 방법이 되었다.

많은 이들의 이야기를 모아놓은 『순교자들의 거울』이라는 책은 정죄를 받고 감옥에 갇혀있던 사람들이 순교당하는 장면을 구경하기 위해 나온 사람들 앞에서 복음을 선포한 감동적인 설교들이 들어있다. 그들이 부른 찬송, 그들이 드린 기도, 그들이 쓴 편지, 그리고 그들이 신앙을 간증하기 위해 마지막으로 한 말들이 자세히 기록되어 있다. 당국자들은 종종 이들이 공개적으로 증언하는 기회를 막기 위해 그들의 혀를 자르거나 더 이상 말을 하지 못하도록 혀에 구멍을 뚫고 고정하는 도구를 마련하여 재갈을 물렸다. 그러나 결국, 죽음 앞에서도 신신함을 잃지 않았던 이들의 이야기를 그들이 멈출 수는 없었다. 순교자의 죽음은 그들이 이전에 설교했던 그 어떤 설교보다 아나뱁티스트들이 이해하고 있는 복음을 드러내는 데 보다 강력하고 감동적인 증언이 되었다.

반복적으로 아나뱁티스트들은 박해, 고문, 고난, 죽음이 죄 많고 타락한 세상에 여전히 살아계신 하나님의 구체적인 모습을 드러내고 증거한다는 "순교의 신학"을 발전시켰다. "성도들의 죽음조차도 주님께서는 소중히 여기신다."시116:15 아나뱁티스트 순교자들의 이야기는 그리스도, 스데반, 사도들, 그리고 초기 교회의 수많은 증인들을

이어가는 사람들로 기록되어 있다. 순교는 하나님께서 그리스도인이
참 잘 살았다고 인정해주시는 표시이자 영광과 생명의 면류관을 보장
하는 표시가 되었다.

비록 북미의 메노나이트들은 더 이상 목숨을 위협하는 박해에
직면하지 않지만, 전 세계의 그리스도인들은 여전히 자신들의 신체에
가해지는 아주 큰 위험을 무릅쓰고 믿음을 실천하고 있다. 죽음을 두
려워하고 몸을 잘 보전하는 것이 최고의 우선순위로 삼고 있는 문화
속에서 잘 죽을 수 있도록 죽음을 준비하는 그리스도인들로 살아간다
는 것은 이 세상을 향해 복음의 진리를 다시금 확증하고 생명에 대해
증언하는 놀라운 실천이기도 하다.

결론

애팔래치안 계곡에서의 그 짧은 경험 이후로, 나는 내 몸을 포
함한 창조의 선함을 주장하는 성경의 가르침에 대해 보다 깊은 감사의
마음을 갖게 되었다. 인간은 하나님의 형상을 따라 지음을 받았다고
기록한 창세기를 읽을 때, 그 이미지가 우리의 신체적 몸을 포함하고
있으며, 모든 몸 즉 크든 작든, 날씬하든 살이 쪘든, 건강하든 아프든,
젊든 늙든, 온 몸이 제 기능을 다하든 그렇지 못하든 모든 것을 포함한
다는 것을 알게 되었다. 우리가 봉투 안에 편지를 넣듯이, 하나님이 몸
을 만든 후 그 안에 영혼을 집어넣으신 것이 아니다. 웬델 베리Wendell
Berry의 표현을 빌자면 그렇게 하는 대신에 "하나님은 먼지에서 사람
의 형체를 만들고, 그 코에 생기를 불어 넣으시고, 하나님은 그 먼지를

살아가게 하셨다. 그 먼지에는 영혼이 깃들어 있지 않았다. 왜냐하면 그 먼지 자체가 영혼이었기 때문이다."[1] 소위 말해 우리 몸은 하나님을 이 세상에 드러낸 그릇이기 때문에, 몸은 값진 것이다. 하나님의 형상으로 지음을 받았고 하나님이 좋았다고 직접 선언하신 것처럼, 몸은 거룩하고, 하나님께서 의도하신 대로 존중받고, 사랑받고, 귀하게 여겨져야 한다.

몸에 대한 이러한 관점은 우리의 "자연스러운" 기호와 욕망이 어디에 위치해 있는가 다시 생각해보도록 촉구한다. 나는 죄를 짓거나 속이는 인간의 능력에 대해 그리 무지한 편이 아니다. 그러나 나는 더 이상 몸의 욕망이 항상 영혼에 독이 되거나 적대적이라고 믿지 않는다. 인간의 욕망을 더 깊이 살펴보면, 육체적 갈망과 열정들이 결국 하나님께로 향하고 있다는 사실을 발견하게 될 것이다. 그런 의미에서 욕망을 제대로 살펴볼 필요가 있다. 음식을 향한 굶주림은 풍성하신 하나님께 감사드리는 곳까지 이끌어 갈 것이다. 잠에 대한 간절함은 저 깊은 안식일의 쉼과 그 지혜로 이끌어 갈 것이다. 정욕적인 시험은 아름다움에 대한 감사의 기도의 마음을 갖게 할 것이다. 사실 지금 이 글을 쓰고 있는 나는 다초점 안경을 쓰고 있으며, 달리기를 하고 난 후 내 무릎은 때때로 시큰 거리고, 문자 그대로 나는 매일 아침 죽음을 향해 하루하루 가까이 가고 있다. 그런 한계를 지닌 사람으로서 몸과 생명은 순수한 하나님의 선물이라는 것에 대해 감사한다.

---

1) Wendell Berry, "Christianity and The Survival of Creation," *Cross Currents,* 43:2(Summer 1993), 157

아마도 이러한 모든 것이 가져다주는 최고의 소식은 욕망, 희망, 두려움, 한계를 가진 신체적, 감정적, 사상적 자아의 통합체로서 우리 몸이 축복받은 존재라는 아주 단순한 사실이다. 우리 몸이 축복받은 존재라는 것을 기뻐하는 가운데, 우리는 성육신의 뜻을 드러내며, 이 세상에 존재하는 하나님의 화해에 참여하는 것이다.

6. 우리 가정 안에서 증거하기

1538년 가을, 네덜란드 로테르담 시 당국은 젊은 과부 아네켄 잰스Anneken Jans를 체포하였다. 아나뱁티스트 찬송을 부르다가 발각된 것이었다. 시 당국은 아네켄을 즉결심판에 넘겼고 시의 정치적, 종교적 질서를 위협했다는 죄목으로 수장에 처한다는 판결을 내렸다. 『순교자들의 거울』에 이야기와 함께 실려 있는 아네켄의 동판화에는 그 이야기의 고통스런 순간이 자세히 묘사되어 있다. 그녀가 처형되기 직전, 15개월 된 아들을 안고 있는 아네켄이 지갑을 들고 곧 고아가 될 아들을 잘 돌봐줄 사람을 찾는 모습을 볼 수 있다. 죽음에 임박한 상황에서 쓴 그의 마지막 편지에서 아네켄은 다음과 같이 자신의 소원을 표현하였다.

"내 아들아, 네 어미의 가르침을 들어라. 너의 귀를 열어 그 입에서 나오는 말을 들어라.… 내 아들아, 너는 많은 사람들을 생각지 말 것이며, 그들의 길을 따르지도 말아라..… 그러나 세상에 의해 버

림받고, 무시당하는 가난하고, 소박하고, 천시당하는 작은 무리가
있으면 그들과 함께 하여라. 십자가의 고통이 있는 곳에 그리스도
가 계시니, 그곳을 떠나지 말아라.[2]

당국이 그녀에게 믿음을 포기하도록 선택의 기회를 충분히 주
었으므로, 현대인들은 아마도 아네켄의 이러한 결정을 자기중심적이
고 무책임하고 잘못된 생각이라 여기며 깨끗이 잊어버리려고 할 것이
다. 그러나 아네켄은 복음의 가르침에 푹 젖어, 예수를 따르는 제자들
이라면 가족을 포함한 그 어떤 대상에도 충성해서는 안 된다고 반복적
으로 가르치셨던 예수의 말씀을 저버릴 수 없었다. 예를 들어 제자들
에게 주어진 예수의 순전한 가르침을 고려해보자: "누구든지 내게로
오는 사람은, 자기 아버지나 어머니나, 아내나 자식이나, 형제나 자매
뿐만 아니라, 심지어 자기 목숨까지도 미워하지 않으면, 내 제자가 될
수 없다."눅14:26 예수를 따르던 한 사람이 집에 돌아가 아버지의 장례
식을 치르고 오겠다고 할 때, 예수께서는 그에게 반박조로 이야기를
하셨다. "너는 나를 따라오너라. 죽은 사람의 장례는 죽은 사람들이
치르게 두어라"마8:22 그리고 몇 장 뒤에서 그의 어머니와 형제들이 그
를 간절히 찾고 있을 때, 예수는 그들의 말을 일언지하에 거절하시면
서 그의 제자들에게 이 땅위에 있는 인간적인 관계가 아니라, 모든 것
을 버리고 그를 따르는 제자들이 진짜 자신의 가족이라고 말씀하셨다.

---

2) Thieleman J. van Braght, *The Bloody Theater or Martyrs Mirror*, trans. joseph Sohm,
5th ed. (Scottdale, PA : Herald Press, 1950), 453.

마 12:48~50을 보라 우리 또한 사도바울과 몇몇 초기 교회 교부들이 하나님을 사랑하고 섬기는 데 있어 결혼이 잠재적으로 방해가 되는 것이라고 말했던 사실을 잘 알고 있다. 고전7:9

틀림없이 대부분의 목사들은 이러한 성경본문을 그다지 좋아하지 않을 것이다. 특별히 "가족의 소중함"을 국가의 건강함을 재는 아주 중요한 척도로 여기는 현대 그리스도인들에게 이러한 성경본문은 너무 가혹한 말로 들릴 것이다. 아마도 예수는 이 말을 통해 상징적으로 전달하고 싶은 게 있었을 지도 모른다. 아마도 바울은 종말론적 시간이 가까웠음을 가정하고 말했을 수도 있다. 어쨌든 예수께서는 가족의 가치를 중요하게 여겼던 것은 틀림없다.

최소한 이러한 성경구절들은 가족을 보다 더 가까이 들여다보도록 우리를 도전한다. 결국 대부분의 사람들에게 가족은 자녀를 양육하기 위한 근본 환경이다. 가족 안에서 평생 드러나게 되는 습관과 태도가 형성된다. 가족은 우리가 사랑, 연약함, 신뢰, 친밀감을 배우는 장소이다. 그러나 가족은 개인적인 염려와 문화적 토론을 표출하는 장소이기도 하다. 가족은 이러한 역할의 중심지이자 가장 자주 언급되는 제도이기 때문에, 이번 장에서는 그리스도인들이 가족 안에서 하나님의 현존하심을 어떻게 드러낼 것인지에 대해 깊이 생각해보고자 한다. 예배 속에서 우리는 일상적인 가족의 삶을 어떻게 표현하고 있는가? 실행예식들이 복음의 좋은 소식을 세상에 알리는 진정한 방법으로 우리의 가족을 어떻게 변화시키고 있는가?

성경적인 주제: 성육신의 표현으로써 가족

아마 아홉 살이나 열 살 쯤 되었을 새해 첫날, 나는 신약성경을 처음부터 끝까지 읽겠다고 다짐했었다. 나는 열정을 갖고 마태복음 첫 장을 읽기 시작했는데 초장부터 아주 어려운 문제에 봉착했다. 신약성 경이 시작되는 첫 장부터 아주 길고 지루한 족보를 만났다. 아브라함 부터 몇 세기에 걸친 사람의 이름들이 빼곡히 들어서 있다가 마침내 예 수에게까지 이어지고 있었다. 순서만 반대방향일 뿐 누가의 복음서에 도 예수부터 시작하여 아담과 이브에 이르기까지 비슷한 가족의 역사 가 기록되어 있었다. 이 얼마나 낯선 복음서인가! 도대체 이러한 가족 의 기록이 구원이라는 좋은 소식에 무슨 소용이 있단 말인가?

그 답은 또 다시 성육신의 사건으로 우리를 인도한다. 신약성 경의 저자들은 예수가 단지 하늘에서 뚝 떨어져 육체와는 동떨어진 채 여기저기를 떠돌아다니는 성령이 아니라는 점을 독자들에게 알려주 기 위해 족보를 보여주고 있다. 반대로 복음서들은 예수가 아주 특정 가족, 특정 문화, 역사의 특정 순간에 오셔서 성장했음을 보여주고 있 다. 여러분이나 나처럼, 예수에게도 가족이 있고 족보가 있다. 그에게 는 선조들을 기억하던 버릇이 있었고, 그자신의 눈과 피부색을 결정하 는 유전자 기호가 있었고, 그의 정체성을 형성하는데 도움을 주었던 종족과 혈통이 있었다. 한마디로 예수에게는 가족이 있었다.

몸이 그렇듯이, 가족은 그들만이 갖고 있는 온갖 영광과 결점 으로부터 쉽게 도망갈 수 없다. 그것을 좋아하든 말든 상관없이, 당신 은 소가 핥은 것 같이 일어선 앞가르마, 보조개, 안짱다리, 독특한 귓

밥 등 스스로 선택할 수 없는 가족의 분명한 특징을 지니고 있을 것이다. 대부분의 사람들은 열심히 해도 잘 안 되는 반면, 어떤 사람들은 음악, 체육, 수학 등에 대한 천부적 재능을 갖고 태어난다. 노력하지 않아도 "날 때부터 갖고 태어나는" 것들이 있다. 그러나 가족의 유산은 단지 유전적인 것에만 국한되지 않는다. 우리는 가족으로부터 특별한 방식으로 대화하고 소통하는 언어를 물려받는다. 가족 문화는 우리 안에 조금씩 스며들어 청결이나 시간에 대한 태도, 이방인에 대한 우리의 관점, 돈에 대한 개념 등과 관련하여 "정상적"인 게 무엇인지 그 기준에 대한 독특한 이해를 형성하도록 한다.

우리는 개인적으로 생각하기를 좋아한다. 그렇지만 우리는 우리 가족의 정체성으로부터 완전히 자유로울 수 없다. 아미시 가족으로서 나의 아내는 직업적 성취에 의해서가 아니라, 최소한 4대까지 거슬러 올라가는 확대 가족이라는 혈통에 의해서 자신들의 정체성을 확인하곤 한다. 이처럼 가족 공동체 안에서 아내는 앤디-제이크-마트-앤디의 루스로 알려져 있다. 좋든 싫든, 인정하든 변화를 꾀하든, 우리는 개인의 능력을 넘어선 방식으로 확대가족과 연결되어 있다.

많은 사람들에게 이러한 가족 경험은 굉장한 것이다. 가족은 우리가 무조건적으로 받는 사랑이라는 맥락과 더불어 안전, 편안, 확신을 의미한다. 세상이 무너질 것 같은 느낌이 들 때도, 우리는 가정이 피난처가 된다는 사실을 잘 알고 있다. 구약은 자녀들을 하나님이 주신 축복이라고 분명한 어조로 말한다. 아브라함과 맺은 하나님의 언약의 부분에는 그의 자손들이 "하늘의 별처럼, 바닷가의 모래처럼 많아"질 것이라는 약속이 들어있다.창22:17 성경에서는 거의 항상 가족의 번영을 하나님의 은혜를 입은 표시로 기록하고 있다.

그러나 우리가 경험하게 되는 상처받기 쉽고 지나치게 사사로운 가족 내의 어떤 상황은 깊은 고통과 투쟁의 모습으로 전락되기 쉽다. 가족이 고통과 투쟁의 장소로 쉽게 전락될 수 있다는 말이다. 불행하게도, 미국의 결혼 가정 중 반이 끝내 이혼이라는 파경을 맞게 되는데, 이혼은 어마어마한 고통과 마음의 괴로움을 수반한다. 현재 가족에 대한 기억은 너무나 많은 사람들에게 가정폭력, 감정적 트라우마, 학대 등 아주 실제적인 상황과 맞물려 있다.

성경에서 발견하는 놀라운 점은 성경이 기록하고 있는 가족들이 마치 우리 가족이 경험하고 있는 것처럼 완벽과는 거리가 먼 모습으로 묘사되고 있다는 점이다. 성경이 증명하는 바에 따르면 마태복음과 누가복음에 아주 자세히 기록되어 있는 예수의 족보는 뼈대로 구성된 족보라고 할 수 있다. 온 우주의 구세주께서 얽히고설킨 가족의 족보로 들어오신 것이다.

성경에 기록되어 있는 가장 기본적인 이야기들 중 하나인 아브라함과 사라에 관한 기록을 예로 들어보자. 아담과 이브의 사건 뒤에 나오는 이들의 이야기는 성경에 등장하는 가족의 원형을 보여준다. 진실로 아브라함은 세계의 3대 종교인 유대교, 이슬람교, 기독교가 "아버지 아브라함"이라고 부르면서 자신들의 기원으로 삼고 있다. 그러나 그의 가족생활은 그다지 아름답지 못했다. 아브라함이 여행 초기의 어떤 점에서 그는 낯선 땅에서 원수의 마음을 달래기 위해 자신의 아내를 상대의 첩으로 넘겨주기도 했다. 후에 아브라함과 사라가 아이를 갖지 못하게 되자 아브라함은 사라의 여종 하갈과 동침하여 이스마엘을 낳기도 했다. 그리고 실제 사라가 기적적으로 아들을 낳자 두 부부는 하갈과 이스마엘을 죽일 심산으로 그들을 사막으로 쫓아버렸다. 첫 번째 아이에 대한 이야기 중 이삭의 이야기만큼 지저분하고 비극적인 것은 없다. 이삭의 아들이었던 에서와 야곱은 울분을 가진 증오의 이야기이며, 이삭의 손자들은 자신들의 형제 중 하나인 요셉을 노예로 팔아버리기까지 했다.

분명히 이 가족의 족보는 흠이 많고 부족함 투성이인 채로 메시아인 예수까지 전해 내려온다. 실제로 성경의 많은 이야기는 가족의 가치를 중시하는 현대인들의 개념에서 볼 때, 조롱받아 마땅한 모습이었다.

그러나 성경은 조금도 주저하지 않고 이러한 이야기를 들려준다. 우리 몸이 이 세상의 연약함을 그대로 드러내듯이, 가족은 죄와 고통의 장소가 되어 있다. 그러나 가족은 또한 하나님의 성육신이 드러나는 장소, 그리스도의 변화시키는 능력이 드러나는 배경이기도 하다. 사실 우리의 삶이 깨지고 하나님의 은혜와 치유가 가장 분명하게 드러나는 혼동의 장소가 바로 가족이다.

아나뱁티스트-메노나이트 역사에 복잡한 축복의 장소로 나타난 가족

아네켄 잰스의 이야기가 제시하는 것처럼, 16세기 아나뱁티스트들은 그리스도와 교회에 충성을 다하는 것을 생물학적 가족 안에 존재하는 인간관계보다 우선으로 여겼다. 실제로 이것이 의미하는 바는 어떤 사람이 세례를 받으며 맹세한 것은 단순히 하나님 앞에서 한 개인적인 신앙 고백일 뿐 아니라, 새로운 공동체의 일원이 되겠다는 공적인 헌신으로 이해되었다. 교회는 유일한 "하나님의 가족"으로 일종의 확대가족으로 기능하였다. 이 하나님의 가족은 생물학적 혈연관계에 의해서가 아니라, 예배의 실천예식에 의해 형성되는 관계의 친밀성으로 정의된다.

　　가족처럼, 아나뱁티스트 회중들은 서로를 향해 조언과 충고를 주고받으며, 시간과 물질을 자유롭게 주고받으며, 요즘 우리들이 "사적"이라고 여기는 많은 일들을 함께 감당하고 서로 훈계한다. 17세기 남부독일 메노나이트 회중들의 **게마인데오르드눙엔**Gemeindeordnungen 교회의 규율은 교회 구성원들에게 회중의 사전 동의 없이 돈을 빌려갈 수 없다고 규정하고 있다. 그들은 과부와 고아들을 돌볼 책임을 당연한 것으로 여겼고, 성적인 주제나 결혼에 관한 주제에 관련해서도 메노나이트들은 "교회 내에서"만 결혼할 수 있다고 규정할 정도로 매우 분명한 입장을 견지하였다.

　　아나뱁티스트–메노나이트 전통에 있어 한 가지 분명한 주제는 그리스도께 대한 충성으로서 교회를 "첫 번째 가족"이라고 함으로써 가족의 의미로 교회의 정체성을 재정의하였다. 그러나 생물학적 가족들이 다소간 기독교의 신실함에 장애가 된다는 과거의 편협한 교훈만 주장하는 잘못으로 빠질 가능성도 없지 않았다. 아네켄 잰스의 이야기를 간직해온 동일한 전통이 하나님께서 주신 선물로서 가족의 강력한 결속과 연합을 찬양하는 수많은 다른 이야기를 간직하고 있기도 하다.

메노나이트 어린이 문학과 주일학교 커리큘럼에 자주 등장하는 이야기 중 마치 성경 이야기만큼 자주 들려주는 이야기가 하나 있다. 이 이야기는 구약의 아브라함처럼 가부장으로서 안락했던 자신의 고향을 등지고 떠난 것도 비슷하다. 이스라엘의 자녀들처럼, 그 가족은 하나님께서 좋아하시는 공동체를 다시 세우고 새로운 삶을 시작할 수 있는 새로운 땅, 약속의 땅에 정착하기 전까지 위험했던 배 여행을 감행해야 했다.

1736년 9월, 제이콥 호스테틀러는 독일의 팔라티네이트를 떠나 펜실베이니아라는 "새로운 땅"으로 이주하였다. 1748년, 그와 아내 그리고 아이들은 통나무로 집을 짓고, 과수나무를 심고, 번영을 희망하면서 펜실베이니아 주 벅스 카운티Berks County에 정착하였다. 그러나 그와 다른 사람들이 정착했던 땅은 그들이 도착하기 얼마 전에 원주민들이 탈취해 버렸다. 1757년 가을 한 줌의 달빛조차 없는 어느 날 밤, 그 지역 출신의 델라웨어의 인디언들이 호스테틀러의 통나무집을 에워쌌다. 집을 포위한 뒤 이들을 죽일 심산이었다. 인디언들의 목소리를 듣고 장남이 문을 활짝 열자 총이 발사되었다. 다리에 상처를 입었다. 즉시 다른 아들들이 통에 놓아두었던 사냥총을 집어 들었고, 밖에서 그림자를 드리우고 서있는 사람들을 향해 총을 겨누었다. 그러나 그들이 방아쇠를 당기려고 할 때, 제이콥이 총신을 붙들고 말했다. "설령 자기 목숨을 구하려는 목적이라도 다른 사람들의 목숨을 빼앗

는 것은 옳지 않아!" 3)

　이 호스테틀러 가족 이야기는 아주 다양하고 구체적인 내용으로 입에서 입으로 전해 내려오게 되었다. 인디언들이 통나무집에 불을 놓자, 호스테틀러 가족은 지하실로 몸을 숨겼고, 저장해 놓은 사과즙으로 불꽃의 열기를 달래가면서 화염으로부터 몸을 보호하였다. 아침이 찾아왔다. 당연히 그들은 원주민들이 떠났을 것이라고 생각했다. 그러나 인디언들은 이 가족이 지하실 창문을 열고 밖으로 기어 나오기까지 기다리고 있었다. 이 모습을 지키고 있던 한 젊은 용사는 경계 태세를 늦추지 않았고, 주변의 인디언들을 불러 모았다. 제이콥의 아내, 딸, 그리고 아들 한명이 이들이 쏜 총에 맞아 즉사하였다. 제이콥과 두 명의 아들 조셉과 크리스찬은 포로가 되었다. 이야기에 따르면 포로가 된 그들은 각기 다른 곳으로 이끌려갔다. 헤어지던 순간에 제이콥은 두 아들에게 "설령 독일 말은 잊어버릴지 몰라도 주기도는 잊어버리지 말라"고 훈계하였다.

　이 이야기 중 그들이 포로로 잡혀가서 보낸 일련의 경험에 관한 내용들은 듣기조차 힘들고 너무나 애절하다. 전해지는 바에 따르면, 포로가 된 호스테틀러의 두 아들은 인디언들의 문화에 빨리 적응하였다. 조셉은 정식 인디언의 아들로 입양되었다. 그의 백인 피는 의식을 통해 "버려졌고" 그의 몸에는 인디언 옷이 입혀졌고, 그 부족에 의해 마치 성경의 언어를 사용하기라도 하듯이 "뼈 중의 뼈요 살 중의 살"로

---

3) 이 이야기는 하비 호스테틀러가 재구성하였다. Harvey Hostetler, *Descendants of Jacob Hochstetler*(Elgin, IL : Harvey Hostetler, 1912), 26~45.

서 받아들여졌다. 크리스찬 또한 그를 사랑스럽게 여긴 나이 많은 인디언의 양자로 입양되었다. 그 노인이 죽자, 크크리스찬은 젊은 인디언을 선택하여 새로운 형제로 삼았다.

그러나 이러한 일들을 겪는 내내, 그들은 생물학적 가족의 결속력을 한 시도 잊지 않았다. 오랜 세월 후 제이콥은 그를 체포한 사람들로부터 도망하였고 결국 자신의 공동체로 돌아오게 되었다. 몇 년 후, 크리스찬도 인디언 옷을 입은 채 자신의 메노나이트 친척 집에 홀연히 모습을 드러냈다. 그가 누구인지 말을 하기 까지 그를 알아본 사람은 아무도 없었다. 그러나 그가 기억을 더듬어 찾아낸 몇 마디어의 독일어로 친척들에게 "나는 크리스찬입니다"라고 말하자 그의 가족들이 눈물을 흘리며 그를 끌어안았다. 그의 둘째 아들 조셉은 결국 1764년 혹은 1765년에 맺은 조약에 의해 자유롭게 석방되었다. 그러나 "한참 동안 주저한 후에서야" 요셉은 자신이 속해있던 인디언 "문화와 삶의 방식"을 포기하기로 결정하였다. 가족으로 돌아 온 뒤에, 그는 그의 여생 내내 델라웨어 인디언들과 가깝게 지냈다.

메노나이트 역사상 이러한 이야기가 가져다주는 색깔과 극적인 요소가 강력하였기 때문에 당시 메노나이트들은 이 이야기를 부분적으로만 말하고 들을 수 있었다. 그러나 이 이야기의 진정한 호소력은 그 이야기가 가족의 주제를 다루고 있다는데 있다. 이 이야기는 1912년 방대한 호스테틀러 족보로 기록되어 여러 비극적이고 폭력적인 죽음들에 관한 이야기, 가족 구성원의 이별과 재결속에 대한 오래된 주제, 그리고 적지 않은 분량으로 수천 명의 제이콥 호스테틀러의 혈통적 후손들과 연결되어 있다.

이 호스테틀러 이야기는 한 가족이 겪었던 실화다. 그러나 가족의 중요성에 대해 기리는 것은 겉으로 나타나는 것보다 훨씬 복잡하기에 가까이서 깊이 살펴볼만한 가치가 있다.

1. 기독교 교육의 환경으로서 가족

제이콥 호스테틀러 가족의 이야기에서 가장 오래 기억되는 이미지 중 하나는 침입자들을 향해 사냥총을 쏘려 했을 때 그 총을 내려놓게 했던 아들들의 모습이다. 그 순간에 아나뱁티스트–메노나이트들이 단언했던 기독교 평화주의와 비폭력적 사랑이 구체적이고 특수한 형태로 나타났다. 여기에서 이 이야기가 들려주는 바는 비폭력적 사랑이라는 그리스도에 대한 충성이 자신의 가족을 방어하고자 상대방을 해치려고 했던 본능과 충동을 능가하는 모습으로 나타났다. 그러나 우리가 중요하게 생각해야 하는 것은 이러한 평화주의와 비폭력적 사랑을 가르친 배경이 가족이었다는 점이다. 아나뱁티스트–메노나이트 전통에서 기독교 신앙의 가장 심오한 가르침은 주일 아침에 선포되는 설교나 주일학교에서 배우는 교리수업에서 배우고 습득한 것이 아니다. 물론 설교와 교리수업이 중요하지 않다고 말하려는 게 아니다. 오히려 그리스도의 가르침은 종종 가족이라는 환경 속에서 매일 일어나는 평범한 결정, 실천 및 여러 가지 활동에서 가장 잘 전수된다.

제이콥이 포로가 된 후, 아들들과 헤어지던 순간에 훈계했던 말들을 숙고해보자. 곧 닥쳐올 이별을 목전에 둔 아버지에게 여러 가지 생각이 들었다. 여러 질문이 불쑥 모습을 드러냈다. 아들들의 정체성의 뿌리를 어디다 내리게 해야 할까? 가족과 문화의 친숙함으로 완전히 분리된 채 살아야 하는 아들들이 꼭 기억해야 하는 것은 무엇일까? 이렇게 절박한 상황에서 아버지 제이콥은 "비록 모국어는 잊어버리는 한이 있어도, 주기도는 잊지 말라"고 훈계했다. 제이콥이 희망했던 정체성의 근거는 그들이 알지 못하는 곳으로 끌려가더라도 문화적 정체성과 유산에 앞서 결코 영적인 정체성은 잊지 말라는 거였다. 그러나 비폭력의 원리처럼, 의심할 바 없이 가족 식탁에서 매일 반복하여 그들의 기억에 깊이 뿌리박히도록 하나님께 드렸던 주기도 그 자체를 그들의 삶에서 분리해 낼 수는 없었다.

2. 가족의 정체성은 계승되기도 하지만 선택의 문제이기도 하다

아들들이 입양된 것에 대한 자세한 설명들은 가족에 대한 복잡한 관점과 더불어 이야기의 관심을 끌기에 적절한 주제이다. 물론 어떤 측면에서 번창한 호스테틀러 가족과 후손들에게 이 이야기는 재결합에 대한 이야기이기도 하다. 그러나 비록 우리가 그 결과를 미리 알고 있다하더라도, 이 설명은 아들들이 메노나이트 공동체와 원래 가정으로 돌아왔을 거라는 점을 아주 분명히 하고 있다. 결국 몇 명의 가족 구성원이 죽임을 당했음에도 불구하고 그들은 그리 나쁘지 않고 친절한 공동체로 묘사되고 있는 인디언 가족과 새로운 공동체에 적응하게 되었다.

크리스찬이 집으로 다시 돌아 왔을 때, 그의 생물학적 가족은 처음에 그가 누구인지 제대로 알아보지 못했다. 그리고 그는 원 가족과 소통하기 위해 충분치 않은 독일어를 기억해내야 했다. 이 이야기 속에서 조셉은 자신이 가졌던 인디언으로서의 정체성을 버리고 원래 정체성을 갖기까지 남은 인생 속에 여러 어려움들과 오랜 세월을 감내해야 했다. 결국 크리스찬과 조셉의 가족으로의 귀환은 의식적인 선택을 필요로 했다. 물론 그들이 자라면서 가족으로부터 습관, 세상에 대한 관점, 언어 등에 대해 충분히 양육 받았을 것이다. 그러나 그들이 하나님의 가족의 부분이 되기로 결정해야 했던 것처럼, 그들에게 가족의 정체성을 선택하는 것도 그들이 내려야할 결정이었다. 다른 가능성이 많다는 것을 알면서도 전통과 정체성에 헌신하기로 한 결정은 그들이 스스로 내려야 했다.

3. 족보는 운명이 아니라, 선물이다.

이 이야기와 관련하여 언급하고 싶은 주제가 하나 더 있다. 이미 언급하였지만, 이 이야기 중 가장 가슴 벅찬 부분은 제이콥의 후손들이 250년 뒤 방대한 족보를 작성할 때 이 이야기를 간직했다는 점이다. 현재 메노나이트들은 이러한 식의 가족 역사를 기록하는 것이 얼마나 소중한지에 대해 확신이 없어하는 경향을 보인다. 한편으로 족보는 아마도 메노나이트 문학 장르 중에 가장 빠르게 성장하는 분야인 것 같다. 몇몇 인터넷 자료들은 매일 업데이트 되는 자료들과 더불어 수천 개의 아미시와 메노나이트 가족에 대한 기록들이 있음을 보여준다. 그러나 이러한 족보의 기록 활동을 돌아다녀보면 한편 염려와 일말의 죄의식을 느끼게 된다. 본질상 가족의 역사는 소속감을 분명히 그리기 위한 지도로 배타성을 전제로 하고 있다. 과거에 메노나이트 집단에 속한 혈통은 교회의 구성원과 서로 겹치는 부분이 많았다. 그러나 요즈음에 메노나이트 교회가 문화적으로 다양해지면서 이러한 혈통 중심적 양상은 배타성이나 건방진 모습으로 비치게 되었다.

　　이러한 비판적인 모습은 좀 더 진지하게 다룰 필요가 있다. 그러나 동시에 메노나이트들은 이러한 족보에 대한 관심사를 단순한 우상화나 배타성으로 여기지 않도록 주의해야만 한다. 문화에 있어서 개인들은 점점 더 과거로부터 분리되고 소외되어 개인에게 필요한 기반과 안정감의 결정적인 원천인 가족의 정체성마저 잃어가고 있다. 역사에 뿌리를 둔 가족 정체성이 해체되고 있다. 더 나아가 결혼과 입양에 의해 족보에 새롭게 편입되는 새로운 이름들을 족보에 기록함으로써 가족이 보다 더 넓고 크게 분기되고 있음을 볼 수 있다. 만약 족보를 들추어 본다면, 이러한 가족의 분기들이 이를 찾아보는 사람들은 메노나이트 가족에 새로운 이름들, 새로운 전통과 새로운 믿음의 식구들이 연결되고 있음을 알게 될 것이다. 여기서 말하려고 하는 것은 이 가족들을 우상화시키자는 것이 아니라, 새로운 가족으로 서로 연결되고 있음을 함께 기뻐하자는 것이다. 그래서 아나뱁티스트–메노나이트들이 건강한 문화유산 안에서 함께 삶의 풍성함을 누리고, 서로 돌보며, 함께 속해 있음을 기뻐하자는 것이다.

가족 안에서 세상을 향해 증거하기

지금까지, 나는 아나뱁티스트–메노나이트 전통은 한편으로 자신이 속한 생물학적 가족을 기독교 양육을 위한 아주 중요한 토대로 삼고 있다는 사실과 또 다른 한편으로 교회를 "최우선적인 가족"으로 여긴다는 내용을 제시하였다. 만약 우리의 관심사를 과거에서 현재로 돌린다고 해도, 다음과 같은 질문이 여전히 남는다. 그렇다면 완전하지도 않고 흠도 많은 우리 가족들이 여전히 예수의 성육신을 드러내기 위해 공적으로 감당해야할 내용은 무엇인가? 이 질문은 이러한 가족이 위협을 받고 있다고 생각하여 가족의 이상적인 모습을 증진시키고 변호하기 원하는 수많은 그리스도인들 특히 "가족의 가치"를 놓고 토론하기 좋아하는 문화적 맥락을 중시하며 던져야 한다. 이러한 노력들이 선한 의도를 갖고 있다는 점을 알면서도, 나는 국가가 아닌 교회의 예배가 참된 기독교 가정의 가치들을 정립하는 데 든든한 기초를 제공해 주고, 능력 있는 모습으로 기독교 가정의 가치들을 잘 표현해주길 바라마지 않는다.

1. 나눔: 서로의 짐을 져줌

어떤 지점에서 메노나이트 예배에 참여하는 거의 모든 사람들은 자연스럽게 공적으로 말할 수 있는 기회를 갖는다. 예배 중 특별히 설교 후에 설교의 말씀을 확증하거나 대안적인 내용 혹은 존중의 예를 갖춘 비평이 공적인 나눔의 시간을 통해 주어지기도 한다. 그러나 보다 전형적으로 교회의 구성원들은 특정 시간에 자신들의 관심사를 표현할 기회를 자주 갖는다. 종종 기도 요청 및 나눔이라는 틀 안에서 진행되는 나눔의 시간은 개인이 자신들의 삶에서 일어나는 일을 회중이라는 보다 큰 공동체와 구체적으로 소통하도록 배려한다. 구성원들의 질병, 직업, 이웃들의 염려와 근심, 세상 속에서 고통 받는 사람들을 위한 소식을 나눈다. 이전에 정해진 틀에 따라 예배를 드렸던 방문객들은 때때로 이러한 친밀한 내용을 공개적으로 나누는 모습에 조금 움츠러들기도 한다. 그러나 이러한 예배의 실천 뒤에 존재하는 것은 "서로 남의 짐을 져주십시오. 그래서 그리스도의 법을 이루십시오"갈6:2 라는 말씀을 따라 상호부조를 실천하고자 하는 요구가 놓여있다. 감정적, 재정적 혹은 영적으로 우리가 함께 져야할 짐은 그리스도의 몸안에서 다른 사람에 의해 감당되도록 의도되어 있다. 나눔의 시간은 단지 이러한 일을 시행하는 실천사항으로 제공된다.

대학교 2학년 크리스마스 연휴 어느 날 아침, 나는 친구 집으로 차를 운전하고 있었다. 그때 맞은편에서 몇 대의 소방차가 사이렌을 울리며 내 곁을 지나갔다. 나는 별 생각 없이 친구 집에 도착하였는데, 도착하자마자 "집에 불이 났으니, 즉시 집으로 돌아올 것"이라는 다급한 소식을 전해 받게 되었다. 집으로 돌아가는 먼 발치에서도 나무가 뿜어내는 짙고 시꺼먼 연기를 볼 수 있었다. 두려움은 극에 달했다. 집은 화마에 휩싸여 있었다. 아무도 다친 사람은 없었지만, 문자 그대로 한 시간도 채 되지 않는 그 짧은 시간에 우리 가족이 소유했던 모든 것이 사라져버렸다.

그러나 화재가 나자마자 내가 다니던 작은 회중들이 바삐 움직였다. 가장 먼저 셀 수 없이 많은 애도의 표현들이 우리에게 전해졌다. 그리고 그날 저녁, 누군가가 우리 가족을 교회의 다른 가정에 가서 묵을 수 있도록 모든 것을 준비한 뒤 우리를 그곳으로 데려다 주었다. 그 주는 물론 다음 몇 주 동안, 교회 사람들이 음식과 옷, 가구와 각종 전자제품을 가져다주었고, 화마를 입은 집을 청소하고, 불타고 남은 건물의 잔여물을 제거하고 복구하는 팀을 꾸려 우리를 도와주었다. 몇 달 뒤에, 회중의 구성원들은 우리 가족과 함께 오랜 시간 동안 인내를 필요로 하는 수고를 아끼지 않는 모습으로 우리의 슬픔을 덜어주었고 집을 다시 지을 수 있도록 함께 일하였다.

한편 사람들은 서로 도와야 하는 궁핍의 시간 즉 공동체의 반응밖에는 그 어떤 것도 감당해 낼 수 없는 절실한 시간이 존재한다. 그러나 이럴 때라도 공동체의 반응은 우리 가족이 무조건적이며 물밀 듯 밀려들었던 자애와 사랑을 경험했던 것처럼 즉각적이고, 넘치고, 열정적이고, 정말로 가슴 속 저 깊은 곳에서 충분히 느껴지는 모습이어야 한다. 우리가 예배중에 기쁨과 슬픔을 공유하는 시간은 교회 밖에서 경험되는 어려움들을 모두 함께 맞이하도록 준비시키는 시간이어야 한다.

예배 중에 기쁨과 슬픔을 나누도록 훈련된 사람들은 어려운 시간이 찾아올 때, 대리 가정이 되어 그 어려움을 함께 감당하며, 슬픔과 고통에 처한 가족을 돌아보며, 삶에서 느껴지는 버거운 짐들을 함께 짐으로서 복음의 좋은 소식을 전하게 되어있다.

2. 세례의 공동체: 결혼에 충실함

예배의 중심은 서로에게 신실하겠다고 약속한 언약에 뿌리박은 하나님과의 관계다. 예배 중에 사용되는 거의 모든 성경말씀과 찬송들은 변함없는 하나님의 사랑과 자비를 칭송한다. 아나뱁티스트-메노나이트 전통에 있어서, 이 하나님의 사랑과 자비는 특별히 세례를 베풀 때 강조되는 주제로서 회중들은 이 헌신의 예식을 통해 새롭게 공동체의 구성원이 되는 사람을 환영하며 받아들인다. 세례식은 역사를 통해 드러난 하나님의 신실하신 행동을 근거로 한다. 이스라엘 백성들이 홍해를 건너온 사건을 생각나게 하는 세례식은 하나님의 능력 있는 행동과, 죄의 노예에서 헌신과 신뢰의 새로운 생명으로 옮아감을 상징하며 새로운 구성원의 삶 속에서 놀랍게 일하시는 하나님의 능력을 기뻐하고 찬양한다. 여정의 부분으로서 우리는 하나님의 자비, 성실하심, 사랑의 유형에 맞추어 살도록 우리 자신을 새로운 공동체에 헌신한다.

우리를 먼저 사랑하고 공동체를 품으신 하나님의 모습에 근거하여, 공식적으로 헌신을 공표하는 세례식은 그그리스도인들에게 결혼이라는 예식을 미리 준비시킨다. 결혼에 있어서 평생 헌신하겠다는 생각은 굉장히 유치한 소리로 들리기 쉽다. 특별히 결혼이 이혼으로 파국을 맞는 요즘에 더 그렇게 느껴진다. 실제로 현대 문화는 **헌신** commitment이라는 말을 개인의 자유를 구속하거나 짐으로서 여기는 경향을 보인다. 만약 우리가 약속에 진실하다면, 우리는 약속을 지키는 데 있어 자신의 이익과 상충되는 내용으로 인해 법적인 의무 아래 이를 갈며 지켜야 할 일이 많아질 것이다.

반면 헌신에 대한 기독교적 이해는 초청과 이를 받아들이는 자유로운 결정과 더불어 시작된다. 초청은 하나님의 끊임없는 신실함과 사랑의 이야기 속으로 들어가는 것이다. 결정은 우리가 그리스도의 사랑에 의해 연합되어 있음을 인식하는 가운데 헌신의 여정을 떠나는 행위다. 매일 하나님의 은혜라는 선물을 받아들이고, 동료 여행자들의 격려를 받으며 함께 길을 걷는 여정이다. 그것이 세례가 되었든 결혼이 되었든 기독교적 헌신은 독창적인 결론에 이르게 한다. 이러한 헌신은 현대 환경이 주장하는 무한한 가능성과 범위를 상당히 제한한다. 우리의 자유를 제한하고 선택의 한계를 분명히 한다. 일단 우리가 헌신을 약속한다고 모든 선택이 우리에게 열려있는 것은 아니다. 그러나 이러한 헌신들은 역설적이며, 기적적이며, 놀랍게도 우리의 선택에 새로운 방향과 초점을 제시하며 정서적 성장과 영적 성숙에 새로운 가능성을 열어준다. 예수께서 "내 멍에를 메고 나한테 배워라. 그리하면 너희는 마음에 쉼을 얻을 것이다. 내 멍에는 편하고, 내 짐은 가볍다." 마11:29~30는 말씀을 하셨다.

세례를 받을 때 언약을 세우듯이, 결혼식에서 신랑신부가 주고받는 혼인서약은 결코 일방적으로 이루어지지 않는다. 우리는 보다 더 큰 공동체라는 틀 안에서 상호책임을 지기로 약속을 세우고 이를 지켜나간다. 이와 같이 어떤 회중은 이제 막 결혼한 사람들에게 결정적인 변화의 시간이 되는 결혼 첫해에 6개월마다 혹은 1년을 주기로 언약을 재점검하는 구조를 만들기도 하고 때로는 모든 부부들이 매 5년을 주기로 청강할 수 있는 결혼관련 프로그램을 계획하기도 한다. 회중들은 오랜 기간 동안 행복한 결혼 생활을 영위해온 부부들에게 경의를 표하거나 겸손한 마음으로 그들의 지혜와 경험을 나누도록 초청하기도 한다. 기념일을 축하하는 것은 개인 가족의 행사로 하는 것보다 교회에서 한다.

믿음의 여정으로서 이루어지는 세례식이 일련의 질문의 시간과 의심을 시간을 거쳐야 하듯이, 결혼에 대한 헌신도 그 초점을 잃어버리지 않게 해야 한다. 이것은 교회가 부부가 서로를 신뢰하고 확신하는 가운데 자신들의 문제를 나눌 수 있는 안전한 공간을 제공해야 한다는 의미다. 우리는 그들의 결혼 생활 중에 험난한 길을 걷고 있는 부부들이 자신들의 경험에서 얻은 통찰력을 공개적으로 나눌 수 있도록 격려하며, 또한 다른 부부들이 자신들의 불완전한 모습을 인정할수 있도록 격려해야 한다. 결혼생활은 꼭 유지되어야 한다는 아주 강한 입장을 토대로 상담을 제공할 수 있어야 한다. 그리고 우리는 하나님은 물론 서로에게 헌신하기로 한 약속에 근거해 문제가 있는 결혼에 탁월한 상담을 제공할 수 있어야 한다. 그렇게 하기 위해서는 배우자들이 상호책임을 질수 있도록 지혜로운 사람들을 적극적으로 관여시킬 수 있어야 한다.

이러한 제안을 특별히 하는 이유는 우리교회에 있는 미혼자, 과부들, 혹은 이혼한 사람들을 주변으로 내몰기 위함이 아니다. 연약하고 깨진 헌신들로 인해 너무나 많은 고통을 받고 있는 문화 속에서, 세상을 향해 교회가 교회구성원들의 든든하고, 건강하고, 헌신된 결혼 생활을 공적으로 증거할 수 있어야 하기 때문이다.

예배에서 우리는 사랑과 자비로운 하나님의 언약이 변함없음을 깨닫는다. 그리스도인들의 결혼과 세례식에서, 우리는 기쁘고, 신실하고, 오래 참는 헌신이 좋은 소식임을 증거하는 것이다.

3. 넘치는 사랑: 자녀 양육

얼마 전에 큰 감동을 몰고 온 영화 한 편을 보았다. 제2차 세계 대전이 끝난 직후 뉴욕 시를 배경으로 한 영화인 「소피의 선택」Sophie's Choice이라는 영화였다. 소피라는 아름다운 폴란드 여성의 가족사에 초점을 맞추었다. 소피는 나치 수용소 생존자다. 그러나 아우슈비츠에서 구조된 직후, 그녀는 자살을 시도했다. 영화는 서서히 그녀의 절망을 펼쳐 보여주었다. 전쟁 동안, 소피는 히틀러를 대상으로 한 저항운동에 관여했다. 결국 그녀는 체포되었다. 게슈타포는 그녀의 남편을 살해했고, 그녀와 두 명의 아이들을 아우슈비츠로 보냈다.

영화가 거의 끝날 무렵에 이를 때까지 소피는 자신이 걸어온 깊고 고통스러운 "선택"의 비밀을 드러내지 않았다. 자신과 아이들이 아우슈비츠에 도착한 바로 그날 밤, 나치 사령관은 그녀에게 두 명의 아이들 중 한명의 아이의 삶을 선택하라고 주문했다. 그 어떤 공포영화보다 그래픽으로 처리된 끔찍한 장면 속에서 그녀는 "나에게 선택하라고 강요하지 마십시오. 도저히 선택할 수 없어요."라며 사람들에게 애절하게 부탁한다. 물론 그녀의 말은 그 누구의 귀에도 들려지지 않았다. 한 젊은 병사에게 두 명의 아이들을 모두 데려가라는 명령이 주어지자, 그녀는 딸을 내보내며 절규한다. "어린 딸을 데려가세요!" 소피는 잡혀가는 어린 딸이 비명을 지르는 모습을 바라볼 수밖에 없었다. 그러나 그녀의 죄의식과 절망은 거기에서 끝나지 않는다.

정작 「소피의 선택」이라는 영화가 보여준 것은 만약 나의 어머니가 이와 똑 같은 선택에 직면했다면, 누구를 선택할까? 라는 질문과 연결되어 있는 각 사람의 내면에 존재하는 깊은 공포였다. 어떤 순간 혹은 매순간, 모든 아이들은 부모가 자신을 얼마나 사랑하는지 알고 싶어 한다. 우리는 사랑이 제한적이라서 어떤 부모가 한 자녀에게 애정을 표현하면 다른 자녀에게는 그 애정을 충분히 표현하지 못하게 될 것이라는 걱정과 염려를 안고 산다. 우리는 사랑을 골고루 나누어 줄 만큼 충분한 것이 아니라고 추측하기도 한다. 이것은 아주 오래된 두려움이며, 어쩌면 인류 역사 속에 알려진 가장 오래된 두려움일지도 모른다. 구약성서는 부모의 사랑을 받기 위해 서로를 시기하고 질투하며 싸우는 형제자매들의 이야기가 가득하다. 이러한 긴장들 중에 에서와 야곱의 이야기만큼 이러한 측면을 가장 생생하게 기록한 이야기는 없을 것이다. 쌍둥이로서 그들은 아버지로부터 축복을 받기 위해 엄청난 싸움을 벌인다. 그들의 이야기는 속임수, 증오, 폭력으로 가득한 탐욕의 이야기다.

그러나 하나님의 관점에서 제공되는 구원의 좋은 소식은 '소피의 선택' 이면에 놓여있는 가정들이 잘못되었다고 고발한다. 인간의 충동은 사랑조차 뭔가 부족한 모습으로 생각한다. 마치 사랑이 제한적이거나 그 양이 정해져 있는 것처럼 생각한다. 예배 중에 우리는 복음의 좋은 소식을 전한다. 복음인 하나님의 사랑은 무한하며 풍성하다고 선포하며 이를 함께 기뻐한다. 하나님께서 제공하시는 사랑, 은혜, 기쁨, 자비의 축복에는 결코 제한이 없다.

우리가 결혼한 지 5년쯤 뒤, 아내와 나는 첫아이를 낳았다. 그후 18개월 동안 우리는 엄청난 시간과 관심을 딸아이에게 쏟아 부었다. 시간이 흘러감에 따라 우리가 깨어있던 모든 시간이 이 아이 하나에게 거의 전부 사용된 것처럼 느껴졌다. 둘째 아이의 출산일이 가까워오자, 우리는 첫 아이에게 쏟아 부었던 동일한 사랑을 할 수 있을까 의심했다. 그러나 놀라운 것은 그런 질문은 감도 되지 않았다. 실제로 우리는 그렇게 셋째와 넷째를 낳았다. 아이들 하나하나를 세상없이 사랑했다. 하나님을 예배하는 것에 근거하여, 기독교 가정들은 하나님의 후하신 사랑, 그리고 끝이 없는 사랑이 우리가 우리 아이들을 사랑하는 방식 안에서 발견할 수 있다. 우리의 두려움이 깊고 클지라도, 사랑은 그 끝도 없고 한도 없다.

아버지의 축복을 받기 위한 에서와 야곱의 다툼에 대한 신약성경의 답은 누가복음 15장에서 찾을 수 있다. '소피의 선택'에서처럼, 에서와 야곱의 이야기는 비극으로 끝난다. 통치자들은 축복은 이 아이 혹은 저 아이를 선택해야만 한다는 식으로 분명한 입장을 보인다. 그러나 탕자의 비유에서 우리가 발견하는바 복음은 이들과 아주 다른 시나리오를 제시한다는 점이다. 비록 둘째 아들이 재산을 몽땅 가져다가 허랑방탕하게 사용하고 허비할 지라도, 아버지의 축복은 끝이 없다. 복음은 하나님의 사랑이 끝이 없고 무조건적이라는 내용을 제공하기 때문에 좋은 소식이다. 거기에는 항상 충분한 사랑이 있고, 넘치는 사랑이 있다.

하나님의 풍성하신 사랑을 받은 사람들로서, 크리스천 부모들은 자녀들에게 하나님께서 베풀어주신 동일한 사랑을 베풂으로서 하나님의 사랑의 본성이 어떤지 세상에 증거할 수 있어야 한다.

4. 삼위일체를 증거함: 흡수가능한 가족의 영역

기독교 예배는 우리에게 삼위일체 하나님이라는 신비에 직면하게 한다. 비록 어려운 삼위일체의 의미를 놓고 길고 어려운 씨름을 한 사람은 우리 중에 그리 많지 않겠지만, 우리는 하나님을 이해하기 위한 우리의 언어가 아버지, 예수 그리스도, 성령 하나님을 포함하고 있다는 사실을 잘 알고 있다. 동시에 우리는 또한 우리가 예배하는 하나님이 유일하신 하나님임을 알고 있다. 신학적인 모든 차원을 일일이 살펴보지 않더라도, 처음에 삼위하나님은 항상 특별함을 초월한 역동적 관계 속에서 설명된다. 이 삼위의 하나님은 특별한 정체성으로서 존재하지만, 전체적인 그림을 바라봄이 없이 결코 충분하게 이해되지 않는다.

한 가지 중요한 것은 기독교 가족들이 이러한 삼위일체의 신비로운 모습을 드러낸다는 점이다. 한편으로 가족이라는 특별한 정체성은 어마어마한 선물이다. 이름, 유전인자, 미리 정해지는 성질, 언어, 그리고 문화라는 선물은 결코 작은 것이 아니다. 그러나 아마도 생물학적 충동 혹은 인간의 자연적 충동은 이러한 특성들이 이 세상을 상대로 우리가 보호장벽을 칠 때 굳건한 경계선으로 작용한다고 간주한다. 평화주의자들을 곤경에 빠뜨리고자 자주 던져지는 "만약 ~한다면, 당신은 어떻게 하겠습니까?"라는 전형적인 질문 뒤에 놓여있는 전제를 예로 들어 설명해보자. 이러한 질문을 위해 미리 정해진 각본은 가상의 공격자가 항상 어머니, 아내, 혹은 어린이를 죽일 것이라고 전제한다. 그날 밤 함께 시간을 보내고 있을 평범한 다른 사람에게 결코 초점을 맞추는 법이 없다. 물론 이러한 전제는 우선 그 누구보다도 우리의 직계가족을 보호해야 된다는 충성심을 우리에게 요구하고 있다.

이러한 질문 속에 숨어있는 전제들은 종종 현재 문화 속에서 논의되고 있는 가족관련 쟁점들에 의해 강화되기도 한다. "가족의 가치"를 보존해야 한다는 주제에 대해 이야기할 때, 혹은 건강한 가족을 증진시켜야 한다는 주제에 대해 이야기 할 때, 대개 마음에 두는 가족 이미지는 핵가족으로 남편과 아내와 아이들이 살고 있는 단일가족일 경우가 많다. 사실상 성경에 기록되어 있는 역사를 포함에서 대부분의 인간 역사에 등장하는 문화는 핵가족을 이상적인 가족이라 여기지 않는다. 주로 여러 세대가 함께 석여 사는 친족이라는 확대가족은 물론 종과 고용한 사람들까지 포함하는 형태를 보다 전형적인 가족 유형으로 여겨왔다. 핵가족에 대해 보다 더 많이 말하는 것처럼 여기지만, 사실상 강한 사생활의 피난처로서 핵가족을 이상적으로 여기는 것은 매우 배타적이고 이해가 부족한 규정이다. 성경적 가족은 노예해방을 알리는 소식이자 근거가 되었다.

삼위일체에 근거한 기독교의 가족에 대한 관점은 선한 것으로서 가족의 정체성과 경계선을 기뻐한다. 그러나 동시에, 삼위일체처럼 가족의 정체성과 그 경계선은 항상 역동적이며 가역성이 있다. 그러기에 기독교 가족이 신뢰와 친밀성으로 똘똘 뭉친다 하더라도, 그들은 의식적으로 사생활과 자기 함몰에 빠질 강한 충동을 거부하며, 항상 이러한 영역은 다른 사람들에게 열려있는 모습으로 추구되어야 한다.

삼위일체의 모습을 제대로 드러내는 기독교 가족은 여러 세대의 가족 구성원, 가족 네트워크 안에서 자연스럽게 어르신들의 안전과 보호를 제공한다. 기독교 가족은 우리 사회에서 학대를 당하고 취약한 환경에 노출되어 있는 어린이들을 입양하거나 양육가정이 되는데 빠르게 반응한다. 기독교 가족은 교환 학생을 받아들이는 일에, 변화의 과정 중에 있는 사람들을 위해 일시적으로 집을 개방하거나, 그 지역을 지나가는 손님들에게 환대를 베푸는 일에 기꺼이 반응한다.

내가 다니는 교회의 몇몇 연세 높으신 부부들은 바쁘게 사는 이웃의 젊은 부모들을 대신하여 네 살배기의 아이들이 부주의하게 방치되지 않도록 이웃의 아이들에게 스스로 할머니 할아버지 역할을 하신다. 그렇게 함으로써 불확실성으로 가득한 인생을 사는 아이들에게 빛이 되어 주시고, 무조건적인 사랑과 관심을 베풀며 건강한 구조를 만들어 가신다. 이제 곧 은퇴를 하게 될 지역의 또 다른 부부는 그들이 사는 집의 지하를 한 부모 가족으로 사는 어머니들과 아이들에게 내어 주고 이들이 안정된 관계 속에서 보다 폭넓은 가능성 및 시야를 갖도록 친구이자 멘토가 되어 살고 있다.

예배 중에 가족의 영역을 보다 유연하게 적용해보라. 어느 한 주일을 정해서 모든 사람들의 앉은 자리를 다시 배열해보고, 가보지 않은 주일학교, 소그룹, 멘토 그룹 혹은 성별 그룹에 들어가 앉아보라. 이렇게 시도해 보는 것은 우리가 혈통으로 물려받은 가족의 정체성에 뭔가 나쁜 요소가 있으니 이를 극복해 보라는 게 아니라, 생물학적 가족으로 연결되어 있는 것이 회중의 관계와 정체성에 있어서 전부가 아님을 상기시켜줄 수 있기 때문이다.

가족은 이렇게 유동적인 영역을 개발함으로써 특별한 정체성을 함께 기뻐하는 가운데 삼위일체의 모습과 복음의 참모습을 제대로 드러낼 수 있다.

5. 고백: 용서와 회복

예배로 모일 때, 그리스도인들은 완벽한 삶을 사는 사람과는 거리가 먼 보통사람으로 모인다. 최선을 다해야겠다는 우리의 의도에도 불구하고, 우리는 하나님이 계획하신 목적을 거스르는 행동을 계속한다. 이것은 하나님께 충성을 바치겠다고 늘 새로이 다짐을 하는 고백의 시간, 즉 우리가 목표에 턱없이 부족함을 인정하는 시간을 예배 중에 포함시켜야 한다는 의미이다.

때때로 고백은 제멋대로 사는 우리의 모습을 공동으로 고백하거나, 종종 기도나 탄원의 형식으로 표현된다. 어떤 때에는 회중 앞에서 개인들이 특별한 죄를 고백하도록 준비된 예배를 드리기도 한다. 그러나 그 고백이 어떤 틀로 표현되든지 상관없이, 우리의 실패를 공적으로 인정하는 데서 그칠 것이 아니라, 용서와 새로운 자유로 나아가기 위한 예배의 서곡이 되어야 한다. 그리고 이러한 용서와 자유는 우리를 새롭게 하시는 하나님의 자비와 은혜로부터 발현되는 것이어야 한다. 예배 중에 시행하는 이러한 고백은 우리 삶의 모든 부분에 적용되며, 특히 친밀감과 깨어짐의 고통이 서로 맞물려 있는 가족생활이라는 환경에 적용할 수 있어야 한다.

아마도 내가 여덟 살이나 아홉 살도 채 되지 않았을 때 일인 것 같다. 어머니께서는 당시 메노나이트들이 가장 많이 읽는 책 한권을 큰 소리로 읽곤 하셨다. 그 원본은 1947년 메노나이트 출판사Mennonite Publishing House에서 출간한 것인데, 무디 출판사Moody Press가 보다 더 많은 독자들에게 읽힐 목적으로 문고판으로 만들어 팔기 전에 이미 15,000부 이상 팔린 책이었다. 이 책의 4장과 5장에는 나와 형제자매들이 어머니께 큰소리로 읽지 말아달라고 간곡히 부탁을 드려야 할 정도로 아주 기이한 내용이 들어있다. 그렇게 부탁을 드린 뒤에서야 우리는 더 이상 그 책의 내용을 멀리할 수 있었다.

카우프만의 『하늘로부터 오는 빛』이라는 크리스마스 캐롤은 애니 암스트롱이라는 메노나이트 여성에 대한 이야기를 들려주고 있다. 남편 버넷Bennet은 신체적으로 심리적으로 자녀들을 학대하는 사람이었다. 겉보기에 베넷은 아주 준수한 용모를 하고 있었고 교회에서는 정직하고 꽤 존경받는 사람이었다. 그러나 가족이라는 사적인 세계에서 그는 폭군으로 군림하고 있었다. 베넷은 자신이 원하는 데는 돈을 아끼지 않았으나, 아내와 자녀들에게는 옹색함을 넘어 가난한 모습으로 살아도 신경을 쓰지 않았다. 크리스마스 때가 되면, 그는 누런 종이에 지푸라기나 석탄을 포장해서 아이들에게 선물을 하는 가학적인 모습을 즐기기까지 했다. 애니는 남편이 네 살짜리 아들 조셉을 때려도 침묵으로 일관했고, 베넷은 다른 가족들에게 이러한 자신의 모습을 폭로하면 가만두지 않겠다고 협박하였다.

이러한 상황은 항상 애니의 침묵 속에서 진행되었다. "우리는 애들 아버지의 이러한 행태를 방어하며 살아야 했어"라며 애니는 자기 언니에게 속내를 털어 놓았다. 가족의 명예를 지키기 위해서라던 이러한 행동 즉 공개적으로 수치를 당할 것을 두려워했던 이러한 행동은 베넷이 정기적으로 교회에 출석하는 동안에도 착실하게 이루어졌고 처절한 괴로움과 고통 속으로 암스트롱의 가족을 몰아넣었다.

『하늘로부터 오는 빛』이라는 책은 신체적, 심리적 학대의 극한 모습에 초점이 맞추어져 있다. 나처럼 어렸을 적에 행복하고 안정된 가정에서 자라면서 이 책을 읽은 독자들은 이 이야기를 아주 예외적인 사건으로 여기며 쉽게 잊어버리려 할지 모른다. 그러나 우리는 다른 사람들의 가정에 많은 문제들이 일어나고 있음을 알고 있다. 안정되고 건강한 가정에 속한 사람으로서 우리는 어떤 정신적인 초상화를 갖고 있는지 잘 안다. 그러나 애니 암스트롱의 이야기는 교회에 출석하고 있는 가정들이 깨어짐과 소외됨에 얼마나 취약한지를 드러내주는 아주 고통스러운 기억이다.

우리는 무력한 어린아이의 모습으로 세상에 태어났다. 그리고 자신을 방어할 아무런 능력 없이 세상에 태어났기 때문에, 전적으로 다른 사람을 의지하는 가운데 음식, 옷, 숙소, 보호를 제공받는다. 우리는 물리적인 생존은 물론 정서적으로 영적으로 이 세상에서 생존하기 위해 가족을 의지한다. 특별히 아무런 힘이 없고 연약한 어린이들은 전적으로 생존에 관한 모든 부분을 아주 오랜 기간 동안 부모에게 의지해야 한다. 부모들은 난로에 손을 갖다 대지 말라고 훈계하고, 아이들이 슬프거나 놀라거나 외로울 때 그들에게 위로를 주는 사람들이다. 이러한 모습은 다른 가족 구성원과의 관계 속에서도 기대된다. 배우자는 서로 사랑하고, 후원하고, 신뢰한다. 부모는 자녀들이 서로를 존중하고 친절하게 대하기를 원한다. 실제로 가족의 모든 구성원들은 어떻게 우리가 서로를 대해야 하는지, 높은 기대감을 갖고 있다.

가족 환경에서 이러한 기대가 쉽게 좌절되는 것은 어쩌면 당연한 모습일지 모른다. 학대가 자행되는 가족의 경우에, 이러한 기대는 산산조각 난다. 이러한 고통스런 현실을 마주할 경우에 우리의 심장은 고동치며, 내가 어렸을 적에 『하늘로부터 오는 빛』이라는 책의 내용을 듣고 어머니에게 "이러한 이야기를 듣고 싶지 않습니다."라고 반응했던 모습과 동일한 모습을 보인다. 선한 사마리아 사람의 비유에서처럼 우리는 고개를 돌리고, 그 길옆을 지나간다. 혹은 정치인들에게 법적인 해결책을 마련하여 법집행을 강행하는 모습으로 우리의 책임을 돌린다. 이도 아니면 우리는 아름다운 숲속을 낭만적으로 걸었던 일, 다이아몬드 반지를 끼고 초콜릿을 먹거나, 촛불 밝히며 저녁식사를 했던 따뜻한 일들을 회상함으로써 우리가 통제할 수 없는 것처럼 보이는 문제들을 감성적으로 "고쳐"나갈 것이다. 그러나 결국 많은 가족들은 이러한 긴장 아래에서 깨지고 쪼개진다.

이러한 일을 바라보며 느끼는 진실은 우리가 깊이 상처를 입은 사람들이라는 점이다. 우리 모두는 우리가 맺고 있는 관계에 있어 스스로를 잘 속이도록 훈련되어 있다. 우리는 우리의 결점들을 잘 숨긴다. 연약함을 위장하고, 이기심을 무시하고, 교만을 정당화하고 권력에 대한 우리의 욕망을 기가 막힐 정도로 합리화한다. 우리 모두는 우리의 배우자와 부모를 더 사랑할 수 있다. 재정적 안정에 좀 덜 사로잡힐 수 있고, 무리의 시간을 아이들과 혹은 손자녀들과 더 많이 보낼 수 있다. 나는 한때 내가 싱크대 아래에서 일을 하고 있을 때 보았던 딸의 깜짝 놀란 얼굴을 잊을 수 없다. 그리고 한 때 아내와 내가 심하게 다투었을 때 우리 부부가 이혼할지 모른다는 느낌을 받고 흐느껴 울었던 또 다른 딸의 모습을 기억한다. 내가 공적인 장소에서 신뢰를 깨드렸을 때 보았던 아내의 상처 입은 모습을 기억한다. 신뢰가 깨지고, 두려움이 우리의 시야를 가리고 스스로를 방어하라고 부추기는 이 세상에서 살면서, 고통과 낙담에 대해 완전한 면역력을 갖춘 사람은 없다.

그리스도인들은 우리의 부족함을 인정하는 데서 구원이 시작된다는 사실을 안다. 왜냐하면 우리가 용서받을 필요가 있는 사람이라는 사실을 인정할 때만 용서의 기쁨을 경험할 수 있기 때문이다. 그러므로 고백은 하나님과 화해하고, 하나님의 용서와 자비에 근거한 새로운 기쁨을 누리기 위해 필요한 첫 걸음이다. 우리의 일상이 하나님의 사랑과 은혜에 맞닿아 있다는 고백은 자기를 넘어선 세상으로 우리를 다시 인도해준다. 이러한 고백은 우리 자신에 대한 환상에서 벗어나도록 도와준다. 그러나 동시에 우리가 부족한 사람임을 고백하는 것은 일시적인 관심사를 넘어선 어떤 표준이 우리에게 있음을 상기시켜준다. 역설적으로 들리겠지만, 실패를 인정할 때, 우리는 새로운 희망과 기쁨으로 나아갈 수 있으며 우리가 바라는 이상적인 모습으로 더 가까이 성장하게 된다.

기독교 가정이 정기적으로 고백을 실천한다면 하나님은 물론 서로에게 깨어짐을 인정하고 우리 스스로의 부족함을 공개적으로 인정하는 아주 독특한 능력을 갖게 될 것이다. 고백을 통해 해방감과 용서를 경험하는 그리스도인들은 가족이라는 맥락에서 용서와 고백을 실천함으로써 복음의 좋은 소식을 증거한다.

결론

사도행전 8장 26~39절에는 예루살렘과 가자지구 사이에 나있는 황량한 길에서 일어난 기이하면서도 아름다운 이야기가 기록되어 있다. 빌립은 일곱 사람 중 하나로 초대 교회의 사도들에 의해 가난한 사람들의 필요를 돌보도록 부름 받은 사람이었다.행6:1~7 그는 소외된 사람들과 함께 일했다. 길을 가던 빌립은 예루살렘 성전에서 예배를 드리고 돌아가는 "에티오피아 내시"라는 낯선 사람을 만난다. 평범한 사람들에게, 이 이야기는 사회적으로 관심을 받지 못한 한 사람에게 일어난 사건일 뿐이다. 우리가 잘 알고 있듯이 이스라엘의 생존은 가족에 근거한다. 성경 전체에서 어린이들은 하나님 나라를 유업으로 받을 것이며 하나님의 호의를 받는 존재로 여겨진다. 그런데 이 사람

은 단순히 외국 사람이자 이방인에 불과 한 것이 아니라, 아이를 낳을
수 없는 내시라는 신분을 갖고 있었다. 게다가 그의 신체적인 조건을
따지자면 구약 성경이 성전에 들어갈 수 없도록 법으로 금지한 사람이
다.

빌립이 에티오피아 내시를 만났을 때, 그 사람은 고난 받는 종
에 대해 언급하고 있는 이사야 53장을 읽고 있었다. "마치 도살장으로
끌려가는 어린 양처럼, 마치 털 깎는 사람 앞에서 잠잠한 암양처럼, 끌
려가기만 할 뿐, 아무 말도 하지 않았다. 그가 체포되어 유죄판결을 받
았지만 그 세대 사람들 가운데서 어느 누가, 그가 사람 사는 땅에서 격
리된 것을 보고서, 그것이 바로 형벌을 받아야 할 내 백성의 허물 때문
이라고 생각하였느냐?"사53:7~8 빌립에게 던져진 에티오피아 내시의
간절한 질문은 그 예언자가 말하는 사람이 누구냐는 것이었다. 예언
자가 여기서 말한 것은 누구를 두고 한 말입니까? 자기를 두고 한 말입
니까, 아니면 다른 사람을 두고 한 말입니까? 질문하였다.

이 성경본문은 그 내시에게 아주 중요한 문제로 다가왔다. 왜
냐하면 이사야 본문의 이 구절이 말하는 그 종처럼 그도 아무런 후손
을 가질 기회조차 없이 "거세당한" 사람이었기 때문이다. 그래서 이 질
문은 그에게 너무나 중요했다. 그의 질문은 번영은 물론 미래조차 없
이 "자기가 사는 땅에서 거세당한" 이 사람이 누구냐는 것이었다.

이 질문에 대해 빌립은 이 사람이 나사렛 예수라고 대답하였
다. 그는 가족도 후손도 없었다. 그러나 **그는 이 세상에서 가장 큰 가족
을 만드셨다.** 그는 하나님의 사랑과 돌봄을 받고자 하는 모든 사람들

을 위한 집이자 영역의 한계가 없는 새로운 가족을 창조하셨다. 이에 대해 내시는 "내가 이 가족으로 들어가고자 하는데 무슨 거리낌이 되는 것이라도 있습니까?"라고 질문하면서 "보십시오. 여기에 물이 있습니다. 내가 세례를 받는 데에, 무슨 거리낌이 되는 것이라도 있습니까?" 하고 반응하였다.

그곳은 광야였는데 진짜 물이 있었다. 사막에서 빌립은 하나님의 가족으로 들어오도록 내시에게 세례를 베풀었다.

7. 우리 공동체 안에서 증거하기

가장 필요한 복음은 지적인 중개인이나 문화적 외교관의 모습이라기
보다는 십자가를 지고 길을 걸어가는 성자와 같아서 삶을 통해 그 복
음이 무엇인지 눈으로 보고, 손으로 만지고, 진리이도록 드러낸다.

브라이언 스톤[4]

1585년 7월 4일, 스위스 취리히, 베른, 바젤, 샤프하우젠에서
온 대표자들은 그들의 도시에 존재하지만 지하로 숨어버린 아나뱁티
스트 운동을 박멸할 목적으로 그간 진행해온 일련의 모임에 대한 최종
결론을 내렸다. 그들이 발표한 통치령은 분명했다. 아나뱁티스트 예
배에 참여하거나 그들에게 도움을 주는 사람들은 누구든지 상관하지
않고 형벌에 처한다. 그 형벌은 벌금형에서부터 재산권 몰수까지 취할
수 있다. 극단의 경우에, 시정부는 아나뱁티스트 재산 몰수, 구금, 혹
은 군함의 노예로 팔도록 선고를 내릴 준비가 되어 있었다.

---

4) Bryan Stone, *Evangelism After Christendom* (Grand Rapids, MI : Brazos, 2007), 12

1585년에 내려진 통치령은 그리 새로운 건 아니었다. 거의 60년 동안 스위스 당국은 아나뱁티스트 운동을 스위스 영내에서 완전히 일소하려고 노력해왔다. 1580년대와 1590년대 내내 교회와 국가 공무원들은 아나뱁티스트들이 단순히 여러 지방에서 동정적인 반응을 불러일으켰을 뿐만 아니라, 수적으로도 계속 성장하는 것에 대해 불만이 많았다. 그래서 1591년, 1601년, 1608년에 연이어 공포된 통치령은 지역 당국자들에게 보다 새로운 마음을 갖고 부지런히 아나뱁티스트들을 색출해 내도록 촉구하였다. 3년 뒤인 1611년, 취리히 시의회는 아나뱁티스트들을 상대로 또 다른 통치령을 반포했다. 이때부터 신체적 고문이 다시 시작되었고 급기야는 사형선고까지 내려졌다. 1613년 동일한 내용이지만 새로 조서가 반포되었고 그 지역에서 수그러들지 않는 아나뱁티스트 운동을 사회의 "암적 존재"로 규정하였다.

그러나 조금 변한 건 있었다. 스파이를 보내고, 벌금을 부과하고, 강제로 세례를 주고, 재산을 몰수하는 내용을 포함하여 아나뱁티스트 운동을 진압하기 위한 여러 방법을 반복적으로 사용하였음에도 불구하고, 종교적으로 의견을 달리하는 모습은 사라지지 않았고 오히려 취리히와 베른 도시 주변의 시골마을에서 더 번성하게 되었다.

이러한 현상을 어떻게 설명할 수 있을까? 왜 모든 다른 종류의 종교 형태를 박멸하려는 이러한 정부의 조직적인 노력에도 불구하고 아나뱁티스트 운동이 시골마을에서 더 강한 호응을 얻고 일반 사람들의 후원을 받게 되었을까?

취리히 근교의 호르겐 출신의 나이 많은 평신도 장로였던 한스 랜디스의 기록은 왜 아나뱁티스트 운동이 그렇게 호소력이 있었는지 쉽게 이해할 수 있도록 도와준다.5) 1589년 10월 그가 첫 번째로 체포된 이래, 랜디스는 당국자들을 상대로 국가 교회 안에는 규율이 존재하지 않으며 그 도덕적 수준이 형편없이 낮다는 점에 대해 강하게 불평을 토로하였다. 5년 뒤, 바덴스빌Wädenswill이라는 마을에서 열린 공개 논쟁에서 랜디스는 아나뱁티스트들은 "성경과 사도들이 가르치는 내용 외에는 아무 것도 가르치지 않는다"고 주장했다.

신학적인 질문에 반응하는 대신에, 랜디스는 기독교인들의 도덕성과 관련된 보다 실천적인 질문에 관심을 집중했다. 그는 아나뱁티스트를 만나기 전까지 자신의 마을에서 "게으르고, 탐욕스럽고, 술주정뱅이"로 유명했던 자신이 어떻게 극적인 회심을 하게 되었는지 설명하였다. 한번 아나뱁티스트가 되면, 사람들은 성경의 가르침에 따라 자신의 삶을 완전히 바꾸게 된다고 설명했다. 랜디스의 아나뱁티스트 친구가 사람들이 교회에 더 많은 관심을 가질 수 있도록, 히르젤Hirzel 마을에 사는 아나뱁티스트들에게 자유를 부여해 달라고 당국자들에게 간청해 보자고 하자, 랜디스는 이미 "우리가 생각하는 것보다 훨씬 더 많은 사람들이 이미 아나뱁티스트운동에 참여하고 있다"고 말하면서 이러한 생각을 반대하였다.6)

---

5) 자세한 내용은 한스 랜디스의 책에 잘 설명되어 있다. *Hans Landis*: *Swiss Anabaptist Martyr in Seventeenth Century Document.* 번역은 James Lowry (Millersburg, OH: Ohio Amish Library, 2003)이 했다.

6) 계속되는 이야기와 더 많은 예들을 위해 Ernst Müller의 *Geschichte der bernischen täufer*(Frauenfeld, 1895, 105-30과 Cornelius Bergmann, *Die Täuferbewegung im Kanton Zürich bis 1660* (Leipzig: M. Heinsius Nachfolger, 1916), 68-102를 보라.

1608년에 호르겐이 제출한 공식보고서는 이 문제의 핵심이 무엇인지 제대로 보았다. 보고서에 따르면 아나뱁티스트들은 그들이 매일의 삶 속에서 그리스도를 따를 준비가 되어 있을 뿐 아니라 도덕성에 있어 충실한 사람들로 잘 알려져 있었다. 어떤 사람들은 "가난한 사람들을 지원하고 돕기 위해" 재산과 수입을 공유하였고 이는 사람들의 관심을 끌기에 충분했다.

도덕적으로 수준이 높다고 평판을 얻은 아나뱁티스트들에 대한 언급들은 그들의 인기가 어떠했는지를 잘 설명해 주고 있으며, 17세기에 좋은 평판을 얻었다. 일례로 1644년, 아르가우Aargau의 당국자들은 "아나뱁티스트들이 실제로 사도신경이 가르치고 있는 내용들을 그대로 따라 살기에" 마을 사람들이 그들에게 흠뻑 빠져있었다고 보고했다.

1647년 12월, 쿨름Kulm지역에서 이제 막 회심한 한스 스텐츠Hans Stentz는 자신을 변호하면서 "우리들 중에 있는 수많은 개혁주의 신자들과는 달리, 아나뱁티스트들은 자신들의 일을 통해서 거룩한 복음의 능력을 있는 그대로 증명하는 사람들"이라고 주장했다. 법적 기록은 스텐츠가 "삶의 행위에 있어 우리의 가르침들을 하나도 어기지 않았다"고 하였다.

1년 뒤에 마르틴 부르거Martin Burger는 부도덕함을 그대로 받아들이는 국가 교회 출신의 부족함에 대하여 "교회 안에 경건함이라고는 조금도 없다"고 설명하였다. 그러나 그는 "아나뱁티스트들을 방문하였을 때, 자신들의 재산을 다른 사람들과 기쁘게 나누며, 서로 사랑하며, 맹세하기를 거절하고, 당국자들이 무어라 말하든 부도덕한 삶을 살지 않는 평화롭고 정직한 사람들을 발견하였다."고 술회하였다. 부르거는 그가 신학적으로는 말을 잘 하지 못하지만 대부분의 개혁주의 교리는 선하다고 인정했다. 그러나 "가르침과 삶이 항상 일치하지 않는 것은 나쁘다"고 하였다.

지역 목사가 발리스톨렌Walistolen의 울리 피스쳐Uli Fischer의 자매에게 울리가 아나뱁티스트가 된 게 사실인지를 물었을 때, 그녀는 "사도바울이 광채를 보고 회심하였을 때와 같은 일이 일어났다"고 증언하였다. 1670년대의 로이페르스빌Lauperswil의 개혁교회 지역 목사인 그는 아나뱁티스트 교제에 가입하는 숫자가 매일 증가하고 있고, "어떤 마을에서 그 숫자는 우리 교구 내 신자수를 훨씬 웃돌았다"고 지적하였다. 설상가상으로 사람들이 그들을 훈계할 목적으로 지역 당국 앞으로 그 사람들을 데려오면 "그들의 증언을 듣고 그들의 도덕적인 삶에 감동을 받은 사람들이 눈물을 흘리기까지 했다"고 술회하였다.

이러한 정서들은 학문적 서클 안에서 더 공식적으로 표출되었다. 1672년과 1693년 사이에 스위스의 개혁교회 신학자들은 아나뱁티스트를 상대로 대략 네 권의 두꺼운 책을 출간하였다. 각 권은 스위스의 여러 시골마을들이 아나뱁티스트 운동에 끊임없이 매력을 느끼고 있다는 사실을 공개적으로 인정하였다. 일례로 1693년에 저술된 방대한 책의 서문에서, 루트젤프뤼 출신의 개혁교회 목사인 게오르그 토르만Georg Thormann이 "시골지역의 사람들은 아나뱁티스트들을 크게 존중하며 많은 사람들이 그들의 거룩한 삶, 세상에서 소금으로 살아가는 모습, 진실로 선택받은 사람들, 모든 기독교의 정수를 실천으로 옮기는 사람들로 우러르고 있다. 많은 사람들이 그리스도인과 아나뱁티스트는 하나이고 동일한 것이라고 이해하며.… 만약 당신이 아나뱁티스트가 아니라면 참된 그리스도인이 될 수 없다"며 사실을 인정하였다. 610페이지가 넘는 분량의 책에서 토르만은 아나뱁티스트들이 보여준 모범적인 도덕적 행위가 국가교회를 떠날 충분한 이유가 되고 있다는 사실을 보고 자신의 독자들이 깨어나기를 촉구하였다.7)

　1세기가 넘는 긴 통치령, 협박, 벌금, 투옥, 고문, 재산 몰수, 추방, 더 나아가 처형에도 불구하고, 아나뱁티스트 운동은 새로운 신자들이 계속 늘어날 정도로 지속적인 매력의 대상이 되었다. 비록 새로운 신자들이 신학적으로 자신들의 믿음과 행동을 분명히 표현해 내지는 못했지만, 운동이 호소하는 대부분의 내용은 그들의 삶을 변화시키기에 충분한 증거가 되었다.

　현재 메노나이트들은 선조들이 스위스에서 경험했던 것과 같이, 존재 자체 때문에 받았던 법적, 물리적 박해는 받고 있지 않다. 이제 우리는 원하기만 하면 언제 어디서든 복음의 좋은 소식을 자유롭게 전할 수 있다. 선교 세미나, 감동을 주는 설교가, 대외활동 전략 등 교회 성장을 약속하는 모든 것이 풍부하게 제공되고 있다. 그러나 16세기 아나뱁티스트들과 극명한 대조를 이루는 것이 하나 있다면 이 시대의 메노나이트들에게는 진실한 선교 지향적 교회에 대한 확신이 부족

---

7) Georg Thormann, *Probier-Stein oder Schriftmässige und aus dem wahren innerlichen Christenthumb Hergenommene Gewissenhafte Prüfung des Täuffertums*(1693).

하다는 점이다.

이전 장에서 나는 우리의 몸과 우리의 가족 안에서 가능한 예배의 실행예식들에 대해 몇 가지를 살펴보았다. 이번 장에서 나는 예배를 통해 우리가 사회와 공동체 안에서 하나님의 현존을 드러내기 위해 시행할 수 있는 실천 사항을 살펴봄으로써 그 증거의 범위를 좀 더 넓혀보려 한다. 여기에서 나는 선교에 대한 아나뱁티스트–메노나이트의 접근 방식을 살펴봄으로써 우리가 나누는 메시지의 **내용**과 우리의 **삶**이 서로 분리되지 않는다는 점을 제시할 것이다. 우리의 예배가 복음을 제대로 **살아내는가**하는 일과 결코 분리되지 않는다는 점을 제안하려 한다. 만약 이 제안이 사실이라면, 예배의 실천과 증거는 진정한 선교적missional 교회의 본질로서 우리의 언어적 증거가 복음의 좋은 소식과 일치되는 모습으로 자리하게 될 것이다.

세상을 향한 그리스도인의 증언: 몇 가지 대안적 접근

몇 년 전 여름, 나는 강사로서 연설을 하기 위해 비행기로 여행을 하고 있었다. 대개 나는 낯선 사람과 처음만나 나누는 인상적인 대화들을 즐기는데, 그 날에 나는 이전에 경험하지 못했던 두 사람과 연속적으로 번민의 대화를 나누게 되었다.

여행의 첫 구간에서, 나는 독일에서 온 한 젊은 부부 옆에 앉게 되었다. 그들은 정치에 매우 관심이 많았다. 그들이 내가 메노나이트이며 평화주의자인 사실을 알고, 내가 미국의 외교정책에 대하여 완전히 불만투성이의 태도를 갖고 있을 것이며, 미국이 세계에서 행하고 있는 모든 것을 전반적으로 어리석은 일로 여기고 있으리라 추측했던 것 같다. 나는 말을 삼가고 들었다. 나는 나름대로 다양한 정치적인 주제들에 대해 의견을 갖고 있다. 그리고 외교 정책과 분쟁을 해결하기 위한 전쟁을 지지하지 않는다. 그러나 평화에 대한 나의 헌신은 이 세상에서 하나님의 화해의 사역에 대한 이해와 기독교 신앙에 아주 깊이 뿌리 내리고 있으므로 나의 기독교 신앙을 언급하지 않고 평화에 대해 말하는 것은 불가능하다.

그러나 내가 그리스도께 대한 나의 헌신을 드러내놓고 이야기하기 시작하자, 이 부부는 매우 불편하게 반응하기 시작했다. 나는 마치 그들이 "이것은 또 무슨 상황인가! 그 좋은 대화가 이렇게 사적인 일로 더럽혀지다니!"라는 인상을 풍기는 그들의 마음을 읽어내기라도 한 것 같았다. 정치적 문제들에 대해 개인적인 신념을 다소간 이야기한 것은 공적인 대화에서 받아들일만한 주제이다. 왜냐하면 신앙과 관련된 신념을 나누는 것이 아니기 때문이다.

우리는 애틀랜타에 착륙하면서 헤어졌고, 나는 다음 여행을 계속했다. 출발이 늦어졌지만 나는 다음 비행기로 갈아탔고 주머니에서 신약성경책을 끄집어내서 읽기 시작했다. 얼마 지나지 않아 내가 앉은 통로 옆자리에 한 사람이 앉았다. 그 사람은 내가 성경을 읽고 있는 모습을 보고 웃으며 "동료 신자와 함께 교제를 나누는 일은 참 좋은 일이지요!"라고 말을 건네 왔다. 그 말에 동의했다. 우리는 간단하게 서로를 소개하였고, 나는 인디애나에 있는 메노나이트 학교인 고센 대학에서 역사를 가르치고 있다고 가볍게 소개를 했다. 그 순간 갑자기 모든

것이 변했다. 그는 "당신 메노나이트들, 평화주의자 맞지?" 하고 물었
다. "우리나라는 지금 전쟁 중이며, 내 아들은 해군에 복무 중에 있소.
당신들은 나라의 기생충들이요! 에이 재수 없어!" 하며 벌떡 일어나 화
장실로 가 버렸다. 잠시 후 그는 다시 돌아와 다른 자리를 차지하고 앉
았다.

　　　이 일련의 두 상황은 서로 연결되어 나에게 깊은 번민을 가져다
주었다. 왜 공적인 상황에서 믿음에 대해 이야기하는 것이 부적절하고
당황스러운 일이 되는 것일까? 그리고 왜 그리스도인들이 공적인 영역
에서 믿음을 표현할 때 분열의 모습을 보이는 것일까?

　　　이러한 질문 뒤에는 교회의 역사만큼 오래된 논쟁이 자리하고
있다. 사실 모든 그리스도인들은 우리가 세상의 "빛"과 "소금"으로 증
거하는 삶을 살아야 한다는 점에 동의할 것이다. 모든 사람들은 그리
스도인들이 우리 주변의 문화에 순응해서 살면 안 되며, "이 세상에 살
면서 이세상의 풍조를 본받아서는 안 된다"는 점에 동의한다.롬12:2 그
러나 이러한 말이 의미하는 바는 무엇인가? 그리스도인들이 증언하
는 방식은 어떤 모습이어야 하는가? 우리가 일요일 아침 교회에서 찬
양하는 믿음은 어떻게 나머지 주간 동안 공적인 삶 속에서 표현되어야
하는가?

　　　현재 북미에 살고 있는 그리스도인들에게 이러한 질문에 대한
가능한 답은 상당해 제한적이다. 한편 많은 그리스도인들은 가장 효
과적인 증언의 형태는 선교라는 전통적인 형태 즉 복음을 선포하고 다
른 사람들에게 "예수 그리스도를 그들의 주님이자 개인적인 구세주로

그들의 마음속에 모셔 들여야 하는 모습을 띠어야 한다"고 생각한다. 비록 내 옆에 앉았던 독일 친구들이 불편하게 여길지라도, 그리스도인은 개인적인 영혼 구령을 통해서 세상을 구원해야 한다.

또 다른 한편, 많은 그리스도인들은 세상에서의 증언은 정치적이며 공적인 문화 속에서도 표현될 수 있어야 한다고 생각한다. 이러한 주장은 대략 다음과 같은 모습이 될 것이다. 국가와 미디어가 이 세상을 변화시키는 가장 큰 영향력을 행사하므로 그리스도인들은 정책이 합법적으로 형성되도록 하고, 올바른 정치인들을 선출하고, 공공 토론의 주제를 설정하고, 우리가 속한 모든 문화적 측면에 "기독교적"인 모습이 깃들도록 그들의 집단적인 영향력을 행사해야 한다고 말이다.

물론 이러한 설명은 현실의 문제를 희화화 한 것이지만, 이러한 설명이 현재 많은 메노나이트 교회에 엄청난 영향력을 끼치는 것은 사실이다. 메노나이트 회중들이 한때는 비순응주의를 표방하며 세상과 자신들을 분리시키고자 했다면, 이러한 선택들은 매우 호소력이 있을 것이다. 왜냐하면 기독교 교회에게 기대하는 바를 따라 살아가라는 부름 안에서 그리스도와 더 큰 문화로 사람들을 초청하는 것은 이러한 설명에 적합한 "적절성"을 보장해 주기 때문이다.

이번 장에서 나는 이러한 두 가지 선택 사항에 대해 대안을 제시함으로써 공적인 증언에 대한 질문을 재설정하고자 시도할 것이다. 내가 제시하는 내용으로서 복음은 실제로 개인적이다. 즉 부활하신 그리스도를 만나면서 개인들이 변화를 경험한다는 차원에서 복음은 개인적이다. 그러나 구원의 기본적인 정황은 마음이라는 사적인 영역에 속한 것이 아니라, 그리스도의 몸에 속한 공적인 세계에 속한 것이다. 마찬가지로 복음은 진실로 정치와 관련되어 있다. 특히 충성에 대한 질문, 자원의 배당, 그리고 공동의 선에 대해 공적으로 답변해야 한다는 의미에서 복음은 우리가 생각하는 것보다 훨씬 더 크다. 그리스도인들은 정치에 무관심하도록 부름을 받은 존재들이 아니다. 그러나 기독교 정치의 기초적인 관심사는 우리가 일반적으로 말하는 나라와 국가 혹은 문화에 속한 것이 아니라, 그리스도의 몸에 속한 것이다. 진정한 기독교 정치가 실현되어야 하는 장소는 그리스도의 몸이다.

구원은 확실히 온 세상을 향한 것이다. 그러나 예배는 기독교 정체성의 근간으로 자리하기 때문에 그리고 예배는 교회의 가시적인 삶에 뿌리를 박고 표현되어야 하는 것이기 때문에, 세상을 향한 우리의 증언은 사적인 개인이나 혹은 외로운 시민으로서 우리가 감당해야 역할이라기보다는 기독교 공동체 안에서 함께 삶의 질로 표현해 내야 하는 것이다. 우리는 교회 안에서 교회를 통해 구원받는다. 그리스도의 몸으로서 교회는 기독교 증언의 시작점이기도 하다.

선교는 새로운 방향전환을 필요로 한다: 콘스탄틴 황제의 회심

오순절에서 교회가 시작된 첫 출발부터, 기독교는 선교지향적인 운동이었다. 사도행전과 대부분의 서신서들은 교회가 빠르게 성장하는 선교적 맥락 속에서 기록되었다. 교회가 생겨난 이후 다음 3세기 어간에, 예수를 따르는 사람들은 자신들의 믿음 때문에 박해를 마주해야했다. 초대교회의 구성원들은 종종 비밀리에 모임을 가졌고, 그들 중 많은 탁월한 리더들은 감옥에 갇히거나 순교를 당했다. 그러나 로마 당국자들을 곤혹스럽게 할 만큼 그리스도인들의 처형은 종종 공적인 증언의 기회로 활용되어 더 많은 사람들이 이 운동으로 회심하는 결과를 가져다주기도 했다.

이러한 상황은 4세기 초 로마의 황제인 콘스탄틴 황제가 기독교로 개종하게 되면서 대 전환을 맞았다. 거의 하루 밤 사이에, 국가의 모든 것이 바뀌었다. 교회를 핍박하던 사람들이 친구이자 보호자가 되었다. 이제 교회의 회원 됨은 로마 제국 안에 사는 모든 사람을 의미했고, 선교에 대한 교회의 접근방식은 근본적으로 변화되었다. 6세기에 접어들면서, 기독교는 이제 유일한 제국의 종교가 되었고, 기독교 황제들이 자신의 군대를 동원하여 사제들을 폐위하고, 이단들에게 강제로 훈련을 시키고, 믿음이 없는 사람들까지 모두 교회로 편입시켰다.

800년경에 샤를마뉴 대제가 첫 번째 "거룩한" 로마의 황제가 되었다. 영적 권력과 정치적 권력의 결탁은 다가올 천년 유럽의 삶을 상징적으로 드러내는 사건이 되었다. 중세시대 내내, 기독교 기사들은 정기적으로 십자군을 출정시켰으며, 무력으로 거룩한 땅 곧 성지를 재탈환할 준비하였고, 교회를 대적하는 자는 누구든지 원수로 간주되어 그리스도의 이름으로 처벌하고 죽일 준비가 되어 있었다.

16세기에 항해 및 탐험을 통한 선교도 동일한 유형으로 진행되었다. 아메리카에 도착한 정복자들은 그들이 가는 곳마다 왕을 위해서 뿐만 아니라 하나님을 위한 땅임을 선포하였다. 아주 짧은 기간 안에 교회와 국가는 무력을 사용하여 중미와 남미 땅을 정복할 때, 원주민 수 천 명은 세례를 받든지 처형을 당하든지 해야 했다.

그 후 몇 세기에 걸쳐 민주주의가 발흥하고 종교의 자유라는 원칙이 천명되면서, 선교에 대한 이러한 강제적인 접근은 더 이상 합리적이라 여겨지지 않았다. 그러나 공적인 행태로 취할 수 있는 교회 증언의 형태는 어떠해야 하는가에 대한 질문은 여전히 풀어야할 과제였다.

선교방식으로 기독교 사상에 독보적으로 존재하는 형태는 서로 긴밀하게 연결되어 있는 두 가지 독특한 해결책을 제시했다. 현대 국가에서는 개인이 자신의 종교를 선택할 자유가 있기 때문에, 그리스도인들은 그리스도께 대한 개인의 헌신을 자유롭게 선언함으로써 이웃의 불신자들을 설득시킬 필요가 있었다. 선교는 개인의 신앙 고백을 극대화시키기 위해 간증에 초점을 맞추게 되었다.

또 다른 해결책은 그리스도인의 증언이 정치적 문화적 무대 위에 제대로 드러나게 하기 위해서는 정부와 문화 영역의 권위 있는 자리에 그리스도인들이 들어가야 했다. 또한 기독교의 가치를 반영하는 법을 입안하기 위해 투표권에 영향을 끼치도록 그리스도인들이 동원되었다. 그리스도인들은 선교를 위해 정치인, 법률가, 판사, 예술가, 조각가, 시인이 되어야 했다. 더 나아가 영화감독, 소설가, 저널리스트가 되었고, 그들은 편집인들에게 편지를 쓰고 그들의 의견이 영화제작자들과 연예 및 오락 산업에 반영되도록 했다. 일반적으로 이러한 방향으로 사회가 움직여지도록 목표를 세우는 것은 하나님을 기쁘게 해 드리기 위함이었다. 이러한 접근방식을 위해 폭력을 사용하지는 않았으나 정치적으로 압력을 사용하는 것에 대해서는 조금의 주저함도 없었다. 비그리스도인들은 처음에 정치와 문화 영역 등 공적인 영역에 그리스도인들이 영향력을 행사하는 것에 저항하기는 했으나, 결국 기독교적 가치들이 일반 사람들에게도 좋은 관심사가 되고 있다는 사실을 인정하였다.

이러한 선교접근방식의 결과로서 그리스도인들은 개인의 사적인 간증과 국가 안에서 그리스도인들의 공적인 역할을 분리시키는 일에 익숙해졌다. 이와 같이 한 사람의 시민으로서, 그리스도인들은 이웃들에게 하나님의 사랑과 자비에 대해 간증하였고 그들에게 원수를 사랑하고, 함부로 판단하지 말고, 다른 뺨을 돌려대는 삶을 살도록 요구하였다. 그러나 개인적인 영역을 떠나 공적인 봉사자로 역할을 감당해야 하는 그리스도인들은 실제로 이러한 이상적인 원리를 따라 살지 않아도 된다고 이해했다. 실제로 요직에 있는 그리스도인들은 때때로 강제력을 동원하거나, 때로는 공공의 선을 증진하기 위해 생명을 위협하는 수준의 폭력을 사용했다. 그것은 하나님께서 두 가지 성품과 두 가지 뜻을 갖고 계시는 분처럼 보이도록 만들었다. 하나는 "공적인" 하나님public God으로 악한 자들을 처벌하거나 원수들로부터 선한 사람들을 보호하기 위해 신적인 폭력을 행사하는 구약성서를 그 표본으로 삼고, 또 다른 하나는 "사적인" 하나님private God으로 신자들에게 원수를 용서하고 일반적인 연민을 갖고 모든 사람을 대하셨던 예수를 표본으로 삼았다.

선교에 대한 아나뱁티스트의 대안적 접근 방식: 세상을 위해 하나님께로 분리됨

16세기 아나뱁티스트들은 선교에 있어 다소간 다른 접근방식을 취했다. 중세 시대의 가톨릭교회처럼, 그들은 선교를 신자로서 한 개인이 알아서 행동하는 것이라기보다는 기본적으로 교회 안에 깊이 뿌리를 내린 가운데 시행해야 한다고 생각했다. 그러나 중세 교회와는 다르게, 아나뱁티스트들은 복음의 진보를 위해 폭력 사용을 거절했고, 한 도시나 국가가 "기독교적"일 수 있다는 생각을 하지 않았다. 보다 최근의 프로테스탄트처럼, 선교는 예수를 개인적으로 만나야 함을 당연하게 여겼다. 그러나 그 만남은 사적인 만남이어서는 안 된다. 왜냐하면 그 만남은 항상 교회 안의 새로운 형태의 관계를 의미하는 것이기 때문이다. 이와 같이 아나뱁티스트에 따르면, 그리스도의 몸에서 벗어난 구원은 없다. 여기서 그리스도의 몸은 교회를 의미하는 것으로 국가나 미디어나 혹은 문화를 의미하지 않는다. 이 교회가 바로 복음의 가장 기초적인 전달자이기 때문이다.

또한, 아나뱁티스트들은 개인으로서 그리스도인이 지켜야할 사적인 도덕성과 국가를 대표하는 시민으로서 지켜야할 공적인 도덕성 사이의 차이를 구분하지 않았다. 아나뱁티스트들의 주장에 따르면 그리스도의 몸은 공적이며 눈에 보이는 실재이지 국가의 실재 권위에 자리를 내주는 어떤 사적인 은신처가 아니다. 하나님은 이 세상의 교회 안에서 가장 분명하게 드러나 계시기 때문에, 사회 변혁의 가장 기초적인 초점은 국가에 의해서라기보다는 그리스도의 몸 안에서 표현되어야 한다.

사람들이 국가를 권력의 가장 중요한 핵심이라고 생각하기 때문에, 아나뱁티스트들은 배심원으로 일하거나, 국가주의와 자신들을 동일시하거나, 공적인 업무를 위해 일하는 것을 주저하거나 경찰력이나 군대에 참여하기를 거부하였다. 이러한 아나뱁티스트들의 태도는 다른 그리스도인들에게 의심과 혼동을 불러일으켰다. 그러나 아나뱁티스트들의 의도는 결코 국가의 존재에 도전하려는 것이 아니었다. 그들의 주된 충성심이 무저항을 가르치신 그리스도와 아무런 피를 흘리지 않는 교회에 있었기 때문에, 단지 전통적인 정치 형태가 복음이 가르치는 바에는 부적합하다고 여겼을 뿐이다.

그렇다면 이 세상에서 복음을 잘 드러낼 수 있는 형태는 무엇일까? 어떤 식의 예배와 예전을 시행해야 교회로 하여금 이 세상에서 복음을 잘 증거하도록 하며, 어떻게 다른 사람들을 하나님의 풍성하신 사랑과 화해시키는 일로 초청할 수 있을까? 이러한 일은 여러 형태로 일어나지만, 여기에서는 복음의 좋은 소식을 우리 공동체의 공적인 삶에서 증거하고 예배할만한 구체적인 실천사항 다섯 가지만 언급하고자 한다.

1. 안식일 지키기: 생산과 소비를 넘어서

"안식일을 기억하여 거룩히 지키라." 출20:8 시내산에서 모세에게 주어진 십계명 중 네 번째 계명에 해당되는 이 말은 아주 간단명료하다. 엿새 동안 하나님은 세상을 창조하시는 수고를 아끼지 않으셨고 모든 것을 지으셨다. 그러나 창세기의 기록에 따르면 제 칠일에 하나님은 창조의 선한 일로부터 손을 떼시고 뒤로 물러나 쉬셨다. 하나님께서 쉬셨던 것처럼, 하나님의 백성도 수고롭지만 선한 생산 활동을 즐거워할 수 있어야 하고, 다음 날에 하나님을 예배하기 위해 일상적인 일을 뒤로 할 수 있어야 한다.

이 계명은 아주 단순하고 명료해 보인다. 그러나 유대 전통은 종종 "안식일을 거룩하게 지킨다"는 게 무슨 의미인지 정의하기 위해 무던히 애써왔다. 그리스도인들도 동일한 전통을 지켜왔다. 역사 속에서 유대주의는 안식일에 해도 되는 활동과 해서는 안 되는 활동을 아주 정확하게 규정하기 위해 아주 복잡한 규칙들을 발전시켜왔다.

이러한 법칙들을 변호하는 사람들에게 예수는 안식일을 거룩하게 지키라는 계명 뒤에 숨어있는 보다 깊은 하나님의 의도를 재고해 보도록 이의를 제기하셨다. 비록 예수께서는 당시 유대 지도자들에게 자신이 안식일과 관련된 법조항을 조롱하려는 것이 아니라고 재차 강조하였음에도 불구하고막12장, 그는 안식일 규정을 무시하는 것과 같은 행동으로 끊임없이 문제를 일으켰다. 예를 들어 그는 안식일에 일말의 주저함도 없이 사람들을 치료했다. 그리고 제자들과 함께 밀밭 길을 걸어가실 때, 밀 이삭을 잘라먹는 식으로 안식일의 규정을 어겼다. 바리새파 사람들이 이의를 제기하자, 예수는 안식일이 사람을 위해 창조된 것이지, 사람이 안식일을 위해 있는 것이 아니라고 대답하셨다.막2:27 하나님은 안식일을 선물로 주신 것이지 짐을 지우거나 협박하려고 주신 것이 아니다.

　한 걸음 더 나아가 초대교회는 토요일에 예배를 드리지 않고 일요일을 제정하여 예배를 드림으로써 유대 전통을 깨뜨렸다. 예수께서 안식 후 첫날, 즉 주간의 첫째 날에 부활하셨기 때문에 일요일이 부활을 기념하는 날이 되었다. 4세기에 와서 일요일은 로마 제국 전역에 걸쳐 그리스도인들이 예배를 드리는 날로 제정되었다.

　운동 시작부터 아나뱁티스트들은 주간의 어떤 날을 다른 날보다 특별하다고 여기거나 우위에 두지 않았다. 그들은 기도와 성경공부를 위해 주중에 모임을 가졌고, 어떤 사람들은 공식적으로 가톨릭 미사를 반대하기 위해 일요일에 일을 하기도 했다. 그러나 16세기 말 경에 대부분의 아나뱁티스트 그룹들은 일요일 예배를 드리는 방식으로 정착했다. 전통적으로 북미의 메노나이트들은 하나님의 예를 따라 문자적으로 안식일을 지켰다. 비록 그 형태는 다양했지만, 많은 메노나이트 공동체들은 구성원들에게 일요일에 물건을 사고파는 모든 행위를 금지했고, 스포츠 활동이나 대부분의 오락 활동을 금지했다.

　비록 현재는 이러한 제한들을 율법주의나 속 좁은 문자주의로 여겨 그런 전통이 사라졌지만, 안식일을 존중하는 실천의 모습은 최소한 두 가지 측면에서 이 세상에서 복음을 드러내는 방법이 될 수 있다. 우선 그리스도인들은 함께 예배로 모이는 단순한 행동을 통해 그들의 정체성을 세상에 드러낼 수 있다. 그리스도인들은 일요일 아침 침대에서 나와 교회의 다른 형제자매들과 함께 예배를 드린다. 이러한 예배 행위를 통해 그들은 특별한 목적으로 사람들을 불러내신 하나님의 이야기를 다시 듣고 실천한다. 물리적으로 흩어져 살던 우리가 다시 하나님의 백성으로 모이는 것이다. 그렇게 우리는 안식일을 기념하고 단순히 교회에 모이고, 악수하고, 사람들에게 인사하고, 서로의 건강과 안부를 묻고, 결국 함께 예배를 드림으로써 이 세상에서 하나님을 증거하는 것이다.

안식일을 지키는 두 번째 방식은 우리가 생산과 소비라는 이름으로 정체성을 규정하려는 우리의 사회와 문화적 충동에 이의를 제기하는 것이다. 성장하는 동안 부모님께서 우리에게 일요일에 할 수 있는 일과 해서는 안 되는 일에 대해 규정을 말씀하실 때 나는 이를 우습게 여겼다. 일요일에 집 주변에서 평상시처럼 일을 하면 안 되었다. 특별히 돈을 받고 일을 해서는 안 되었다. 또한 안식일에 그 어떤 물건을 사는 것도 허락되지 않았다. 당시 내 눈에 이러한 규정은 비이성적이고 율법주의처럼 비쳐졌다. 그러나 내가 이러한 규정에 보다 더 깊은 의미가 있고 이를 지키는 것에 대해 감사하게 된 것은 안식일이 결국 기꺼운 마음과 자의식을 갖고 법을 지키는 사람들을 위한 것이라는 사실을 알게 되면서부터이다.

생산과 소비라는 이름으로 인간의 정체성을 규정하는 우리 사회 속의 압력은 어마어마하다. 우리의 직업은 우리가 깨어있는 시간을 쉽게 흡수해 버린다. 현재 북미 사람들은 그 어느 때보다 더 많은 시간 동안 일하고 그 어느 시대보다 더 많이 생산해야 한다는 엄청난 압력을 받으며 살고 있다. 생산을 늘리는 만큼 더 많이 사라고 부추기는 문화적 압력이 편만해 있다. 실제적으로 그런 의도가 없다 해도, 우리는 일하지 않고 깨어있는 몇 시간 동안에 쇼핑을 하기 위한 충분한 돈을 벌어야 한다는 명목아래 더 열심히 일하려는 우리 자신을 쉽게 발견한다. 특별히 일요일은 "기분전환을 위해 쇼핑"하는 날이 되었고 물건을 사지 않는다 해도 백화점에 새로운 물건이 나왔는지 확인하러 나간다.

물건을 사거나 팔지 않는 안식일 규정을 존중함으로써, 그리스도인들은 궁극적인 우리의 정체성이 우리가 만들고 소비하는 물건에 있지 않다는 것을 세상에 드러낸다. 우리의 신분과 정체성은 우리의 직업이나 소유에 있는 것이 아니라, 오히려 하나님의 자녀들로서 우리가 신의 형상을 따라 지음 받았으며, 서로 사랑하고 신뢰하는 관계 안에서 살아가도록 지음 받았다는 사실에 깊이 뿌리내리고 있다.

2. 성경: 우리가 누구인지 기억하기

함께 예배하기 위해 모일 때 모든 그리스도인들이 기본적으로 함께 하는 행위 하나가 성경읽다. 실제로 어떻게 이러한 일이 전 세계에 걸쳐 일어나는 것일까? 때때로 성경은 온 회중이 함께 읽기도 하고, 때로는 한 사람이 읽기도 하고, 때로는 서로 번갈아가며 읽기도 한다. 어떤 경우에 성경은 연극으로 연출되기도 하며 암송되기도 한다. 어떤 회중은 절기에 맞추어 공동의 성구집을 따라 성경을 읽기도 한다. 어떤 회중들은 성경이 낭독될 때 모든 사람이 일어서서 그 말씀을 듣기도 한다. 어떤 회중은 성경을 읽기 전 후에 성경에 입을 맞추기도 한다. 어찌되었든 예배 시간의 어떤 정점에 이르러, 모든 교회 회중은 틀림없이 성경 읽는 시간을 가진다.

예배를 드릴 때, 대개 설교할 본문으로 성경말씀이 선택된다.

그러나 좀 더 깊은 차원에서 매주 일요일에 낭독하는 성경읽기는 함께 모인 공동체의 가장 근본적인 정체성이 무엇인지 상기시켜주는 결정적인 방식으로 자리한다. 역사 속에서 하나님이 하신 일과 이야기를 반복해서 들으면서, 우리는 천천히 그 이야기 안에 놓여있는 우리 자신의 모습을 깨닫기 시작한다. 우리가 성경 이야기의 부분임을 깨닫게 되면서, 기억에 깊이 뿌리내리고 있는 우리의 정체성을 발견함으로써 삶 속에서 일어나는 우리의 선택과 질서에 의미를 부여한다.

살아있는 신앙은 성경 이야기에 깊이 뿌리박고 있다. 불확실한 시기를 보냈던 이스라엘 백성들은 반복해서 하나님께서 "강한 손과 편 팔로"신5:15 그들에게 행하셨던 일들을 기억하였다. 이스라엘 백성들은 그렇게 하나님을 기억함으로써 자신들에게 찾아온 어려운 시기들을 감당해나갔다. 예수께서도 제자들에게 엄청난 목록의 규칙들이나 그들이 지켜야할 많은 지침대신 이야기를 들려주심으로써 그들의 정체성을 깨우쳐 주셨다. 산헤드린이 스데반에게 그의 믿음을 증명해보라고 요청하였을 때, 그는 교리의 어떤 항목을 인용하지 않고, 하나님께서 역사 속에서 보여주신 기적들과 놀라운 표적에 대해 이야기하기 시작했다.행7장 기억은 공동체를 엮어주는 직물이다. 기억은 공유된 과거와 공동의 미래를 한 곳으로 가져와 공동체를 하나로 묶어주는 접착제다.

아내의 숙모 노라Nora는 아미시 여성으로서 이야기를 좋아한다. 16명의 어머니로서 노라는 여성으로 생각할 수 있는 최고의 가장 역할을 감당하신다. 단순히 아이들의 이름만 기억할 뿐 아니라 백 명이 넘는 손자손녀, 증손자 증손녀의 생일까지 모두 기억하고 계신다. 숙모님 댁을 방문하면, 우리는 숙모의 다 큰 자녀들과 함께 거실에 놓여있는 호롱불 주변에 모여 앉아 숙모님이 풀어놓는 이야기를 듣는다. 이야기를 듣는 기쁨 중에 아주 세밀한 내용까지 묘사하는 숙모님의 풍부한 기억력과 이야기를 풀어내시는 화려한 언변에 매번 놀라곤 한다. 이전에 여러 번 들려주었던 숙모님의 어떤 이야기를 다시 들으면서 내가 깜짝 놀랐던 일이 있었는데, 그 이야기는 도망치는 럭비 선수에 관한 이야기로 아마도 달려오는 기차를 향해 도망치는 것이었을 수도 있고, 헛간의 제등을 향해 돌진한 이야기일 수도 있고, 어쩌면 벌목현장에서 일어난 사고에 대한 섬뜩한 이야기였을 수 있다. 요점은 신기하게도 숙모님이 들려주시는 이야기의 내용이 독창적이거나, 어떤 새로운 흥미를 갖고 있거나, 상세하게 묘사되고 있지 않다는 점이었다. 그 이야기 속에서는 뭔가 새로운 것을 듣고자 기대하는 "흥미진진한 내용"도 없었다. 사실 우리 모두는 숙모님께서 늘 들려주시는 레퍼토리와 그 결과를 다 알고 있었다. 숙모님이 우리에게 들려주시는 이야기들을 듣기 위해 우리가 모이게 되는 진짜 이유는 따로 있다는 것을 나중에서야 알게 되었다. 그것은 이 이야기들에 우리가 친해져 있어서 우리가 알고 있던 그 이야기를 다시금 숙모님께서 상기시켜 주고 계시다는 사실이었다. 그래서 우리는 숙모의 이야기 서클을 이루며 그 이야기를 우리 것으로 삼고 있었다.

　　예배를 드리면서 성경 말씀을 들을 때도 이와 비슷한 일이 일어난다. 사람들은 들었던 것을 자주 잊어버리기 때문에, 성경의 비슷한 이야기를 계속 듣는 것이며 하나님의 백성으로 우리가 누구인지 이야기를 통해 다시 기억하는 것이다. 기억을 다시 불러일으킴으로써 우리는 신뢰를 얻고, 힘을 얻으며 이 세상을 살아간다. 이 세상을 움직이는 정사와 권세가 무엇인지 지적하며, 세상이 기독교 이야기가 들려주는 진리와 부합될 수 있도록 조율하며 살아간다.

3. 봉헌: 우리의 재원을 나눔

우리가 별로 주의를 기울이지 않는 또 다른 예배 요소는 교회가 보다 더 큰일을 위해 돈을 거두어들이는 예배의식, 즉 봉헌이다. 예수께서는 돈을 내는 동기에 문제가 있을 수 있음을 지적하시고, 제자들에게 뭔가를 드릴 때 다른 사람들에게 보여주기 위해 헌금하지 말라고 가르치셨다.마6:1-4 그러나 정기적으로 우리가 갖고 있는 물질을 교회의 일에 사용하도록 드리는 행위는 예배에 빠져서는 안 될 중요한 예식이며 이 세상에서 하나님께서 일하시고 계심을 드러내는 생생한 믿음의 고백이다.

예배의 한 형태로서 우리의 재산을 드리는 행위는 그리 새로운 게 아니다. 구약에서 이스라엘 백성들은 그들이 농사를 지은 과일, 양과 소와 같은 가축들 중의 첫 열매를 성전으로 가져와 하나님께 드림으로써 자신들이 하나님을 신뢰하고 있음을 공적으로 드러냈다. 그것은 하나님께서 새로 추수한 곡식이 필요해서도 아니고, 예쁜 어린 송아지를 좋아하셨기 때문도 아니다. 사실, 이 세상의 모든 것은 이미 하나님께 속해 있다. 그러기에 정확하게 말해서 우리가 드리는 봉헌은 일종의 상징적 행위다. 즉 정기적으로 우리 "소유물"을 포기하는 연습을 함으로써, 궁극적으로 우리의 모든 것이 풍성하신 하나님으로부터 비롯되었다는 근본적인 진리를 자꾸 반복해서 상기하는 것이다. 실제로 구약에서 하나님께 드린 희생 제물은 종종 다 태워버렸다. 우리가 하나님께 드리는 것은 궁극적으로 우리의 수입을 재분배하기 위함이 아니라 자기만족이나 자부심이라는 착각으로부터 우리 자신을 지키기 위함이다.

신약은 재물과 부富라는 위험한 선물에 대한 가르침들로 가득하다. 한편으로 인간이 만든 돈은 땅의 다산과 연결되어 인간의 창조성을 반영하고 있다. 부는 엄청난 자원을 손으로 만질 수 있게 만든 표상이자 하나님의 풍성함을 눈에 보이도록 만든 증거로서 우리가 하나님께 찬양을 드리기 위한 것이다. 그러나 성서는 우리가 제멋대로 사용하는 폭력과 성의 위험성 못지않게 재산이 얼마나 위험한지 자주 언급하고 있다. 우리가 사는 이 시대는 은퇴할 때까지 돈을 축적하고, 현명하게 주식에 투자하는 것을 미덕으로 여긴다. 일요일에 헌금 바구니를 돌리는 것은 주께 번제를 드렸던 모습과는 상당히 거리가 멀다. 그러나 우리의 부를 정기적으로 포기하는 연습은 우리가 하나님을 의지한다는 사실을 드러내는 작지만 분명한 실천이다.

아나뱁티스트-메노나이트 전통에 있어서 "무언가를 내놓는" 훈련은 상호부조라는 모습을 통해 구체적으로 표현되었다. 메노나이트 재난봉사단Mennonite Disaster Service은 자연재해를 당한 사람들을 돕기 위해 물질 및 자원봉사자들을 동원하는 체제를 구축한다. 메노나이트 경제개발협회Mennonite Economic Development Association는 사업가들에게 자원과 기술을 제공하며 사람들로 하여금 자녀들에게 음식과 옷을 제공하고, 적당한 삶을 영위하도록 돕고, 경제적 안정을 충분히 누릴 수 있도록 돕는다. 메노나이트 중앙위원회Mennonite Central Committee는 전 세계의 가난하고 집이 없는 사람들에게 원조의 손길을 보낸다.

그러나 세상에서 가장 복음을 잘 드러내는 방법은 선한 의도를 가진 사람들에게 돈을 주는 것이 아니다. 결국 예배에 대해 아무런 관심이 없는 사람들조차 이러한 일은 얼마든지 실천할 수 있다. 나눔이 습관으로 형성되어 있는 그리스도인들은 아무 것도 기대하지 않고 베푸는 관대함, 넘치도록 나누어 주는 모습, 자신들이 가진 물질적 소유를 기쁘게 재분배함으로써 하나님의 풍성하심과 은혜를 자연스럽게 드러내고 증거한다. 우리가 물건에 대해 소유권을 갖지 않음으로써, 우리는 하나님의 사랑어린 돌보심에 의해 제공되는 새로운 공간을 창조할 수 있을 것이다.

4. 기도: 정치적 증언으로서 인내

성서읽기나 봉헌처럼, 예배 중의 기도는 너무나 쉽게 판에 박힌 예배의 한 요소로 전락하여 아무런 생각 없이 지나칠 수 있다. 기도에 대해 우리가 조금 더 깊이 생각한다면, 기도에 대해 사람들이 잘 건드리지 않는 많은 질문들이 있음을 알게 된다. 예를 들어 교회에서 드리는 청원기도는 우리가 하나님께 특별한 요청을 드리는 기도로서 아주 쉽게 하나님을 대단한 선물을 나누어주시는 존재로 바꾸어 버린다.

우리가 정말 열심히 기도하면 하나님께서 우리가 원하는 것을 들어주시기 위해 마음을 바꾸실까?

마찬가지로, 예배 중에 기도하는 사람이 미리 써와서 드리는 기도는 때때로 딱딱하거나 그다지 진짜로 드리는 기도라고 느껴지지 않을 수 있다. 한편 즉흥적으로 드리는 기도는 우리가 수많은 필요와 감정들을 제대로 표현할 만큼 적절한 단어들을 가득 나열하는 쪽으로 흐를 수 있다. 교회 밖에서, 기도와 관련된 복잡한 상황들은 뭐라 말하기 쉽지 않다. 불가지론자들, 무신론자들, 그리고 수많은 다른 종교를 가진 사람들과 더불어 사는 사회에서, 공적인 행사를 위해 그리스도인들이 드리는 기도는 종종 그 사람의 신앙을 모든 사람들에게 강요하는 느낌을 갖게 한다.

이러한 질문들의 의도를 손상하지 않는 가운데, 우리가 정기적으로 드리는 청원 기도의 구체적인 내용들보다도 우리에게 정작 더 중요하고 발전시켜야 할 것은 기도에 대한 우리의 자세다. 기도는 우리가 아닌 하나님께서 역사를 움직이고 계시다는 사실을 상기시켜준다. 기도는 연약한 태도를 하나님께 드리도록 우리의 품성을 연마시킨다. 기도는 하나님의 사랑, 자비, 용서라는 선물은 물론 매일의 양식, 건강, 생명 자체 등 하나님께 모든 것을 의지하고 있음을 인정하면서 하나님의 뜻에 우리를 내어드리는 연습이다.

때때로 "당신을 위해 기도할께요"라고 재빠르게 반응하곤 한다. 이렇게 하는 것은 실제적인 도움이 필요한 사람들 앞에서 단지 복잡한 상황을 모면하기 위한 그럴듯한 변명이 되기도 한다. 현대 문화의 많은 부분은 문제를 "고치기" 위한 전략들에 초점을 맞춘다. 특별히 정치, 기술과학 그리고 의료계의 영역에 있어서 이러한 현상은 두드러진다. 사람들은 만약 우리가 주의를 기울여 계획, 분석, 개발, 법제화를 충분히 한다면, 얼마든지 미래를 통제 할 수 있다고 여긴다. 이러한 맥락에서, 그리스도인들이 인내, 겸손 및 희망의 능력을 가질 때, 기도는 하나님을 자연스럽게 드러내는 형태가 될 수 있다. 인내의 기도는 수동성이나 냉담함과 뒤섞이지 않는다. 오히려 인내의 기도는 우리의 꼼꼼한 계획을 넘어서는 방식으로 이해되고 이 세상에서 능력으로 일하시는 하나님을 드러낸다.

최근에 독일의 베를린에 있는 친구를 방문한 적이 있다. 그곳에 머무는 동안 나는 도시 외곽에 있는 작은 침례교회에서 기독교 평화건설에 대한 주제로 설교를 했다. 평화의 좋은 소식에 대한 생각을 나누면서, 나는 앞자리에 앉아서 눈물을 흘리기 시작한 노인의 모습을 보고 적잖이 놀랐다. 설교시간 내내, 눈물은 그의 얼굴에 강물이 되어 흘렀다. 예배가 끝난 후 그는 곧바로 내게 다가와 자신의 이야기를 들려주었다. 냉전 시기에 그 교회는 베를린 장벽의 그늘 아래 동독에 속해 있었다. 그 노인의 젊은 시절 대부분, 그 장벽은 스위스의 알프스 산처럼 움직일 수 없는 것처럼 각인되었고 정치적인 긴장과 전쟁의 위협을 상징하는 모습으로 크게 자리했었다. 그 장벽은 가족들을 갈라놓았고, 동료 신자들이 함께 예배를 드릴 수 없게 만들어 놓았다. 약 20년 동안 매주 일요일에 그와 친구의 그룹들이 이 교회의 뜰에 모여 촛불을 밝히며 언젠가 베를린 장벽이 무너졌으면 좋겠다고 기도 드렸다.

"우리가 이곳에 기도를 드리기 위해 모였을 때, 사람들은 우리를 비웃곤 했습니다."하고 그 노인이 말했다. 그리고 군인들이 기관총과 탱크를 몰고 왔을 때, "우리는 부들부들 떠는 손으로 촛불을 들고 있었습니다." 그러나 우리가 더 이상 거기에 아무런 희망이 없다고 느꼈을 때, "그 장벽이 무너졌어요! 그 장벽이 무너진 거예요!"하고 목메어 흐느끼는 목소리로 말을 이어 나갔다.

행동하라고 충동적으로 이야기하는 이 세상 속에서, 기도는 우리의 욕심과 행동을 하나님께 맞추도록 하며, 희망을 갖고 그 목소리를 듣고 기다릴 줄 알아야 한다고 알려주는 양심의 몸짓이다.

정치인들이 큰 소리로 말하고 인내를 갖고 기다리기 보다는 빨리 행동에 옮기도록 틀지어진 상황 속에서, 기도는 모든 위기의 상황에 뛰어들지 못하도록 억제하고, 상황이 더 나빠지는 것처럼 보일 때 절망에 머물러 있지 않도록 그리스도인들을 불러내는 훈련이다.

5. 설교: 증언의 능력

대부분의 개신교 신자들에게 잘 준비된 일요일 아침 예배는 주로 20분에서 40분 정도로 진행되는 목사의 설교에 모든 초점이 맞추어져 있다. 찬송, 성경읽기, 기도 등 예배의 많은 요소가 있지만, 대부분 목사의 설교가 예배의 중심에 자리하고 있다. 만약 그리스도인들이 단순히 성경이 말하고 있는 바를 행한다면, 설교는 필요 없을 것이다. 우리가 성경을 읽고 그 말씀을 따라 살아가면 그만이기 때문이다. 우리가 잘 아는 것처럼 설교는 성서의 본문과 우리 일상의 삶을 연결시켜 주는 역할을 한다. 정확하게 말해 설교는 성서의 해석이자 그 본문에 대한 특별한 방식의 읽기이기 때문에, 많은 개신교 신자들은 설교를 예배에 있어 가장 중요한 부분이라고 생각한다.

이와는 대조적으로 아나뱁티스트–메노나이트 전통은 설교에 대해 다소간 양면적인 태도를 취한다. 한편으로 메노나이트들은 "많은 말" 혹은 "공허한 단어"들을 의심하는 경향을 보인다. 회중의 권위는 어떤 한 리더가 사용하는 말이 아니라 교인들의 일상생활과 삶의 실천을 통해 보다 분명하게 드러난다. 몇몇 현대 메노나이트들은 성 프란시스코의 "복음을 선포하십시오. 그러나 필요하다면 말을 사용하십시오."라는 경구를 좋아한다.

설교 중심의 예배에 대한 메노나이트들의 회의적인 태도는 "모든 신자들이 제사장됨the priesthood of all believers"라는 오래된 실천을 반영한다. 전통적으로 메노나이트 회중들은 대개 교육을 받지 않은 평신도이지만 "설교자Prediger"라기 보다는 "교사Lehrer"나 "리더Vorsteher"로서 자기 정체성이 분명한 사람들에게 월급 없이 회중을 섬기도록 그들의 공동체 안에서 목회자를 선출한다. 성경은 한 사람의 설교자가 의견을 내기 보다는 전체 회중이 함께 모여 공동으로 분변할 때 가장 잘 해석될 수 있다. 이처럼 많은 메노나이트 회중들은 교인들이 예배 중에 혹은 예배 후에 이어지는 주일학교에서 설교에 대해 반응하도록 기회를 마련한다.

가르치는 것보다는 자연스럽게 발현됨으로, 논쟁하는 것보다 살아냄으로 기독교 신앙이 더 잘 표현된다는 생각은 적극 권장되어야 한다. 실제로 이 책의 주제는 증언의 기본 형태로 그리스도인의 삶의 온전성을 변호하고 있다. 그러나 메노나이트들이 말로 드러내는 모습으로 신앙을 축소시키기를 꺼려한다는 말은 종종 이들이 이웃들에게 복음의 좋은 소식을 전해야 할 때조차 거의 침묵을 지키는 모습으로 비춰지기도 한다.

현재 메노나이트들이 신앙에 대해 공개적으로 혹은 열정적으로 이야기하기를 꺼려하는 모습은 초기 아나뱁티스트 운동의 모습과는 전혀 상관없다. 초기 아나뱁티스트 리더들은 강단에 나가서 설교할 기회나 설교를 출판할 기회가 거의 없었기 때문에, 이 운동이 강하게 전파된 것은 거의 말로 하는 설교와 면대면 접촉에 의존할 수밖에 없었다. 처음에 이러한 접촉은 가족, 친구 그룹 그리고 때때로는 서클이라는 연결망을 통해서 이루어졌다. 순회 설교자는 아나뱁티스트들에게 동정을 표하는 사람들의 가정을 방문하고, 그 사람의 친구들과 가족 및 친척들에게 성경을 읽어 주고, 이를 자세히 설명해 주고, 이 운동에 헌신할 준비가 된 사람들에게 세례를 주었다. 모임 인원이 15명 혹은 20명을 넘는 경우는 아주 드물었다.

역사가인 아놀드 스나이더는 바늘을 판매하러 돌아다니며 이러한 일을 감당했던 한스 나들러Hans Nadler라는 교구 전도사에 대해 자세히 설명하였다. 이 도시 저 도시를 돌아다니며 바늘을 판매하는 나들러는 사람들과 대화를 통해 교제하였다. 법정 증언에 따르면, "그가 거리에서나 숙소에서 선한마음을 가진 사람을 만나면, 하나님의 말씀으로 사람들을 가르쳤다." 만약에 듣는 사람이 고난과 박해에 대해 열린 마음으로 경청하고, "세상의 기쁨을 끊을" 준비가 되어 있으면, 나들러는 어떻게 그 사람이 "어린 아이와 같은 마음으로 하나님의 말씀을 받아들여 새로 태어날 수 있는지" 그림을 그렸다.

주목할 만한 사항은 나들러가 문맹이었다는 점이다. 그러나 그는 교육을 받은 사람이나 받지 않은 사람을 막론하고 거의 모든 사람들이 쉽게 이해할 수 있도록 주기도와 사도신경을 한 줄 한 줄 주해하는 자기만의 설교방식을 개발했다. 나들러의 설교는 우리시대의 불타는 정열을 갖고 설교하고 수백 명의 사람들에게 세례를 주는 식으로 이해할 수 없다. 그러나 그의 단순하고, 직접적인 선교방식은 요즘 우리들이 말하는 우정복음전도 혹은 관계전도와 비슷한 아나뱁티스트 선교의 전형이기도 하다.[8]

예배의 실천에 있어서 설교는 신앙에 대한 우리의 이해를 끊임없이 말로 표현해낸다. 설교는 성서의 진리와 청중들이 처한 특별한 상황 사이를 역동적으로 연결해 줄 수 있어야 한다. 그래서 설교를 듣는 사람들이 단순히 본문에 관심을 둘 뿐 아니라, 어떻게 하면 교회를 다니지 않는 동료들과 이웃들이 듣고 이해할 수 있는 어휘로 기독교 신앙을 올바로 이해하고 묵상하게 만들 수 있는지 늘 고민해야 한다.

실천하는 믿음이 보여주는 강점은 분명하지만, 그렇다고 말로

8) C. Arnold Snyder, *Anabaptist History and Theology: An Introduction* (Kitchener, ON: Pandora Press, 2005), 106-7. 나들러의 놀라운 전도방식에 대한 설명을 위해 Russel Snyder-Penner의 "Hans Nadler's Oral Exposition of the Lord's Prayer" *Mennonite Quarterly Review* 65 (October 1991), 393-406을 보라.

하는 증언을 결코 얕보거나 무시해서는 안 된다. 성경은 모든 그리스도인들에게 믿음을 따라 살라고 요구한다. "여러분의 마음속에 그리스도를 주님으로 모시고 거룩하게 대하십시오. 여러분이 가진 희망을 설명하여 주기를 바라는 사람에게는, 언제나 답변할 수 있게 준비를 해 두십시오."벧전 3:15

결론

　　주님은 교회와 세상의 동일한 주인이시다. 세상을 창조하시고, 모든 생명을 이끄시고, 모든 것 위에 존재하시는 주 하나님은 한 분이시다. 동시에 교회는 이 세상에서 "부름을 받아" 그리스도의 주되심을 공개적으로 인정한다. 교회와 세상의 차이는 교회의 완전함에 의해 구분되는 것이 아니라, 공적인 고백에 의해 구분된다. 죄의 고백은 물론 죄로 말미암아 초래된 깨어짐을 치유하시는 하나님을 믿는 고백에 의해 구분된다.

　　"평화와 정의" 그리고 "복음적인" 설득의 선교 정신을 가장 잘 아는 메노나이트들은 세상의 범주에 따라 적절한 모습으로 살아야 한다는 큰 유혹을 마주하고 있다. 불가피하게 세상은 효율성이나 효과적인 논리에 따라 수단과 목적을 혼동하고 있으며, 궁극적으로 결과만 좋으면 된다는 주장을 정당화하기 위해 온갖 강제적인 방법들을 동원하고 있다.

　　이와는 반대로 그리스도의 복음을 증거하는 일은 깨지기 쉬운 십자가의 형태를 따라 이루어져야 한다. 그리스도의 복음은 모든 폭력에 저항한다. 하다못해 정당방위를 위해 사용하는 폭력까지도 반대한다. 복음의 능력은 정의로우면서 사랑이기에 그리고 사람들을 강요하기 보다는 초청하기에 싸우는 전사가 아니라, 목숨을 내놓을 수 있는 순교자를 훈련시킨다.

이러한 생각을 염두에 두면서, 나는 복음전도의 가장 강력한 형태가 교회 안의 실행 예식을 통해 발현되어 한다고 썼다. 그러한 실행 예식은 그리스도인들의 사랑, 연민, 치유 및 관대함의 공동체로 특징지어진 예배와 더불어 시작된다. 질적인 삶을 통해, 기독교 공동체는 세상으로 하여금 그들이 하나님으로부터 멀어졌음을 깨닫게 하고 회개와 변화로 세상을 초대할 수 있어야 한다.

교회의 거룩함은 항상 세상을 **위한** 것이다. 그것은 세상을 초청하기 위함이다. 예배와 증거를 실천함에 있어 교회는 세상에게 들려지는 비유가 되어야 한다. 그래서 하나님의 사랑에 깊이 뿌리 내린 대안적인 삶이 얼마든지 가능하다는 상상력으로 그리스도의 길을 따르지 않고 사는 사람들을 초대할 수 있어야 한다.

8. 예배 장소와 공간 안에서 증거하기

취리히로부터 대략 50km 떨어진 취리히 호수 위의 좁고 한적한 산길을 따라가다 보면 깎아 지르는 듯한 자연 절벽에 이른다. 험한 길을 골라서 다니는 등산객이나 접근할 법한 협곡을 따라 가다보면 동굴 입구와 연결되어 있는 공터가 나타난다. 이 동굴은 겨울철의 눈보라를 피해 은신처를 찾던 산양지기들의 피난처가 되거나 여름철의 폭풍을 피하는 은신처가 되었다. 16세기, 이 동굴은 당국의 눈을 피하고자 했던 아나뱁티스트들에게 비밀모임 장소로서 사용되기도 했다. 그들의 목소리는 입구 앞으로 떨어지는 폭포수에 의해 거의 들리지 않았고 예배자들은 성경을 공부하고, 단순한 찬송을 부르고, 기도하기 위해 정기적으로 이곳을 찾았다.

현재 아나뱁티스트 동굴Täuferhöhle이라고 알려진 이곳은 최근 아나뱁티스트들, 특히 북미의 메노나이트 여행객들이 즐겨찾는 곳이 되었다. 그들의 선조들이 노래를 부르고, 함께 성찬을 나누고, 헌신과 신앙이 반영되어 있는 장소 중 하나이기 때문이다. 나는 가족, 학생 그

륨, 그리고 연세 드신 분들과 함께 순례 행선지로 이곳을 자주 방문하는데 방문할 때마다 울퉁불퉁하고 거친 바위로 된 그 장소에서만 느낄 수 있는 하나님의 임재하심을 경험하고 늘 비슷비슷한 경외감과 깊은 감사의 마음에 감동을 받는다.

의심할 바 없이, 초기 아나뱁티스트들도 보다 편안한 지역에서 예배를 드리고 싶어 했을 것이다. 그러나 그들은 당시 이단이요, 민중을 선동하는 반역자들로 간주되었기 때문에, 비밀리에 종종 아주 외딴 곳에서 모임을 가져야 했다. 결국 아나뱁티스트 설교가들은 당시 거대한 고딕 양식의 성당을 "돌무덤"이나 "우상의 집"으로 여겼고, 차라리 불편한 장소에서 설교하는 것을 덕으로 여겼다. 그들에 따르면 두 세 사람이 그의 이름으로 모이는 곳이라면마18:20 어디든지 그리스도는 현존하신다. 그들은 "땅은 주님의 것"시24:1이라는 성경구절을 좋아했다. 하나님께 속하지 않은 곳이 없기 때문에, 신자들은 그들이 예배를 드리기 위해 모일 수 있는 곳이라면 어디든지 상관하지 않았다. 그들은 하나님께서 그들 한가운데 계시므로 집의 부엌, 물레방앗간, 숲속, 지붕만 있는 곳, 감옥, 혹은 호수 한가운데의 배 안이라도 상관없었다.

이러한 신학적인 신념과 더불어 비밀리에 모임을 가져야 했던 당시 상황은 훗날 아나뱁티스트 메노나이트들로 하여금 신자들이 예배로 모이고자 할 때 물리적 공간이 그리 중요하지 않다고 여기도록 만들었다. 아나뱁티스트들은 특정한 건물들 혹은 성상들을 거부하였다. 물건을 "거룩하게" 여기는 개념을 거부하였는데, 이로 인해 훗날 메노나이트들은 교회 건축이나 미학에 대해 별 중요성을 갖지 않게 되었다. 북미 메노나이트의 유명한 찬송은 "우리가 만나는 이 장소는 무엇인가?"라는 질문이 들어있는 가사와 더불어 시작된다. 그 대답은 기능적인 면을 반영하고 있다: "단순한 집, 땅이 곧 바닥이며, 벽과 지붕이 사람을 보호하고, 빛이 창문이고, 문은 열려있네."9)

현재, 메노나이트들은 특정한 예배 공간을 위한 메노나이트 신학적 틀을 제공하는데 어려움을 겪고 있다. 북미 메노나이트들은 가정, 상점, 학교 체육실, 회의실, 다른 교단의 예배당 등 필요한 장소에서 예배를 드리고 있으며 현대 구조물들은 최근의 건축학적 유행을 그대로 반영하고 있다. 우리는 건물이 아니라 함께 모인 공동체를 진정한 교회로 여긴다. 주님은 정교한 장식과 예식에 관심이 있으신 분이 아니다. 대신에 우리는 "오로지 공의를 실천하며 인자를 사랑하며 겸손히 하나님과 함께 행"하면 되는 것이다. 미6:8

그러나 동시에 예배 공간을 "단순한 집"이라고 부르는 것은 진실을 제대로 드러내지 못한다. 그 반대로 우리가 모이는 공간이라는 언어는 결코 중립적이지 않다. 예배 장소들은 결코 그렇게 "단순히" 기능적인 면만 있는 것이 아니기 때문이다. 성육신이라는 단어와 함께, 성령은 우리의 물리적 환경에서 역사하시고, 종종 우리가 잘 인식하지 못하는 방식으로 역사하신다.

아주 오랜 세월동안, 내 연구실은 대학 도서관의 지하에 위치

---

9) "What is this place?," in *Hymnal: A Worship Book* (Elgin, IL: Brethren Press, 1992). 1.

에 있었다. 비록 학생들이 찾아오기에 좀 불편한 곳에 연구실이 위치해 있었지만, 나의 기본적인 필요를 충분히 채우고도 남았다. 그곳은 연구하기에 꽤 좋은 장소였고, 내게 필요한 서류를 꽂아놓기에 충분했고, 도서관이 바로 위층이라서 필요한 책을 쉽게 찾을 수 있었다. 그러나 몇 년 전, 도서관 확장 공사로 인해 연구실을 다른 건물의 3층으로 옮기게 되었다.

놀랍게도, 나의 하루 활동 반경이 본질적인 변화를 맞게 되었다. 비록 사무실은 여전히 나의 기본적인 욕구를 충족시켜 주었지만, 여러 다른 학과 출신의 동료들과 상당히 가까이 지내게 된 나 자신을 발견하게 되었다. 우리는 매일 휴식시간에 간단히 차를 마시며 담소를 나누었고 이러한 담소는 우리가 어떻게 가르쳐야 하는지 교수법에서부터 시작하여 연구 활동을 하면서 매일 겪게 되는 일상의 기쁨과 좌절감에 이르기까지 깊어지게 되었다. 학생들은 교실을 왕래하면서 더 자주 내 연구실을 방문하였다. 처음으로 창문을 통해 자연스럽게 빛이 들어오는 연구실을 갖게 되었고 나무 꼭대기에 찾아드는 계절의 변화를 바라볼 수 있게 되었다. 어떤 면에서 내 사무실에서 일어나는 기본적인 일은 변하지 않았다. 그러나 보다 깊은 면을 살펴보면, 새로운 장소가 내 일의 환경과 의미를 바라보는데 있어서 근본적으로 다른 관점을 갖게 도와주었다.

이와 비슷한 일은 예배에서도 일어난다. 충분히 사실을 인식하지 못할 때조차, 예배로 모이는 공간은 우리의 깊은 신앙을 표현하고 형성한다. 그것이 중세 고딕양식의 대성당이든, 마을의 가게 안이든,

옥수수밭 모퉁이에 판자로 지은 모임집이든, 혹은 대로변에 지은 초대형교회든 예배를 드리는 물리적 공간과 환경은 하나님을 만나는 우리에게 지대한 영향을 미친다.

　　메노나이트들이 예배 장소를 "단순한 집"이라고 부르는데 주의를 기울여야 하는 또 다른 이유는 우리의 행동이 실제로 찬송가에서 표현하는 정서를 충분히 반영하지 않고 있기 때문이다. 20세기를 지나오면서, 북미의 메노나이트들은 사회의 주류문화에 점점 깊숙이 들어서게 되었다. 그러면서, 메노나이트 교회 건물들은 서서히 우리의 새로운 경제적 사회적 면모를 드러내게 되었다.

　　현재 새로운 건물을 짓거나 개축하기 위한 메노나이트 교회 건축 프로젝트들에는 건축위원회, 건축사, 내부 장식가, 하도급자 등이 복잡한 시공을 하느라 몇 십억까지는 아니라 할지라도 종종 몇 억에 달하는 큰돈이 지출되기도 한다. 때때로 이러한 건축계획은 교인들의 양적 성장과 이를 반영하는 것이기도 하다. 가끔씩 건축계획을 실행할 때 재정, 공간의 우선순위, 건축의 미적인 측면, 결정권에 대한 사안을 놓고 격렬한 논쟁이 일어나기도 한다. 분명히 건축 프로젝트에 드는 재정과 에너지 정도를 기준으로 보자면, 예배공간은 우리에게 매우 중요하다!

　　결국, 메노나이트들은 성육신의 이유로 물리적 예배 공간에 대해 은근히 신경을 쓴다. 아나뱁티스트들은 우상을 만들려는 인간의 성향을 늘 주시한다. 즉 인간은 뭔가를 만들어 내는 창조주와 자신들을 혼동하곤 한다. 실제로 어떤 아나뱁티스트들은 가톨릭교회의 제단, 조각상, 스테인드글라스 창문을 정화시킬 목적으로 이들을 훼손하고 파괴하기 위한 운동을 벌이기도 했다. 그러나 우상에 대한 해결책을 세운다면서 물리적 세계를 전부 거절할 수는 없다. 비록 하나님께서 특정한 장소나 예배 모습을 정해 놓으시지는 않으셨지만, 우리가 이 책 전체를 통해 살펴보고 있는 것처럼 하나님은 끊임없이 물질세계를 통해 자신을 드러내신다. 정확하게 말해 하나님이 이 세상을 창조하셨기 때문에, 그리고 이스라엘의 역사를 통해서도 잘 알 수 있는 것처럼, 그리고 인간의 형상을 입고 오신 예수를 통해서 가장 잘 드러나 있는 것처럼, 그리스도인들은 예배를 드리기 위해 정해 놓은 공간을 포함한 물리적인 세상의 여러 방식을 통해 드러나는 하나님의 현존을 잘 인식해야 한다.

그러기에 예배하는 건물은 "단순한 집" 이상의 의미가 있다. 물리적 환경은 예배에서 무엇을 경험하는가에 엄청난 영향을 끼친다. 예배 공간에 시간, 돈, 창조적 에너지를 투자하는 것은 신학적 결정이기도 하다. 장소와 공간은 중요하다! 그러나 예배의 미적인 측면과 관련된 긍정적인 신학전통이 부재한 가운데, 메노나이트들의 예배 공간에 대한 계획이 개인의 취향을 따르거나 혹은 지역의 공동체에 드러나 있는 유행을 따르기 위해 이것도 아니고 저것도 아닌 모습으로 진행되기 쉽다.

이번 장에서는 성경에 기록되어 있는 예배 장소와 기독교 교회의 역사 속에서 발전되어온 예배 장소에 대해 간단히 살펴볼 것이다. 독특한 아나뱁티스트−메노나이트 건축 양식을 주장하는 것은 시기상

조다. 그러나 나는 아나뱁티스트-메노나이트 전통이 형성해 온 통찰력에 근거하여 예배 공간에 대한 신학, 미학, 그리고 기능이라는 주제로 대화를 지속하기 위해 간단한 틀을 제시하였다.

하나님의 현존이라는 놀라운 신비가 예배 공간이라는 구체적인 형태 안에 드러나 있음을 인식한다면 예배 공간이 이 세상에서 하나님을 드러내는 증언의 형태가 될 수 있다.

성경적 주제

교회 건물을 "단순한 집"으로 여기고자 하는 몇몇 메노나이트들이 받는 유혹을 살펴보면 성경 전체에 흐르고 있는 생생한 긴장감 즉 하나님과 인간이 어떻게 서로 연결되는지를 보여주는 생생한 긴장이 그대로 반영되어 있다. 창세기의 이야기에 따르면, 하나님은 인간과 직접적이고, 친밀하며, 면대면의 관계를 누리며 살고 싶어 하신다. 창세기의 서술에 따르면, 하나님은 아담에게 직접 말씀하셨고2:16, 아담으로 하여금 동물들의 이름을 짓게 함으로 협력을 구했고2:19, "날이 서늘할 때"3:8 아담과 이브와 직접 동산을 거니셨다. 그러나 타락의 결과, 아담과 이브는 하나님과 직접 만나는 것을 불편하게 여겼다. 그 이후로, 하나님에 대한 인간의 상호관계는 이런 저런 방식의 중개자를 필요로 하게 되었다.

이처럼 성경 전체 역사를 통해 볼 때, 하나님은 구체적인 방식을 통해 끊임없이 사람에게 다가오셨다. 출애굽 사건을 예로 들어보자. 하나님은 불타는 떨기나무의 형태로 모세에게 자신을 드러내셨고, 열 가지 재앙이라는 놀라운 계시를 통해, 홍해 바다의 물을 통해, 바위에서 솟는 샘을 통해, 밤의 불기둥 그리고 하늘의 만나를 통해 자신을 드러내셨다. 시내산 위에서 모세는 하나님께서 직접 손으로 쓰신 십계명이라는 두 돌 판을 받았다.

이처럼 하나님께서 주도하시는 행위에 대한 인간의 반응은 구체적인 물질의 형태를 통해 표현되었다. 창세기에서 우리는 뭔가 선물을 들고 하나님께 나아가는 아벨과 가인을 발견할 수 있다. 그들은 감사의 희생제물을 드리기 위해 자신들이 수고한 물질을 하나님께 가져갔다. 구약 전체에 걸쳐 희생 제물을 드리는 이러한 양식은 창조로 이루어진 모든 것이 결국은 하나님께 속해 있음을 구체적으로 보여주기 위함이다. 땅의 모든 열매는 하나님이 인간에게 주신 선물이다. 그러기에 이러한 선물은 인간이 소유하고 움켜쥘 어떤 소유물이 아니라 감사의 마음으로 다시 하나님께 드리는 것으로 이해하는 것이 적절하다.

이스라엘 역사 속의 몇몇 결정적인 순간에 이스라엘 백성들은 하나님께서 그들과 함께하셨음을 특별하게 기억하기 위해 돌무더기를 쌓고 기념비를 세웠다. 창31;44-54; 수4:1-9 이러한 돌무더기를 쌓은 곳은 이집트의 피라미드나 메소포타미아의 직구라트와 같이 사람들이 이룩해 놓은 토목공사의 공적을 기리거나 이 땅에 존재하는 어떤 왕의 통치를 기리기 위한 것 아니었다. 실제로 예언자들은 우상을 숭배하거나 인간을 속이는 행위를 반복적으로 경고한다. 오히려 돌무더기를 쌓은 것은 자신의 백성을 위해 친히 역사에 개입하신 하나님을 기리기 위한 가시적인 표시였다. 돌무더기를 만남으로써 하나님의 구원하시는 행동을 기억하고 하나님께 감사와 찬양을 드리는 자세를 다시 갖게 되었다.

물리적인 예배 장소는 이스라엘 백성이 약속의 땅에 정착하면서 새로운 형태를 취하였다. 두 돌 판에 기록된 법이 언약궤 안에 자리 잡게 되었고, 거룩한 능력을 담아내는 이동구조가 확립되었다. 그러나 일전에 난민이었던 사람들이 부자로 살게 되자, 다윗 왕은 좀 더 멋지고 영원한 예배 처소를 짓고 싶어 했다. 처음에 하나님은 성전을 지으려는 다윗의 제안을 거절하셨다.삼하7 하나님께서는 그런 물리적인 공간 안에 머무시는 분이 아니시기 때문이었다. 그러나 다윗의 아들 솔로몬이 고집스럽게 주장하자, 하나님은 매우 정교하고 정확한 지침을 따라 성전을 짓도록 허락하셨다. 시간이 흘러 이 성전은 유대인들의 예배 중심지가 되었다. 일 년에 한번 오직 대제사장만이 들어갈 수 있는 지성전이 있어 땅 위에서 물리적으로 나타나시는 하나님의 현존 장소 기능을 담당했다. 이 지성소는 하늘과 땅이 만나는 접점이 되었다.

그러나 모든 관심사는 건물에 집중되었고 성전예배와 결합된 예전과 의식에 집중되었다. 그러나 선지자들은 하나님께서 어떤 정해진 장소나 예전적 틀 안에 갇히시는 분이 아니시라는 시각을 결코 놓지 않았다. 선지자 미가의 말이다.

내가 주님 앞에 나아갈 때에, 높으신 하나님께 예배드릴 때에, 무엇을 가지고 가야 합니까? 번제물로 바칠 일 년 된 송아지를 가지고 가면 됩니까? 수천 마리의 양이나, 수만의 강줄기를 채울 올리 브기름을 드리면, 주님께서 기뻐하시겠습니까? 내 허물을 벗겨 주시기를 빌면서, 내 맏아들이라도 주님께 바쳐야 합니까? 내가 지은 죄를 용서하여 주시기를 빌면서, 이 몸의 열매를 주님께 바쳐야 합니까? 미6:6-7

이 미가의 질문에 대한 답은 아주 분명했다. 하나님께서 요구하시는 변화된 삶의 방식은 아주 분명했다. "너 사람아, 무엇이 착한 일인지를 주님께서 이미 말씀하셨다. 주님께서 너에게 요구하시는 것이 무엇인지도 이미 말씀하셨다. 오로지 공의를 실천하며 인자를 사랑하며 겸손히 네 하나님과 함께 행하는 것이 아니냐!" 미6:8

아모스 선지자는 한걸음 더 나아갔다.

나는, 너희가 벌이는 절기 행사들이 싫다. 역겹다. 너희가 성회로 모여도 도무지 기쁘지 않다. 너희가 나에게 번제물이나 곡식제물을 바친다 해도, 내가 그 제물을 받지 않겠다. 너희가 화목제로 바치는 살진 짐승도 거들떠보지 않겠다. 시끄러운 너의 노랫소리를 나의 앞에서 집어치워라! 너의 거문고 소리도 나는 듣지 않겠다. 암5:21-23

대신에 아모스는 담대히 선포하였다. "너희는, 다만 공의가 물처럼 흐르게 하고, 정의가 마르지 않는 강처럼 흐르게 하여라!" 5:24 하

나님께서 정말로 원하시는 예배는 겸손한 마음으로 정의와 공의에 헌
신하는 거룩한 삶이다.

기독교 예배의 장소와 공간: 초대교회에서 종교개혁까지

메시아의 도래는 이러한 주제를 지속하기도 하지만 단박에 깨
뜨리기도 하실 분으로 묘사되었다. 한편으로 예수는 유대 전통의 예배
의식에 대해 아주 분명하게 이의를 제기했다. 예를 들어 그는 안식일
에 공적인 장소에서 여인의 병을 고치심으로써 공개적으로 정결법을
어겼다. 그는 예루살렘 성전이 무너지게 될 것이며 사흘 만에 그가 다
시 세울 것이라는 말씀을 하심으로써 유대 청중들의 마음을 어지럽히
고 어리둥절하게 만들었다. 이 예언은 그의 죽음과 부활사건이 이루어
질 때까지 전혀 이해가 되지 않는 말씀이었다. 극적인 행동으로 예수
는 '만민이 기도하는 집'을 '장사하는 집'으로 만들어 놓았다고 하시
면서 성전 안 환전상들의 탁자를 뒤집어 엎으셨다. 십자가 사건이라는
극적인 결말에서 지성소를 가리던 휘장이 위에서부터 아래까지 찢어
진 것은 하나님의 성령을 더 이상 특정한 장소에 가두어 둘 수 없고 온
세상에 드러나게 될 것임을 의미한다.

오순절에, 성령께서는 예배가 더 이상 성전이나 예식에 갇혀 있
지 않게 되리라는 보다 더 분명한 증거를 보여주셨다. 이 사건에서는
성령이 당시 함께 모여 있던 사람들의 눈에 불의 혀로, 바람으로, 그리
고 베드로의 감동적인 설교와 능력으로, 그리고 제자들이 갑자기 방언
을 말하는 아주 분명한 모습으로 보이기까지 했다. 그렇게 당시에 알

려진 전 세계 사람들에게 분명히 이해되는 모습으로 나타나셨다. 더 나아가 제자들은 날마다 기도하기 위해 지역 회당에 나가서 함께 음식을 먹고, 자신들이 가진 소유물을 나누고, 병든 자를 고치고, 죽은 자를 살렸다. 비록 예배의 형태가 변하기는 했지만, 성령의 현존에 대한 구체적인 표현은 더 이상 존재하지 않았다.

이러한 초대교회 운동이 점점 성장하게 되면서, 유대지도자들과 로마 당국의 적대감도 함께 커져갔다. 점차로 초기 그리스도인들은 유대 회당에서 환영받지 못하게 되었고, 로마 정부에 의해 박해를 받게 되었다. 이제 그들은 비밀리에 예배를 드려야 했고, 점차 개인의 집에서 때로는 동굴과 지하묘지인 카타콤에서 드려야 했다.

4세기, 박해가 끝날 때까지 그리스도인들은 예배만을 목적으로 세운 건물에서 모이지 못했다. 4세기에 들어 가장 먼저 세워진 교회들은 "바실리카"라고 불리는 매우 큰 직사각형 모양의 방을 배치시켰다. 바실리카는 원래 시의회나 황제가 모임을 갖기 위한 공간으로 계획되었다. 그러던 것이 황제가 믿는 신을 예배하는 장소로 대체했고 동쪽 끝에 제단을 위치시키고 감독이 그 뒤에서 예배를 집전하게 되었다.

시간이 흘러, 성찬식을 기념하는 것을 중심으로 점차 예배의 형식이 바뀌자, 바실리카를 두 부분의 공적 공간으로 나누는 새로운 형태의 배치가 등장하게 되었다. 큰 공간the nave은 성직자가 평신도 혹은 회중들과 함께 예배를 집전하는 성당으로 자리하게 되었다. 성당의 제단 앞에서 성찬식을 집전하는 예배에 초점을 맞추는 것에 모든 것이 집중되어 있는 이 새로운 계획은 성직자의 역할을 강조하고 거룩한 공간과 속된 공간 사이의 차이를 분명하게 드러내는 방식으로 계획되었다. 전체 예배는 라틴어로 집전되었고 이는 저기 멀리 계신 하나님을 강조하는 방식으로 평범한 세상으로부터 분리된 공간에 대한 인식을 사람들에게 심어주었다.

서부 유럽의 교회 건축은 고딕양식의 성당이 출현한 12세기와 13세기에 가장 극적인 형식을 취하고 있다. 성당의 첨탑들이 수많은 유럽 도시의 하늘을 찌르듯 솟아올라 있는데, 이렇듯 위압적인 구조들은 당시 한층 발전된 신학적 세계관을 그대로 드러내고 있다. 예를 들어 대부분의 성당 건물들은 동쪽을 하고 있는데 이는 그리스도께서 영광 중에 오실 때 회중들이 있는 자리에서 그리스도를 맞이하도록 설계한 것이다. 건축물 안의 긴 장방형의 공간바실리카은 좌우로 나뉘어져 평면도 상에서 보면 십자가의 형태를 취하고 있다.

기독교 자체가 그랬던 것처럼, 성당들은 시간에 구애받지 않는 건축양식으로 여러 세대에 걸쳐 지어졌고 영원히 존재할 것을 염두에 두고 지어졌다. 성당의 기초를 놓은 석공들이 가진 이러한 비전에 따라 떡갈나무 농장을 경작하였는데, 그들 생각에 자신들의 건축에 필요한 재목으로 떡갈나무가 충분히 자라려면 최소한 한 세기는 족히 걸릴 것을 알고 있었기 때문이다. 마을 사람들은 채석장으로부터 거대한 돌을 일일이 운반해야 했는데 때로는 성당 건축지와 채석장이 상당히 멀리 떨어져 있기도 했다. 대단한 실력을 가진 목공, 석수, 벽돌공들이 성당의 한 부분을 지어 올리는데 수십 년이 걸리기도 했다.

소위 "날개벽flying buttress"이라고 알려진 건축양식이 창안되어 벽을 점점 높게 올릴 수 있게 되자, 성당 설계는 조명의 밝기에 초점을 맞추기 시작했다. 점차 길게 늘어선 스테인드글라스 창문이 벽면을 가득 채우게 되었고, 성경 이야기를 중심주제로 한 그림들이 빛을 발하면서 아름다운 신의 선물을 표현해 주었다. 성당의 서쪽에 위치한 입구는 교회에 들어오는 사람들이 잘 배치된 아름다운 돌 위의 부조들을 감상하며 3차원 예술로 표현된 교회의 역사와 이야기를 음미하도록 설계되었다. 창조, 타락, 노아의 방주, 출애굽, 시내산 위의 모세; 구약의 왕들과 예언자들; 동정녀 마리아를 방문한 천사들; 그리스도의 탄생; 무죄한 어린이 학살, 예수께서 들려주신 다양한 비유들; 그의 출생부터 죽음 그리고 부활에 이르는 장면; 사도들의 형상들과 초대 교회의 순교자들에 이르는 내용으로 표현되었다. 이러한 모든 작품들을 끌어안고 있기라도 하듯이 그리스도의 재림, 마지막 심판 날, 승리하신 그리스도의 통치와 관련된 극적인 그림들이 천정 위의 우주를 수놓았다.

건축가들의 관심사는 성당의 앞자리에 우뚝 솟아있는 제단은 물론 벽면들을 따라 구석진 작은 방들 안에 채플과 무덤들을 안치시키는 공간과 정교하게 조각한 강단들로 이어져갔다. 어떤 성당들은 바닥에 타일을 깔아 기도를 할 수 있도록 안내하는 미로labyrinths를 만들어 놓기도 했고, 몇 세기 후에는 과학기술조차 놀랄만한 엄청나게 큰 시계와 공간을 뒤흔들 음악을 연주하기 위한 육중한 파이프 오르간들이 배치되었다.

현재 이러한 성당을 방문하는 사람들은 그들이 원하던 것은 무엇이든 다 표현하려 했던 이러한 고딕양식의 성당에 대해 경탄해 마지않는다. 여행객들은 탁월한 도시의 경제 상태, 교회가 드러내고자 했던 권력과 권위, 토목기술이 달성한 위업, 미학의 승리, 혹은 이러한 성당 건축을 위해 동원된 노동력과 세금을 수탈당한 사람들이 겪은 억압과 이에 대한 상징 등 다양한 방식으로 건축을 해석할 수 있을 것이다. 중세 신학자들도 이러한 의미를 해석하는데 있어 동일한 생각을 가진 것은 아니었다. 12세기 시토 수도회의 수사 클레르보의 베르나르Bernard Clairvaux는 지나치게 사치스러운 성당들이 기도에 집중하기보다는 뭔가 기부하도록 만들고 있다고 염려하였고, 건축 구조가 드러내는 웅장함이 그리스도인들이 갖추어야 할 통회, 회개, 겸손과 같은 덕목을 가로 막게 되었다며 크게 우려하였다.

종교개혁의 시기에, 몇몇 개혁가 그룹들은 이러한 비평의 목소리를 드높이며 성당이 우상이요, 사치요, 나쁜 신앙을 조장한다고 비난하였다. 이러한 그룹들이 가톨릭교회를 대신하여 교회를 시작하였을 때 그들은 교황의 이미지를 제거하였고, 동정녀 마리아와 관련된 말을 하지 않았고, 예배 중에 설교와 성서의 위상에 보다 더 많은 관심을 갖게 하려고 강대상을 아주 잘 보이는 곳에 배치하였다. 개혁교회 전통 중에 어떤 그룹들은 그들이 교회를 장식할 때 가톨릭교회의 모습을 완전히 제거해버리기로 결정하였다. 특히 조각상, 제단, 스테인드글라스 창문 등을 모조리 없애고 교회 내부의 벽면을 하얗게 마감하기까지 이르렀다. 이러한 "정화작업"에 대한 충격은 침례교, 오순절운동과 같은 프로테스탄트 그룹들의 간소한 미학을 추구하는 문화유산으로 이어져, 현재 북미의 여러 공동체에 흩어져 있는 아주 단순하고 기능 중심적인 교회 구조로 자리하게 되었다.

그러나 가톨릭 성당을 거닐며 공간의 무한성, 신학적 의미의 다양한 층위, 세밀한 표현, 전통의 무게, 건축물의 순수한 아름다움에 매료된 사람들은 거룩한 공간에 들어갈 때 느끼는 감성에만 관심을 집중하기도 한다. 기독교 전통에 존재했던 건축 양식들 중 중세 시대의 성당만이 예배 공간을 위해 가장 적절하며 유일한 모델이라고 말할 수는 없다. 그러나 아나뱁티스트–메노나이트 전통에 속해 있는 사람들은 예배 공간들이 어떻게 신학적인 신념들과 일체가 되어야 하는지, 교회 건축이 드러내는 보다 깊은 전통을 어떻게 표현할 수 있을지, 그리고 예배에 있어서 물리적 공간이 신앙을 형성하는데 얼마나 큰 영향을 주는지에 대해 많은 것을 배울 수 있을 것이다.

아나뱁티스트–메노나이트 예배 장소 및 공간

우리가 이미 여러 차례 언급했던 것처럼 초기 아나뱁티스트들은 신앙에 있어 비성경적인 요소를 강조하는 가톨릭의 시각적 혹은 세속적 방식을 거부했다. 우선 그들은 교회가 건물이 아닌 함께 모이는 공동체로 이해했다. 지나치게 화려한 성당, 성인들의 형상들, 그리고 거룩한 순례를 하도록 만들어 놓은 부조 중심의 동선과 장소에 초점을 맞추는 것은 우상의 영역에 속한 것이라고 보았다. 그들이 주장하는 예배는 소수의 안수 받은 성직자가 집전하는 형식적인 예전에 있지 않고, 일상생활에서 살아있는 제자도를 실천하는데 있었다. 이렇게 아나뱁티스트들이 갖고 있던 예배의 본질에 대한 태도는 종교공직자들의 적대감을 불러일으켰고 결국 이들은 공적인 예배에 참여하지 못하도록 강력하게 규제되었다.

아나뱁티스트-메노나이트 전통에 속한 그룹들이 교회 건물과 관련된 독특한 건축 양식을 그다지 발전시키지 못한 것은 그리 놀랄 일이 못된다. 네덜란드 정부는 17세기나 되어서 메노나이트들에게 교회를 지어도 좋다고 허락했다. 그러나 그것도 건물 외부는 일반 가정집과 똑같은 외관을 하거나 아예 앞면이 없는 창고와 같은 형태로 해야 한다는 조건이 달려있었다. 암스테르담에 있는 싱겔커크Singelkerk는 아마도 이러한 "숨겨진 교회"Schuikerk 양식을 보여주는 가장 유명한 예일 것이다. 밖에서 교회건물을 보면 단순한 3층짜리 주택이나 아파트처럼 보인다. 그러나 아주 좁은 현관 복도를 지나면, 강대상, 발코니, 파이프오르간과 대략 1,000명이라도 앉을 것 같은 널찍하고 아름다운 예배당이 보인다.

유럽의 모든 지역의 메노나이트 교회를 상대로 내려진 금지령은 19세기 초나 되어 완화되었다. 그 당시, 북부독일의 크레펠트Crefeld라든가 함부르크Hamburg와 같은 도시 중심에 위치한 메노나이트 회중들은 이웃해 있는 프로테스탄트 교회의 양식을 따라 아주 큰 교회 건물들을 짓기 시작했다. 당시 메노나이트 교인들의 사회적 위상과 수입이 반영된 것이었다. 또한, 19세기 남부 러시아의 자치구로 이주해 있던 네덜란드 메노나이트 후손들이 자신들의 헛간 옆에 단층짜리의 수

수한 교회 건물을 짓기 시작했다. 시간의 흐름에 따라 자치구들이 점점 부유해지자, 이러한 단순한 러시아 메노나이트 "기도 집"Bethaus들은 보다 정교한 구조로 진화하기 시작했고, 때로는 준-고딕양식처럼 외벽을 벽돌이나 자연석으로 짓기 시작함으로써 어엿한 "교회건물"로서 면모를 갖추기 시작했다.

스위스와 남부독일의 메노나이트 예배 공간은 서로 비슷한 양태를 공유했다. 스위스에서 박해는 17세기 내내 자행되었다. 회중들은 비밀리에 개인 집, 외진 헛간, 혹은 옥외에서 모여야 했다. 18세기가 되어 남서부 독일지역으로 이주했던 메노나이트들은 비록 종교적인 관용을 베풀겠다는 칙령을 내렸지만 여전히 이들의 예배 장소가 국가가 인정하는 교회 건물과 비슷하면 안 된다는 조항을 제시했던 것에 개의치 않고 가정과 개인적인 장소에서 예배를 드렸다.

18세기와 19세기에 걸쳐 미국으로 이주하면서, 이들에게 처음으로 그들이 원하는 방식의 교회를 건축할 수 있는 자유가 주어졌다. 북미의 아미시들은 오랜 전통을 따라 가정과 헛간에서 예배를 드리며, 이러한 모습은 현재까지 실천되고 있다. 이들의 예배는 모임을 주관하든 방문을 하든 모두가 얼굴을 맞대고 교제하는 관계를 기본으로 하는 회중의 정체성으로 자리해 있다. 또한, 이러한 실행은 회중들이 그들의 건물을 자주 사용하지 않는 채 6일 동안 텅 비어있게 내버려두지 않도록 하며, 회중들이 상대적으로 작은 규모로 남아있도록 도와주었다. 그룹이 일반 가정에서 모일 수 없을 정도로 지나치게 커지면, 회중은 새로운 구역으로 나눈다.

북미의 메노나이트 교회들은 처음부터 아주 단순한 구조를 지향했다. 대체로 장방형의 건물 앞쪽 한 가운데에 강단을 위치시킨다. 회중은 양쪽으로 나뉘어져 배치된 장의자에 서로 얼굴을 마주보며 앉거나 모임 장소의 긴 공간을 3등분해서 서로 얼굴을 볼 수 있도록 배치하였다. 미국의 시민전쟁 이전에 존재했던 메노나이트 "모임집meeting-house" Versammlunghaus의 내부공간은 자연채광이 가능한 깨끗한 창문이 몇 개 달려있는 정도로 아주 평범했다. 건물의 단순성은 수수한 편으로 교회가 어떤 물리적인 구조를 강조하기 보다는 공동체로 모이는 사람들이 곧 교회임을 강조해주었다.

그러나 메노나이트들이 점점 부자가 되고 지역 마을과 문화에 동화되면서, 교회 건축은 다양한 모양을 갖추게 되었다. 20세기 동안 메노나이트 회중들은 수백 개의 새로운 교회건물을 지었는데, 아주 평범한 모임 집 형태부터 당시의 교회건축 양식을 따라 뾰족한 탑, 외부의 주랑, 현관, 때로는 종탑까지 세울 정도로 점차 새로운 모습을 띠게 되었다.

현재 그 건물만 따로 놓고 볼 때 무엇이 메노나이트 교회인지 일반화하기는 쉽지 않다. 현재 북미 메노나이트들은 그들이 원하는 예배당을 마음껏 지을 수 있을 만큼 충분한 자유와 재정을 갖고 있다. 그렇지만 메노나이트 교회 건물이 항상 아나뱁티스트-메노나이트 전통을 강조하는 식으로 지어지는 것은 아니다.

지금 우리가 고려해야 할 사안들: 신학, 미학, 그리고 기능

예배 공간과 장소는 결코 중립적이지 않다. 비록 우리가 그 중요성을 인식하지 못할 때라도 예배 공간이 우리에게 많은 영향을 미친다. 어쩌면 우리가 그 중요성을 제대로 인식하지 못할 때가 더 많을 지라도, 예배 공간은 항상 우리를 만들어가고 우리가 누구이며 우리가 믿는 것이 무엇인지 세상과 소통하는 방식으로 자리한다. 그러나 만약 예배가 정말 실존에 대한 우리의 가장 깊은 이해를 표현하거나, 공개적으로 우리의 충성이 무엇인지 드러내는 것이라면 우리의 예배 공간 안에서 일어나는 일들에 대해 보다 더 많은 관심을 가져야만 할 것이다.

예배 공간의 본질에 대해 깊이 생각하고 교회 건물에 대해 의사결정을 할 때, 메노나이트 회중들은 대개 성서와 아나뱁티스트–메노나이트 전통이 가져다주는 통찰력이 무엇인지 질문하면서 세 가지 서로 관련되어 있는 사안들을 주의 깊게 살핀다. 이 세 가지 고려사항은 그 어느 것도 다른 것과 동떨어진 채 홀로 존재하지 않는다. 그러므로 그들을 서로 비교하는 것은 다소 부자연스러울 수도 있다. 그럼에도 불구하고, 이 세 가지 사안들이 갖고 있는 독특한 목소리를 하나하나 고려하는 것은 매우 유용하며, 회중이 건축을 하거나 개축을 할 때 대화의 내용으로 고려하면 좋을 것이다.

1. 첫 번째로 고려해야 할 사안은 신학이다.

회중들이 자신들이 갖고 있는 교회의 정체성과 사명을 어떻게 표현하는지는 그들의 기본적인 신념을 건축에 반영하는 것은 매우 중요하다. 공간에 대한 신학이 그들의 신앙을 잘 양육하도록 돕게 하려면 어떻게 해야 할까? 가톨릭교회를 통해 우리가 살펴보았듯이, 성당의 모든 건축 요소들에는 이러한 질문이 주도면밀하게 잘 반영되어 있다. 성당에 들어서는 입구에서부터 제단에 이르기까지 그리고 예배의 중심에 위치한 성찬식을 기념하는 것에 이르기까지 그들의 신학이 반영되어 있다. 이와는 반대로 프로테스탄트 교회들은 강단을 중심으로 그들의 예배당을 계획하는 경향을 보여 왔다. 즉 직선으로 배열된 자리에 앉아있는 신도들 위로 말씀을 선포할 때, 말씀의 권위가 잘 받아들여지도록 어느 정도 강단을 높게 배치하였다. 가톨릭교회는 거의 예외 없이 예배 공간 한 가운데 십자가를 걸어 놓는데, 그 십자가에는 고난당하는 예수를 강조하고 있다. 한편 프로테스탄트 교회 또한 십자가를 걸어놓는데, 그들의 십자가는 죄와 죽음의 권세를 이기신 그리스도의 승리를 강조하기에 십자가 위에 고난당하는 예수가 없다.

아나뱁티스트-메노나이트 회중들에게 적절한 독특한 신학적 주제들은 그렇게 간단히 짧게 설명되지 않는다. 그러나 일반적으로 다음과 같이 간단하게 설명할 수 있다.

• 자리 배치: 신자들의 공동체로 정의되는 교회 즉 그리스도의 몸을 가장 중요한 것으로 강조하는 아나뱁티스트-메노나이트 신학 안에서, 메노나이트 교회들은 전통의 핵심 가치를 표현할 수 있는 방식으로 의자를 반원형으로 하거나 예배 공간을 3등분하여 배치한다.

몇몇 연구에 따르면 인간들은 15미터 이상으로 거리가 멀어지면 개인적인 얼굴들을 인식할 수 없고 한다. 반원형으로 앉는 것은 회중의 구성원들이 서로를 쉽게 알아볼 수 있도록 도와주고 우리 개인들이 하나님과 갖고 있는 관계가 서로 맺고 있는 관계와 결코 분리될 수 없다는 사실을 상기시켜준다. 이러한 신념은 메노나이트 예배당에 발코니를 설치하는 자리배치에 이의를 제기한다. 발코니는 예배 공간에 보다 많은 사람들이 참여할 수 있도록 돕는 공간배치이기는 하나, 이곳에 앉는 사람들은 예배에 적극적으로 참여하는 사람이기보다는 구경꾼으로서 예배를 경험하게 된다.

• 강단: 비록 설교가 메노나이트 예배에 핵심적인 요소이기는 하나, 모든 신자들의 제사장적 역할을 크게 강조하는 메노나이트 교회의 구성원들은 모두가 예배 중에 성경을 읽고 해석하는 책임을 공유한다. 이것은 설교로 선포한 말씀에 대해 청중들의 반응을 요구한다는 의미다. 즉 설교는 하늘로부터 떨어진 최종적인 답이 아니라는 말이다. 그러므로 메노나이트 교회들은 강단을 회중과 멀리 떨어져 하나님의 말씀을 선포하도록 배치하기 보다는 회중 가까이에서 생각을 나누는 연단으로 사용한다. 연단을 조금 높게 설치하는 경우가 가끔 있기는 하지만, 이는 권위의 상징이라기보다는 청중들이 잘보고 들을 수 있게 하려는 목적이 있을 뿐이다.

• **시각적 표현**: 비록 신학적 설명을 위해 시각적인 면을 잘 고

려하지는 않지만, 교회의 외부 설계는 종종 우리들의 신학적 가치와 면모를 드러낸다. 실제 그렇지 않을 수도 있지만, 상점의 넓은 공간에 모여서 예배를 드리는 경우가 있는데, 이는 이웃들의 생활에 적극적으로 관여하고 헌신하기 위한 회중의 정체성을 드러내기 위함이다. 성당은 교회 전통에 깊이 뿌리내리고 있다. 돌을 쌓아 높이 지은 교회는 방어적이고, 견고하고, 흔들림이 없는 신학을 갖고 있음을 암시하기도 하다. 도시 근교에 위치한 초대형교회는 바쁜 회중들에게 잘 준비된 패키지 프로그램을 제시하고 있다. 당신이 다니는 교회의 외부 설계는 그것이 의도한 것이든 아니든, 신학적인 전제를 갖고 사람들과 소통하고 있다. 메노나이트 교회들은 단순성, 통합성, 환대를 강조하며 이를 드러내기 원한다.

• 자원 사용에 대한 청지기적 책임: 교회 건물에 얼마나 많은 돈을 쓰는가는 매우 곤혹스러우면서도 끊이지 않는 질문이다. 어떤 사람들은 이스라엘 백성들처럼 하나님께 번제를 드리고, 막달라 마리아처럼 값비싼 향유를 예수의 발에 부었던 예를 들어가며 교회 건물에 돈을 충분히 지출하는 일을 연결시키기도 한다. 그렇게 우리가 소유한 재물을 순수하게 "내어드리는" 것이 청지기적인 책임이자 행동이라고 주장한다. 우리의 의도가 하나님께 영광을 드리는 것이라면 그 어떤 것도 비싸거나 지나친 것이라고 할 수 없다. 그러나 반대로 교회의 많은 재정이 교회 건축과 건물 운영에 집중된다면 이는 매우 이기적인 것이며 더 중요한 선교나 구호에 쓸 재정이 없게 된다. 역사적으로 메노

나이트들은 교회 건물에는 지출을 아끼는 것이 옳다고 여겨왔다. 많은 메노나이트 회중들은 건물 프로젝트에 구성원들의 "땀"과 기술을 기부하도록 하는데 이는 단순히 비용을 절약하기 위함일 뿐 아니라 건물을 통해 보다 더 깊은 공동체성을 부여하기 위함이다. 어떤 교회들은 재정적으로 가난한 회중을 후원하기 위해 십일조 운동을 벌이기도 한다. 이러한 질문의 배후에는 하나님의 풍성하심에 대한 주제가 자리하고 있다. 우리가 소유한 물질에 대해 어떻게 하면 올바로 우리의 마음을 충분히 표현할 수 있으며, 실제 우리가 필요로 하는 차원을 넘어선 곳까지 나아갈 수 있을까?

• **기타 고려사항들** : 이러한 기본적인 사항들 외에, 예배 공간을 꾸밀 때 회중들이 관심을 기울여야 할 신학적 결정사항들에는 어떠한 것이 있을까? 예를 들어 교회가 어떻게 하면 새로운 사람들을 환영할 수 있도록 공간분명한 출입구? 표지?을 배치할 수 있을까? 어떻게 하면 장애를 가진 사람들이 공간에 쉽게 접근할 수 있을까?접근성? 큰 글씨의 주보? 청각장애자를 돕기 위한 배려 등 대부분 메노나이트 회중들은 그리스도의 몸이 국가적 정체성과 국경을 넘어서기 때문에 미국 국기를 교회 건물에 걸지 않는다. 어떤 교회들은 예배와 삶 그리고 세상을 향한 증거가 서로 연결되어 있음을 회중들에게 상기시키기 위해 창문이 달려 있는 의도적인 공간을 마련해 놓기도 한다. 예배 공간 안에 시계를 걸어놓는 것에 대한 신학적인 입장은 무엇인가? 교회의 공적인 공간에는 어떤 종류의 예술 작품이나 배너를 걸어 놓아야 할까? 예배당 건물

을 보다 자연 친화적인 건물이 되도록 꾸민다면, 얼마나 기꺼이 헌금을 할 것인가? 이러한 질문들은 우리가 예배공간을 꾸밀 때 고려해야 할 사안들 중 몇 가지에 불과하다. 분명하게 표현할 수 없을지라도 이러한 질문들은 예배 공간을 꾸밀 때 실제로 적용할만한 신학적인 신념에 대해 생각해 보도록 도와줄 것이다.

2. 두 번째로 고려해야 할 사항은 회중의 기능적 필요이다.

대부분 메노나이트 회중들은 건축 계획이나 기타 의사결정에 있어서 기능적인 면을 가장 먼저 고려한다. 그리고 거기에는 여러 가지 합당한 이유가 있다. 실제로 우리가 함께 모이는 공간은 우선 실용적인 목적에 부합되어야 한다.

건물이 회중의 다양한 삶의 측면에 부합되도록 계획하는 것은 교회가 어떤 가치를 갖고 있는지에 대한 많은 측면을 드러내준다. 예를 들어 만약 당신의 교회에 예배를 위해서는 300명의 회중이 앉을 수 있으나, 식사를 위해서는 150명을 위한 공간밖에 없다면 교회의 비공식적인 행사를 어떻게 치를 것인지 진지하게 고려해 해야 할 것이다. 이럴 때, 어떤 식의 주방을 필요로 하는가? 교회 교육, 청소년을 위한 레크리에이션 공간, 유아들을 위해 필요한 공간은 공식예배를 위한 공간과 균형이 맞아야 한다. 교회를 다목적 공간으로 사용되도록 건축할 것인가? 교회가 유치원, 지역 사회의 노숙자들을 위해 음식과 숙소를 제공하는 시설, 선교단체, 사회봉사기관을 위한 회의 실 등 지역의 다른 목회들과 시설을 공유할 계획은 있는가? 건물 바닥에 소음을 줄

이기 위해 카펫을 까는 것은 좋지만, 이는 찬양을 부를 때 울림을 감소
시키기도 한다. 교회의 묘지에 투자할 자원은 있는가? "허다한 증인
들"의 무리로 들어가는 교회의 회원들을 위해 교회가 할 수 있는 일은
무엇이며, 교회 공동묘지를 공개적으로 이야기할 수 있는 여지는 있는
가?

분명한 것은 어떤 경우에는 가치가 더 소중하므로 기능성이 항
상 최선이 될 수는 없다. 그렇기 때문에 이러한 기능적 질문들을 신학
적 질문들과 따로 분리해서 논의할 필요도 있다. 그러나 사려 깊은 회
중들은 교회의 실제적인 필요의 모든 면을 고려하고, 이러한 기능적인
면을 고려해서 결정을 내리기 위해 늘 신중하게 반응할 것이다.

3. 세 번째로 어쩌면 가장 도전적인 고려사항은 미학이다.

복도를 무슨 색으로 칠할 것인가 결정하는 일은 그다지 큰일은
아니며 교제실로 가는 복도에 무슨 그림을 그리는지 개인적으로 신경
을 쓸 필요도 없을지 모른다. 또한 예배당 안에 걸어놓을 배너를 전문
가에게 부탁할 지 아니면 교회 안의 누군가에게 부탁할 지, 크게 신경
을 쓸 필요가 없을 지 모른다. 그러나 미적인 감각에 대한 쟁론이 일어
나면 이는 너무나 개인적인 취향과 호불호가 다르기 때문에 교회에 큰
분란이 일어날 수도 있다.

예를 들어 적절한 색상에 대한 생각은 계절과 시대의 분위기80
년대에는 연보라색 계통의 색상이 미국 전역에 유행했었다를 반영한다. 어떤 사
람은 교회에 조화造花를 두기를 싫어하는 반면 어떤 사람들은 편리하

고, 비싸지 않고 12월에 남미에서 수입하는 꽃을 찾기 위해 누군가가 고민하지 않아도 되기 때문에 생화보다 조화를 선호한다. 월너 샐맨 Warner Sallman이 그린 그리스도의 유명한 초상화는 잘 바뀌지 않는다. 그래서 어떤 그리스도인들은 이러한 그림을 하나의 그리스도에 대한 이미지로 간직한다. 예수의 구릿빛 나는 얼굴은 하나님과 친밀한 관계를 갖고 있는 따뜻한 느낌을 전달해 준다. 그러나 어떤 사람에게 이 그림은 매우 감성적이며 저속하다고 여긴다.

정확히 말해 우리는 시간이라는 영역에 참여함으로써 영원한 공간으로 들어가는 교차로에 서 있는 셈이기 때문에, 예배와 관련된 이러한 아름다움에 대한 판단은 그 의견차가 매우 클 것이다. 건강한 회중들에게 이러한 아름다움을 논하는 것은 예배와 관련된 우리의 기대가 얼마나 다양한가를 새삼 깨닫게 만든다. 교회의 구성원이 갖고 있는 경험, 감정, 신념들이 얼마나 복잡다단한가에 대해 보다 진지하게 생각하는 좋은 시간을 가질 필요가 있다.

아름다움을 옳고 그름으로 판단하거나, 기능상 실용적이거나 그렇지 않다는 식의 신학적 논쟁으로 축소시켜서는 안 된다. 어떤 사람들은 크고, 밝고, 천정이 높은 예배당을 좋아한다. 반면 어떤 사람들은 편안하고 안락한 느낌을 자아내는 공간을 좋아한다. 그러나 적어도 회중들은 기본적인 운영원리가 무엇인지 정의하기를 원하며, 이러한 서로 다른 이슈들을 두고 사람들 간에 합의를 이루어나가기를 원한다.

교회 회중에 예술가들이 있으면 그들이 갖고 있는 창조적인 은

사들을 자유롭게 사용할 수 있도록 장을 마련해 줄 필요가 있다. 그러나 이와 동시에 그들이 예배 공간을 개인적인 실험의 장으로 사용하지 않도록 조심해야 한다. 교회는 예술가들의 작품이 신학적인 비전과 통일성을 가질 수 있도록 분명한 입장을 갖고 있어야 한다. 마치 좋은 설교가 사람들을 놀라게 하고, 의표를 찌름으로써 사람들을 성장하게 하듯이, 예술작품이나 장식을 보면서 기존에 갖고 있던 회중의 생각이 도전을 받을 수 있어야 한다. 아마도 교회의 현관에 오랫동안 걸어놓을 수 있는 작품은 아니겠지만, 오사마 빈 라덴과 같이 세상에 강렬한 인상을 심어준 사람들의 발을 씻겨주시는 예수님의 모습을 그려 놓은 작품을 사순절 기간 동안에 전시하면 회중들에게 좋은 메시지를 전달해 줄 수 있을 것이다. 또한 일 년 중에 교회 절기 동안 워너 샐맨이 그린 예수의 친숙한 그림을 걸어놓거나 그리스 정교 전통이 갖고 있는 예수의 초상화 등을 구하여 전시하는 것도 좋은 방법이 될 것이다.

끝으로 하고 싶은 말은 우리가 예배를 드리는 공간은 우리 자신들을 위한 공간이 아니라, 우리가 함께 하나님의 현존으로 들어가는 공간이라는 점이다. 이 공간은 무한한 겸손의 공간이자 신비의 공간이어야 한다.

결론

당시에는 인식하지 못했지만, 내가 어렸을 때 출석하던 오하이오 중부에 있는 작은 메노나이트 회중 교회는 복음주의 언약교회 Evangelical Covenant church로부터 건물을 매입했다. 건물을 구입한 처음에는 교회의 모습에 손을 대지 않고 예전에 사용하던 거의 모든 것을 그대로 사용했다. 교회는 전통적인 프로테스탄트 교회 예배당으로 직사각형의 상자 모양을 하고 있었고, 양쪽에 강대상이 있었다. 왼쪽의 큰 강대상은 안수 받은 설교자를 위한 것이었고, 오른쪽은 작은 강대상은 여성들이나 안수 받지 않은 평신도 설교자를 위한 것이었다. 길고, 직선으로 뻗어 있는 나무 장의자는 예배자들이 더 이상 사용하지 않는 침례수조를 가려 놓은 자색 휘장 정면을 향해 앉도록 배치되어 있었다. 정교하게 채색된 스테인드글라스 창문들은 예배당 안 양쪽 창문에 도열해 있었다. 이 창문에는 하나님의 어린양을 부드러운 색으로 묘사해 놓았고, 밀 이삭, 삼위일체를 묘사하는 상징, 그리고 창문을 봉헌한 사람들의 이름이 기록되어 있었다.

채광은 하늘로부터 쏟아져내려왔고, 전등을 감싸고 있는 갓이 중세 시대의 성곽처럼 연상되는 작은 장식모양을 하고 있었다. 만약 당신이 어떤 방향에서 보느냐에 따라, 천정 위의 252개의 장식용 사각형들은 그들의 형태를 갑자기 마름모꼴로 바꾸는 것처럼 느낄 수도 있다. 강대상 반대편인 남쪽 벽에 있는 큰 벽화는 겟세마네 동산에서 기도하고 계신 예수님이 묘사되어 있었다. 이 그림은 1930년대 초 프랭클린 케이브니Franklin Caveny라는 떠돌이 예술가가 그린 것인데 50년 전 뉴욕 시의 리버사이드 교회를 위해 하인리히 호프만Heinrich Hoffman이 완성한 원본을 정확하게 베낀 그림이다.

습한 지하실은 주일학교 공간으로 사용했고, 작은 부엌은 우리가 식탁의 교제를 나눌 때마다 늘 미어터졌다. 매주 일요일, 회중의 몇 사람이 긴 널빤지를 가져다가 교회 앞 계단 위에 모터가 달린 휠체어를 이용하여 올라올 수 있도록 작업을 했다. 그 후로 교회에 연세 드신 할아버지 한분이 교회건물을 왕래하실 수 있게 되었다.

그 후로 수십 년 동안, 이 메노나이트 회중은 이 교회 건물을 자신들의 우선순위와 신념에 맞추어 조금씩 고쳐나갔다. 언제쯤인가 사용하던 강단과 장의자들이 사라졌고, 휘장 뒤에 있던 세례수조도 모습을 감추었다. 전체 의자를 구입하여 회중이 쉽게 옮길 수 있는 의자들로 교체하여 연단과 스테인드글라스를 향해 반원형으로 앉아 서로 얼굴을 볼 수 있도록 배치했다. 큰 교제 공간이 증축되었고 필요에 따라 칸막이로 여러 개의 주일학교 공간으로 사용하였고, 때에 따라 가족의 모임이나 결혼식 연회를 위해 추가 공간이 필요하면 칸막이를 열어서 전체 예배공간과 연결되도록 하였다. 비록 화장실은 여전히 접근이 용이하지 않지만, 정문으로 올라오는 경사로는 새로 단장해 놓았다. 교회의 첨탑도 사라졌고 새로운 벽돌로 외관을 장식했고 정문의 유리문들은 사람들을 환영하듯 따뜻한 인상을 주게 되었다. 아주 최근에 교회 위원회 위원들이 예배 중에 사용할 수 있도록 연단 뒤에 자동 원격제어가 가능한 스크린을 설치해 놓았다.

내가 자랐던 교회를 다시 방문하였을 때, 그 변화에 적잖이 놀랐다. 이 교회에서 모였던 회중들처럼 교회는 살아 움직이는 존재다. 우리가 공간을 만들지만, 나중에는 공간이 우리를 만든다. 내가 방문객이 되어 그 교회를 찾아갔을 때, 내 생각은 그 교회의 물리적 공간에만 관심이 있었던 것이 아니라, 내가 좋아하던 주일학교 교사, 여름 성경학교, 청소년 때의 친구들, 나에게 세례를 주셨던 연세 드신 목사님, 나에게 메노나이트 재난 봉사단에 가서 일해보라고 초청했던 남성그룹 등 내 인생을 형성하는데 도움을 준 사람들에게도 관심이 많았다.

그 공간에 앉아있는 동안 과거의 추억들이 몰려왔고, 한동안 깊은 생각에 빠졌다. 스테인드글라스 창문에 새겨진 친숙한 형상들, 우아한 전등갓, 겟세마네 동산의 그리스도를 묘사한 케이브니의 그림, 이러한 모든 생생한 물건들이 일상의 시공간에서 제거되었다가 다시 나타나는 것처럼 느껴졌다. 내가 그 교회에서 나누었던 세례식의 간증, 발씻김, 성찬식, 들었던 성경말씀과 기도, 함께 부른 영광찬송, 그리고 읊조렸던 축복의 기도 등은 비록 내가 어렸을 때의 일들이었지만, 아주 먼 옛날 일요일 아침에 함께 예배했던 작은 교회보다 훨씬 큰 의미가 있었던 것임을 알게 되었다.

"우리가 만나는 이 장소는 무엇인가?" 그렇다. 이곳은 진정 벽이 있고, 지붕이 있고, 바닥이 있는 "단순한 집"에 불과하다. 그러나 이곳은 그 이상의 의미가 있다. 찬송가의 첫 소절은 이렇게 연결된다. 그렇다. 교회는 "단순한 집"이다. 그러나 찬송가의 저자가 인정하는 것처럼 그 집은 "우리가 모일 때 살아있는 몸이 되며, 하나님께서 가까이 계심을 느끼는 집이 된다."[10] 어느 순간 그 "집"이 "살아있는 몸"이 될 때, 우리는 다시 한 번 예배와 증거 사이의 간극이 사라지는 성육신의 신비한 기쁨에 참여하도록 초대되는 것이다.

---

10) "What is this place?," in *Hymnal: A Worship Book*.

3부: 미래를 내다보며

9. 메노나이트 세례와 주의 만찬을 새롭게

어느 아름다운 봄날 아침, 매년 세례식을 준비했던 것처럼 회중들이 모였다. 세례식은 교회의 일 년 행사 중에 가장 기쁜 행사이면서 우리 회중의 정체성을 드러내는 중요한 행사이기도 하다. 우리는 우선 아침 식사를 위해 교제실에 모인다. 그리고 식사 후 식탁을 깨끗이 치우고 "나는 기도하기 위해 강으로 내려가네"라는 찬송을 함께 부르며 가까운 연못으로 차를 몰고 간다.

해가 떠오르면 모든 회중이 예배를 드리기 위해 잔디밭 위에 담요를 깔고 앉거나 간이 의자를 펴놓고 앉는다. 어느 순간에, 교회의 구성원 한 사람이대개는 세례를 받을 청소년의 멘토 간단하게 예배와 세례를 받게 되는 사람들을 소개한다. 소개가 끝나면 세례를 받을 사람들이 스스로에 대해 신앙고백을 하고 진지한 모습으로 세례를 받고자 하는 의지에 대해 설명한다. 공식적인 세례에 대한 언약이 끝나면, 우리는 그날 아침의 주요 사건인 침례식에 관심을 집중하고, 갓 물에서 나온 새로운 회원에게 하얀 수건을 둘러주며 축복의 기도를 드린다. 항상 그렇듯이 이 예배는 기쁨과 생기가 넘친다. 축복기도가 끝나면 많은 사람들이 주머니에서 손수건을 꺼낸다.

비록 세례식에 대한 상세한 설명은 교회마다 다 다르겠지만, 메노나이트 회중들 안에서 행해지는 세례식은 거의 유사하다. 사실상 너무나 익숙해서 거의 생각할 겨를도 없지만 16세기에 행해진 세례식은 너무나 단순한 사건이라서 오히려 더 논쟁의 사유가 되었다. 물론 16세기의 주제는 단순히 세례 그 자체만이 아니었다. 실제로 주의 만찬처럼 16세기 모든 사람들은 세례식이 예수께서 친히 제자들에게 가르치신 성경적 실천사항이며 1세기의 초대교회도 기독교의 필수적인 예전으로 채택했다는 사실에 동의했다. 오히려 논쟁은 세례식의 의미에 관한 내용과 세례를 받는 사람의 적정한 나이와 관련되어 있었다.

아나뱁티스트들이 세례식을 설명할 때 회개와 그리스도를 따르겠다는 의지의 표현이라고 주장함과 동시에 오랜 세월동안 시행해온 가톨릭 전통의 유아세례를 거부하자 정부 당국자들은 이들을 아주 거칠고 매섭게 대하였다. 초기 아나뱁티스트들이 교회의 오랜 전통으로 자리했던 빵과 포도주가 실제로 그리스도의 살과 피가 된다는 가르침에 도전하면서 가톨릭의 미사를 거부한 것은 전혀 도움이 되지 않았다. 아나뱁티스트들이 이러한 가톨릭 교리의 핵심에 정면 도전하자 1529년 성로마제국은 아나뱁티스트의 가르침을 따르는 사람들은 누구든지 사형에 처한다고 발표했다. 이단적인 가르침을 주장한다는 명목아래 16세기에 약 3,000명에 달하는 아나뱁티스트들이 처형당했다.

현대인들은 왜 이러한 교회의 실행예식이 그렇게 큰 문제가 되는지 잘 이해하지 못한다. 결국 오랜 세월 뒤 관수세례, 빵을 나누어 먹고 포도주나 포도주스를 나누어 마시는 그들의 행위는 순전한 신앙의 행위로 인정되었다. 그러나 정말로 중요한 것이 문제가 되었다. 우리가 곧 살펴보겠지만, 세례와 성찬은 우리가 말하고자 하는 주제들의 본질을 다루기 때문에 문제가 되었다. 예배의 실행예식으로서, 예배 중에 시행되는 세례와 성찬은 하늘과 땅이 만나는 순간을 포착한다. 세례와 성찬은 하나님과 인간의 화해를 축하하는 행위다. 세례와 성찬은 그리스도의 몸을 형성하는 예전이다. 간단히 말해 세례와 성찬은 교회의 모든 실천의 기반이며, 예배와 증거가 함께 만나는 장소다.

이번 장에서 세례와 주의 만찬을 좀 더 심층적으로 살펴볼 것이다. 우선 왜 아나뱁티스트들이 전통적인 가톨릭의 이해들을 거절했는지 명확하게 살펴볼 것이다. 그 후, 보다 더 중요한 내용으로써 세례와 주의 만찬에 대한 메노나이트들의 가르침이 의도하지 않게 교회사에 영향을 끼친 몇 가지 결과들에 대해 살펴보고, 필그람 마르펙Pilgram Marpeck이라는 초기 아나뱁티스트 평신도 신학자의 사상에 근거해서 "성례전sacraments"에 대한 대안적 이해를 개관할 것이다. 그리고 메노나이트 교회가 미래에 시행할 실행예식으로 고려할 만한 사항들을 제시하면서 이번 장을 끝낼 것이다.

물론 이렇게 한다고 세례와 주의 만찬을 완전히 이해하는 것은 아니다. 그렇지만 예배, 선교, 제자도 및 교회의 갱신에 관심을 가진 누군가가 이번 장을 통해 앞으로 나누게 될 대화에 필요한 유용한 틀을 발견한다면 좋겠다.

성례전에 대한 가톨릭의 이해와 아나뱁티스트들의 비판

거의 천년 동안 가톨릭교회는 세례와 주의 만찬을 성례전의 근간으로 여겼고 매우 중요한 교회의 정체성으로 여겨왔다. 비록 **성례전**이라는 단어는 실제로 성경에 나오지 않지만, 중세시대 초기부터 이 세상에 존재하는 하나님의 구원을 구체적으로 묘사하는 방식으로 널리 사용되기 시작했다. 아마도 가장 단순한 정의는 4세기 교부였던 어거스틴이 사용한 정의일 것이다. 그가 정의한 성례전이란 "보이지 않는 은혜를 보이게 만든 형식"이었다. 보이는 형태 혹은 구체적인 형식으로써의 성례전은 다양한 실체로 설명될 수 있다. 거룩한 기름부음에 사용되는 기름, 혹은 성찬식의 빵, 세례식에 사용되는 물이 그 예들이다. 그러나 가톨릭교회의 가르침에 따르면, 성례전은 단순한 표시가 아니다. 즉 성례전은 단순히 신적인 은혜를 "표현하는" 것이 아니다. 왜냐하면 성례전 시행이 이 성례전을 받는 사람 안으로 하나님의 은혜를 **가져다주기**|bring about 때문이다. 중세 신학자들은 때대로 성례전을 "효과적인 표시"로 언급했으며, 여기에서 표시 자체가 "효과"이거나 하나님의 은혜를 그들이 지적하는 사람에게 가져다준다고 믿었다.*Signum sacro sanctum efficax gratiae*

보다 더 구체적인 용어를 빌어 설명하자면 이것은 세례식의 물이 하나님의 표시이자 하나님의 구원을 전달하는 필요한 수단이라는 뜻이다. 이것이 바로 유아세례를 시행하는 가톨릭 가르침의 근간이 되었다. 그들의 가르침에 따르면 사람은 나면서부터 죄를 갖고 태어나기 때문에, 아이들도 죄의 처벌로부터 피하고자 한다면 가능한 빨리 지옥의 영원성으로부터 벗어날 수 있도록 구원의 선물을 받아야만 한다는 것이다. 이처럼 안수 받은 사제가 태어난 아이에게 세례를 주었을 때 그 즉시로 아이의 영적인 안전이 보장되는 것이다.

마찬가지로, 사제가 주의 만찬을 통해 빵과 포도주를 거룩하게 함으로써 그 빵이 문자 그대로 그리스도의 몸으로 변하고 그리스도의 피로 변하는 것이다. 비록 외부적으로 볼 때 같은 모양으로 보일지라도, 성례전을 통해 그 물질의 본질이 변화되므로 성찬식을 받는 사람은 더 이상 보통의 빵과 포도주를 섭취하는 것이 아니라, 그리스도의 실제 몸에 참예하는 것이다.

많은 종교적 전통에 있어서, 성례전 의식 특히 성찬식을 기념하는 것은 예배의 가장 극적인 순간이자, 일요일에 교회를 가는 실제적 이유이기도 하다. 이처럼 전형적인 가톨릭 미사에서, 성경읽기, 찬송, 기도, 사제들의 의상, 제단, 향냄새, 종소리 등 예배에서 수행되는 모든 것은 빵과 포도주를 거룩하게 하는 그 순간을 위해 존재하고 의미가 부여된다. 이것이 바로 초월적, 비가시적, 전지전능하신 영원한 하나님을 우리가 사는 이 세상의 시간과 공간 속에서 눈으로 볼 수 있도록 만든 방법이다. 이것이 바로 말씀이 육신이 되는 순간이다. 하늘과 땅이 만나는 순간이다. 일단 영성체가 나누어지면, 예배는 거의 끝을 향해 치닫게 되고 회중들은 재빠르게 평상의 시간으로 돌아간다.

분명한 것은 아나뱁티스트들이 유아세례와 미사를 거절한 것은 단순히 이 절차의 부수적인 사안에 대해 논쟁한 것이 아니다. 이들은 가톨릭 성례전이 갖고 있는 세계관의 핵심에 이의를 제기한 것이다. 종교개혁으로 인해 성경말씀에 대한 관심이 증가되었고 아나뱁티스트들이 성례전에 동의하지 못하는 부분이 생겨났다. 신약성경을 읽고 난 초기 아나뱁티스트 리더들은 가톨릭의 유아세례와 주의 만찬에 대한 이해가 성경에 근거한 것이 아니라고 주장했다. 세례의 경우에 있어 그들은 예수 자신도 30세가 될 때까지 세례를 받지 않으셨음을 알게 되었다. 더 나아가 예수께서 대사명에서 분명하게 보여주신 것은 세례를 받기 전에 회개가 선행되어야 한다는 점이다. 누구든지 "믿고 세례를 받는 사람은 구원을 얻을 것이요"막16:16라는 기록으로 보아 거기에는 유아들이 할 수 없는 뭔가가 있다. 사실상 오순절 이후 베드로가 한 설교에도 동일한 말씀이 나온다. 그는 청중들에게 "회개하십시오. 그리고 여러분 각 사람은 예수 그리스도의 이름으로 세례를 받고, 죄 용서를 받으십시오."라고 요청하였다. 행2:38

아나뱁티스트들이 이해하는 세례는 "내부적인 변화에 대한 외부의 표시"이다. 세례는 어떤 사람이 죄로부터 돌아섰음을 드러내는 신실한 회개를 표현하며, 그리스도의 몸으로 이루어지는 교제 안으로 들어가며, 성령의 힘을 통해 매일 제자도를 실천하기 위해 그리스도를 따를 준비가 되어 있음을 표현하는 공적인 행동이다. 그러나 세례 자체는 단지 하나의 상징이자 표시일 뿐이다. 세례는 그 안에 더 깊은 실존이 있음을 지시하는 것이지, 그 자체로 의미가 있는 것이 아니며, 그 자체로 어떤 영적인 능력을 갖고 있지 않다.

아나뱁티스트들은 주의 만찬에 대해서도 비슷하게 해석한다. 그리스도께서 "이것이 내 몸이요.··· 내 피니라"고 말씀하셨을 때, 틀림없이 그의 제자들은 이를 상징적으로 이해했을 것이라고 가르친다. 문자적이라기보다는 "이것이 내 몸과 피를 의미한다represents"는 말이었다. 제자들에게 빵을 먹고 포도주를 마심으로써 자신의 모범을 따르라고 가르치셨을 때, 예수께서 말씀하시고자 했던 의미는 그의 고난과 사랑을 생각나게 하고reminder, 기념하라memoria는 것이었다. 이것이 바로 "나를 기념하라 do this in remembrance of me"는 의미다. 또한 성경과 후기 교회의 신조들은 최후의 심판 때까지 예수께서 "하나님 우편에 앉아 계신다"고 하시면서 그리스도께서 물리적인 몸을 갖고 승천하셨음을 가르쳤다.[1] 그러므로 교회가 미사를 기념하며 성찬식의 빵과 포도주를 먹고 마실 때마다 그리스도께서 물리적으로 현현하신다는 것은 불가능한 것이다.

아나뱁티스트들은 성례전을 집전하는 사제의 도덕적인 상태나 받는 사람들의 태도가 어떤지 상관없이 성례전에 참여하면 실제로 구원을 보장받는다는 주장ex opere operato에 대해 특별히 비판적이었다. 그들의 경험에 따르면, 이러한 생각은 교회의 예전을 "마술적"으로 이해하는 것이며 이는 도덕적 행동에 대한 그 어떤 관심과 하나님의 은혜를 완전히 분리시키는 결과를 초래하는 것이었다. 어떻게 술에 취하고, 창녀와 뒹굴고, 이웃들과 싸우던 사제가 세례식과 주의 만찬에서

---

1) 누가복음 22:69를 보라. 이와 동일한 주제가 사도신경, 니케아 신조 및 아타나시아 신조에 반영되어 있다.

그렇게 거룩한 말씀을 선언할 수 있다는 말인가? 그들은 어떻게 유아로서 세례를 받은 마을 사람이 정기적으로 성찬식에 참여하면서 아무런 삶의 변화를 보이지 않을 수 있단 말인가? 괴로워하면서 질문하지 않을 수 없었다.

이러한 염려와 더불어 그들은 가톨릭교회가 회원들을 통제할 수단으로 성례전의 권위를 사용하고 있음을 깊이 탄식하고 있다. 안수 받은 사제가 성례전을 집전할 때에만 그 성례전이 효과가 있다고 믿었기 때문에, 제도화한 수직구조에 의해 하나님께 나아가거나 하나님의 은혜를 나누어 주는 일도 교회가 독점하였다. 그러나 그리스도는 "두 세 사람이 내 이름으로 모이는 곳에" 함께 하시겠다고 약속하셨다.마18:20 아나뱁티스트들은 하나님의 은혜의 선물은 누구든지 죄를 회개하고 그리스도의 발자취를 따라가는 거져주시는 것이라고 가르쳤다.

세례식의 물과 성찬식의 빵이나 포도주보다도, 그리스도께서는 그를 따르는 사람들의 일상적인 활동에 함께하신다. 성령의 열매가 서로 돕고, 낯선 사람에게 환대를 베풀고, 원수에게 동정을 베푸는 것과 같은 실천으로 드러난다면 어디나, 그리스도께서 함께 하신다. 이것이 진정한 성례전이며, 그리스도를 따르는 사람들의 삶 속에 그의 거룩한 임재가 드러나는 방식이다.

그 이후로 여러 세기에 걸쳐, 메노나이트들과 가톨릭 사이의 관계는 매우 좋았다. 그러나 메노나이트들에게 박해에 대한 기억들은 여전히 살아있으며, 성례전에 대한 근본적인 차이에 대한 간격도 좁혀

지지 않고 있다.

현재 대부분의 메노나이트들은 세례의 물은 그리스도를 믿겠다고 약속하는 후보자들에게 하나의 상징적 표시 외에는 아무것도 아니라고 말한다. 마찬가지로 성찬식의 빵과 포도주도 예수의 길을 따르기로 부름을 받고 그리스도의 고통을 기억하는 식사에 불과한 것이라고 말한다.

성례전에 대한 메노나이트 이해의 문제점들

성례전에 대한 중세 가톨릭의 세계관을 반대하는 아나뱁티스트들의 논점은 가히 혁명적이었다. 그들은 가톨릭 성직자와 교회제도 및 권위에 이의를 제기하였다. 은혜의 선물은 삶의 변화와 결코 분리될 수 없다고 주장했다. 그리고 그들은 미사로 드리는 예배에서 공동체로 모이는 삶으로 관심을 전환시켰다. 이러한 이해들을 가볍게 여기지 않았고, 그렇게 해서 그들은 아나뱁티스트-메노나이트 교회를 형성하게 되었다. 그러나 이러한 신념들은 깊은 갈등과 방어적인 맥락 속에서 출현하였기 때문에, 아나뱁티스트-메노나이트 전통은 여러 가지 고집스러운 문제들, 현재 우리들이 혼동스러워하고 있는 예배, 선교 및 정체성을 설명하기 어렵게 만드는 문제를 야기했다.

아나뱁티스트-메노나이트들에게 있어 가장 눈에 띄는 혼동은 아마도 성령에 대한 이해일 것이다. 아나뱁티스트들은 성령의 일하시는 모습에 대해 관심이 없지 않다. 그러나 그들은 성령의 능력에 직접 접근할 수 있다고 주장하는 권위에 대해 우선 회의적으로 반응한다.

295

또한 그들은 제자도의 삶 안에서 그리고 훈계하는 교회를 통해 복음이 명확하게 드러나도록 열심을 낸다. 세례와 성찬을 단순한 표시로 주장하면서, 염려하는 마음 때문에 그 어떤 고유한 영적 능력이나 권위를 피한다.

　　그러나 그리스도인들은 예배에서 살아계신 하나님의 현존을 추구하지 않을 수 없다. 만약 메노나이트들이 교회의 가장 기본적인 예전으로써 세례식과 성찬식에 성령님이 임재하지 않는다는 식으로 반복적으로 말한다면 그리고 물과 빵이 단순히 표시에 불과한 것이라면 그들은 다른 방식으로라도 성령님의 임재하심을 추구해야 할 것이다. 이런 이유로 역사 전체를 볼 때, 적지 않은 수의 메노나이트들이 보다 깊은 성령의 임재를 추구하는 형제교회The Church of the Brethren라든가 그리스도 안의 형제회The Brethren in Christ 혹은 미셔너리 교회Missionary Church와 같은 다양한 부흥 운동이나 갱신운동에 참여하게 되었다.

　　이러한 그룹들은 아나뱁티스트-메노나이트 전통이 과소평가한 그리스도인의 삶의 한 부분을 분명하게 만족시켜주고 있다. 그러나 그들 또한 성례전에 대해 최소한의 이해를 갖고 있기 때문에, 구체적이며 몸으로 느낄 수 있는 방식으로 성령의 임재를 생각하지 못하는 경향을 보인다. 결국 이러한 갱신운동의 강물에서 목을 축이는 메노나이트들은 거의 항상 사적인 신앙심, 개인주의적인 형태의 성령운동, 종종 적극적인 개인 기도생활, 감정과 느낌 중심의 성령체험을 원한다.

결국 기독교 제자도의 실천에 대한 이해나 하나님께서 이 세상에서 일하시는 모습에 관심을 갖는 가시적인 교회에 대한 관심이 점점 퇴행하고 있다. 성령은 삶의 매 순간 구체적으로 드러나기보다 일종의 체험이나 현상으로 머물고 있다.

이것과는 아주 다른 형태로 나타난 것이 성령의 임재에 대해 바라보는 아나뱁티스트–메노나이트 회의주의자들의 시각으로써 메노나이트들 중에 존재하는 율법주의와 교회 분열의 경향이다. 만약 기본적으로 함께 모인 공동체의 규율을 시행하거나 의로운 행동으로 하나님의 거룩한 임재가 증거된다면, "티나 주름이 없는"엡5:27 교회를 창조하기 위해 메노나이트 그룹들이 기울이는 부단한 노력에 대해 그리 놀랄 이유가 없다. 도덕적 거룩성을 추구하는 데 있어서, 메노나이트들은 바울이 성찬에 대해 고린도교회에 준 "합당치 않은 방식으로 먹거나 마시지 말라"는 경고를 진지하게 견지해왔는데 이러한 것은 종종 주의 만찬을 훈계와 배제의 도구로 사용하는 모습으로 나타나기도 했다. 너무나 종종, 교회의 순수성에 대한 메노나이트들의 열망은 거룩함의 적절한 표준이 어느 정도인지에 대해 끊임없이 논쟁을 벌이는 원인이 되기도 했다. 결과는 그러한 흥분과 끓는 마음에 의해 다양한 분열이 생겨났고 깨어진 관계가 세대로 이어지는 등 아픈 기억으로 남게 되었다.

결국 최근 메노나이트들 중에 이와 같은 성향의 문제들이 드러나고 있는데 이는 회중들이 세례식과 성찬식을 보다 공식적이며 생동감 있게 실천하고자 하는 노력으로 이해할 수 있다. 예를 들어 헛간을 공동으로 짓거나, 공동으로 교제의 식사를 통해 사람들을 환대하거나, 한 부모 가족을 돕는 식으로 구원의 구체화된 모습을 강조하는 것은 아나뱁티스트 메노나이트 전통이 가진 분명한 장점이다. 그러나 실제 실천에 있어서 메노나이트들은 자신들의 "선행"을 우상화시킴으로써 그리스도의 현존을 의도적인 행동이나 사회적으로 칭찬받을 만한 활동정도로 축소하기 쉽다. 이처럼 일부 메노나이트 회중들은 성찬식을 식탁의 교제로 대체하고, "오는 세대"를 받아들이는 예전이나 개인적인 선택을 축하해주는 식으로 세례식을 축소하기도 한다.

지역의 음식창고를 지원하거나, 이민자들의 권리를 옹호하거나, 아이들을 돌보는 프로그램을 만드는 것은 아주 훌륭하고 값진 활동이다. 그러나 칭찬받을 만한 윤리적 행동을 드러내고 마는 식으로 교회가 마땅히 시행해야 할 성례전을 축소해버린다면 결국 개인을 숭배하는 형태만 남게 되어 궁극적으로 살아계신 하나님을 만나지 못하게 된다. 만약 훌륭한 사회봉사 기관이 교회의 실행예식을 대체한다면, 젊은 사람들이 예배를 부적절한 것으로 보게 될 거라는 점은 자명해진다. 과연 우리가 일요일 아침에 모여 기이한 언어로 신앙을 고백하고 기도를 해야 할 이유는 무엇인가?

두 번째 아나뱁티스트 의견: 성례전에 대한 필그람 마르펙의 관점

아나뱁티스트–메노나이트 전통에서 이렇게 자주 반복해서 일어나는 문제들을 보면서, 몇몇 메노나이트들은 성례전에 있어 고교회 관점을 지향하는 감독교회라든가 가톨릭, 성공회 등으로 교회를 옮기

기도 한다. 그러나 많은 사람들은 그동안 아나뱁티스트–메노나이트 전통 안에 있었으나 채 발굴되지 않은 보다 더 놀랍고 풍부한 자원을 개발해내기도 한다. 이러한 자원들은 세례와 주의 만찬에 보다 더 미묘한 관점과 의미를 부여한다. 여기에서 제시하는 필그람 마르펙은 16세기 평신도 신학자로, 그의 글은 상당히 교훈적이다.2) 마르펙은 많은 질문들에 대해 아주 분명하게 답을 제시하고 있으며 정통 아나뱁티스트의 입장을 견지하면서 가톨릭 성례전적 사고방식을 아주 진지하게 검토하였다.

마르펙은 가톨릭 광산 도시인 라텐베르그에서 공무원으로 일했다. 페르디난드 대공이 그의 영토 안에 있는 몇몇 아나뱁티스트들을 처형하라고 명령했을 때, 마르펙은 그가 이 운동을 쓸어버리려는 노력에 가담하지 않기로 결정을 내렸다. 그래서 그는 1528년 공직에서 사임하고 자신이 토목기사로서 계속 일 할 수 있고 다른 급진적인 사람들과 대화하기에 안전한 프랑스의 스트라스부르그로 도망갔다. 이미 그곳에는 종교적인 이유로 급진적인 사람들이 피신해 와 있었다.

스트라스부르그에서 마르펙은 오랜 기간 동안 아나뱁티스트 신학을 열정적으로 옹호하였고, 특별히 기독교 신앙을 폭력으로 방어하려고 했던 성령주의자들에 대해 적극 대처하였다. 그러나 1532년

---

2) 마르펙에 관한 자서전과 시학적 정보는 다음의 책들을 통해 볼 수 있다: Walter Claassen and William Klassen, *Marpeck: A Life of Dissent and Community* (Scottdale, PA: Herald Press, 2008); Neal Blough, *Christ in Our Midst: Incarnation, Church and Discipleship in the Theology of Pilgram Marpeck* (Kitchener, ON: Pandora Press, 2007); 그리고 John Rempel, *The Lord's Supper in Anabaptism* (Scottdale, PA: Herald Press, 2003).

마르펙은 스트라스부르그를 강제로 떠나야 했다. 약 10년이 넘게 여러 지역을 순회하는 리더로서 그는 결국 아우그스부르그에 도시 토목 기사로 고용되어 죽을 때까지 14년 동안 상대적으로 평화로운 시간을 보내며, 남모르게 아나뱁티스트 운동의 지하조직을 후원하였다.

공식적인 훈련을 받은 적이 없고 고도로 체계화된 사상가는 아니었지만, 마르펙은 기독교 신학에 관한 전통적인 질문을 진지하게 다루었다. 세례식과 주의 만찬과 같은 모든 예전을 폐지하기 원했던 성령주의자들에 대해 반응하면서, 그는 그리스도의 인성을 강력하게 옹호하였고, 교회의 생활에 있어서 이러한 의식들이 꼭 필요하다고 주장하였다. 또 다른 한편으로 그는 "오직 은혜로 얻는 구원"을 강조하는 루터교에 반응하기도 했다. 마르펙은 하나님의 은혜의 선물은 내면의 변화를 동반하지만 그리스도인의 삶 속에 드러나는 행동의 변화가 없다면 받을 수도 이해할 수도 없다고 주장하였다. 순전한 교회를 주장하며 끝없는 논쟁을 벌이며 율법주의에 빠진 아나뱁티스트 그룹들과 대화에서, 마르펙은 기독교의 제자도 안에서 성령의 핵심적인 역할을 반복해서 강조했다.

그는 하나님에 대한 모든 생각의 열쇠는 성육신의 적절한 이해에서 시작된다고 주장했다. 성육신은 놀라운 신비로서 "그리스도께서 자연적인 인간들을 위해 자연적인 인간이 되신" 사건을 말한다. 완전한 인간과 완전한 신인 예수는 성육신하신 하나님으로써 기독교 신앙과 실천의 모든 측면의 결론이 되는 근본적인 분기점을 인간 역사에 마련하셨다. 이처럼 그리스도의 삶과 가르침, 죽음과 부활은 마르펙의 모든 신앙의 중심에 자리했다.

　　대부분의 아나뱁티스트 동료들처럼 마르펙은 영성체에서 그리스도의 몸으로 변화된다는 가톨릭의 주장을 거절했다. 그는 성찬식에서 빵과 포도주가 실제로 그리스도의 살과 피로 변한다는 화체설을 믿지 않았다. 그러나 많은 아나뱁티스트들이 예식을 "내면적 변화의 외면적 표지"로 간주했던 것처럼, 마르펙도 세례식의 물과 성찬식의 빵과 포도주가 "그들이 표현할 수 있는 내면의 실재를 드러내는 방법"[3]이라고 주장하였다. 그의 관점에서 물, 빵, 포도주는 물리적, 구체적인 요소로서 예배를 드릴 때 성령의 변화시키는 실재에 필수적인 요소라고 이해했다. 인간으로 오신 그리스도를 통해 가장 극적으로 드러나고 있지만, 우리가 만질 수 있고 구체적인 형태를 통해서 알 수 있기 때문에 하나님은 영적인 방식과 육적인 방식을 동시에 취하는 모습으로 역사에 지속적으로 자신을 계시하신다. 실제로 성령은 중재될 수 없고, 드러나며, 물질적인 요소들로부터 따로 존재하지 않는다. 마르펙은 세례식이나 주의 만찬과 같은 예식들이 우리가 하나님을 만나고, 하나님께 참여하며, 하나님의 현존에 의해 변화를 받는 수단이라고 생각했다.

　　예식에 대한 이해를 발전시킴에 있어 마르펙은 삼위일체의 교리를 강하게 끌어왔다. 그리스도께서 인간이 되셨기 때문에, 하나님은 물, 빵, 포도주 같은 구체적인 물질의 형태로 나타나실 수 있는 것

---

3) Rempel, *The Lord's Supper in Anabaptism*, 97

이다. 그러나 물, 빵, 포도주를 진정한 내면의 믿음으로 받아들일 때, 즉 성령님이 신자들의 내면에 임재하실 때, 세례식과 주의 만찬이 외면적으로 성령의 사역을 "함께 증거"mitzeugnis하게 되는 것이다. 이와 같이 하나님 아버지는 성령님을 통해 인간의 마음에 내면적으로 활동하신다. 그렇게 성례전의 외면적인 요소들은 "더 이상 외면적인데 머물러 있지 않고 그리스도의 본질 안으로" 들어가게 되는 것이다. 이러한 예전들이 이 세상에서 그리스도의 임재를 드러내는 동안, 예전禮典에 참가한 신자들이 변화를 경험하게 된다. 세례식과 성찬식에서 우리는 새로운 실제에 참여하는 것이다. "누구든지 마음에 진리를 품은 자는 외면적인 표시를 통해 그 진리를 드러내며, 이는 그에게 단지 표시만으로 존재하는 것이 아니라, 그 내면의 실재가 되는 것이다.… 아버지께서 하신 것처럼 아들도 동시에 하신다. 왜냐하면 성령이 내면에서 일하시는 것처럼 아버지도 일하시고, 교회로서 아들이 외면적으로 일하시기 때문이다."

성례전에 대한 마르펙의 관점은 그의 기독교 윤리와 교회의 성품과도 밀접하게 연결되어 있다. 예를 들어 성찬식의 외면적 요소들에 참여함에 있어서, 신자들은 그리스도의 몸에 참여한다. 하나님의 말씀이신 예수 그리스도는 인간의 몸을 입고 성육신 하셨다. 그래서 하나님의 말씀은 물리적인 실재로서 성육신되어야만 한다.

이것이 의미하는 바는 성찬식이 기억의 예배 즉 예수를 기억하는 예배라는 점이다. 성찬식을 나눈 것은 인간으로 오셔서 고난을 받으시고 자기를 비우신 그리스도를 적극적으로 기억하는 것이다. 그러나 그리스도께서는 또한 성령 안에서 영적으로 실재하시기 때문에, 이것은 단순히 상징적인 사건만은 아니다. 부활하심으로 모든 악을 이기신 그리스도의 승리와 오순절에 주어진 성령의 선물은 새로운 사회적 실재를 가능하게 만들었다. 역사 속에 나타나신 그리스도의 구원하신 행동을 통해 사람들은 하나님의 아들과 딸들이 되어 새로운 본성을 갖게 되었고 새로운 실재에 참예하게 된다.

동시에, 마르펙은 이러한 기독교인들의 삶의 변화가 성령님의 능력과 현존을 통해서만 가능하다고 강조했다.

우리에게 사랑을 부어주시고, 하나님이시며, 믿음을 마음에 심어주시고, 모든 이유와 이해를 능가하시는 성령님의 가르침과 인도하심이 없다면 모든 것은 헛되다. 성령님은 아버지와 아들에 앞서시며 성령님은 모든 신실한 사람의 마음속에서 아버지와 아들에 대해 증거하신다. 성령님은 그리스도의 자유케하는 완전한 법을 그대로 반복하신다. 신실한 사람들은 그리스도께서 말씀하시고 명령하신 것을 열정적으로 실천하기 위한 자유의 법을 들여다보는 자들이다.

그러므로 우리가 성령님의 임재하심과 성찬식을 통해 그리스도의 "가장 거룩하고, 신성한 육체와 핵심"에 참여하는 동안, 우리는 또한 그리스도의 살아있는 몸을 위해 "다시 몸의 부분이 되어야 함 re-membered"을 기억해야 할 것이다. 이렇게 몸은 살아있는 하나님

의 성령을 구체화한다. 마르펙이 이야기하는 것처럼 예배와 생명 안에
서 교회가 "성육신을 연장해 가는 것"이다. 그게 살아계신 그리스도의
몸 된 교회다.

만약 마르펙이 옳다면, 어떻게 우리의 예배를 바꾸어야 할까?

교회의 예식에 나타나는 그리스도의 임재의 본질에 대한 마르
펙의 사상을 너무 단순화시켜 요약한 면이 있지만, 그럼에도 불구하
고 수많은 메노나이트들은 이를 불필요하게 여기고 어떤 면에서는 위
협적으로 느끼고 있는 것 같다. 세례식과 성찬식에 관하여 이렇게 상
술한 것을 왜 성가시게 여기는가? 이러한 이야기가 가톨릭의 성례전의
"마술적" 관점으로 돌아가자고 하는 것처럼 여기는가? 성령과 성령의
"임재"를 드러내는 예전에 대한 우리의 복잡한 이해를 통해 우리가 얻
는 것은 무엇인가?

궁극적으로 이러한 질문에 대한 대답은 성례전을 새로운 방식
으로 대하고자 마음을 여는 회중들의 살아있는 경험 안에서만 발견될
수 있다. 그러나 어떤 방식에 있어서 이 책의 대부분은 예배 안에서 그
리스도의 현존을 새로운 방식으로 이해하려는 것과 교회의 공적인 증
언 사이에 가능한 연결점을 제안하는 노력이기도 하다. 이러한 주도적
인 열린 생각을 가진 회중들을 위해, 나는 몇 가지 제안과 격려의 말을
덧붙이며 이번 장을 끝내고자 한다.

1. 세례 다시 기억하기

16세기 아나뱁티스트가 세례에 대해 아무런 기억을 갖고 있지 않는 유아세례를 거부한 데는 그에 합당한 이유가 있었다. 그 당시 사람들은 세례식 그 자체에 어떤 "마술적이고 신비한" 요소가 있다고 믿었고, 세례식 그 자체로 구원을 받을 수 있다는 생각을 갖고 있었다. 그러나 세례식을 단순한 표시나 그저 "상징"에 불과하다고 믿는 현시대의 메노나이트들은 이전 시대가 견지해오던 중요한 관점을 잃어버리고 있으며 급기야 세례를 단순히 통과 의례정도로 밖에 보지 않는 태도를 보이고 있다. 이처럼 청소년 때 세례를 받은 사람이 청년이 되어 교회 출석을 그만두려 할 때 우리는 그다지 특별한 고민을 하지 않는다. 결국 세례가 "단순한" 상징인 셈이다.

성례전에 대한 마르펙의 관점이 제안하는 것처럼 우리는 세례를 결혼식에 비유해 봄으로써 그 의미를 적절하게 살펴볼 수 있다. 한 남자와 한 여자가 하나님과 회중 앞에서 공개적으로 서로에 대한 헌신을 약속할 때, 그들은 단순히 그들의 사랑을 상징에만 머물러 있게 하지 않는다. 대신에 결혼 서약을 통해 서로에게 자신의 존재 자체를 내어준다. 분명한 것은 서약 자체만으로 그들의 결혼이 성립되는 게 아니란 점이다. 그러나 그들이 세운 서약은 그들의 지위와 정체성을 실제 부부로 바꾸어준다. 그 동안 한 개인으로 갖고 있던 정체성은 사라지지 않지만, 언약의 순간부터 그들은 한 몸이 되어 근본적으로 다른 정체성을 갖게 된다. 마찬가지로 세례를 받은 사람이 갖고 있던 개인의 정체성은 사라지지 않지만, 세례를 받으면서 그들은 교회 안에서 근본적으로 다른 정체성을 갖게 된다. 공동체에 대한 그들의 관계 또한 변하게 된다. 이러한 의미에서 공동체는 세례를 통해 그들의 관계적 지위를 인정하며 관계의 새로운 국면을 맞게 된다. 남편과 아내는 더 이상 두 사람의 개인으로 사회에 참여하는 것이 아니라, 하나의 결혼한 부부로 사회에 참여하는 것이다.

메노나이트 교회는 세례가 얼마나 진지한 예식인지 우리가 결혼식을 대하는 것과 같은 수준으로 진지하게 대해야 할 것이다. 세례식에서 우리가 그냥 세례를 받는 사람의 머리 위에 물을 축이고 어른들의 세계로 들어오려는 "열여섯 살"짜리 후보자를 위해 공식적으로 달콤한 파티를 열어주는 것이 아니다. 세례식의 언약은 마치 결혼식의 서약처럼 하나님과 회중 앞에서 우리의 정체성을 바꾸는 행위다. 우리는 세례식을 통해 그리스도와 십자가의 길을 걷겠다는 기록을 남긴다. 정체성을 근본적으로 변화시키는 방식으로 우리는 세례를 통해 문신을 새기는 거다.

세례식의 물이 전기 스위치를 바꾸듯 지옥에서 천국으로 바꿔주는 어떤 신비한 영적 스위치로 작동하지는 않는다. 그러나 우리는 세례가 눈에 보이고, 손으로 만질 수 있는 증언이 되어 성령께서 우리를 "새로운 창조"로 인도해 나가는 방식이라 믿는다.고후 5:17 세례식의 아주 중요한 부분은 교회 즉 하나 된 그리스도의 몸을 이루고자 하는 우리의 협력이다. 결혼에서 그 사람의 개인적인 정체성을 제거하면 안 되는 것처럼, 우리는 저마다 독특한 생각, 재능, 기발함은 물론 문제점을 갖고 교회에 들어간다. 그러나 세례는 죄성과 타락한 세상에 깊이 뿌리박고 있는 인종, 계급, 교육, 성, 인종으로 나뉘어졌던 옛 모습을 무너뜨린다. 세례는 우리의 옛 정체성을 변화시킨다. 예전에 나뉘고 멀리 있었던 우리가 그리스도 안에서 함께 하나가 되고갈3:27-28, "하나의 새로운 인류"가 탄생된 것이다.엡2:15

결혼처럼, 아나뱁티스트들이 이해하고 있는 세례는 개인의 권리를 인정해주는 차원이 아니라, 그리스도와 교회에 공적으로 헌신과 충성을 다짐하는 공적인 선포이자 언약이다. 확실한 것은 우리가 세례를 통해 함께 모이는 공동체에 참여한다는 의미가 무엇인지 다양한 이해를 갖고 서로 다른 수준을 인정하는 가운데 믿음의 여정에 들어간다는 것이다. 그러나 그럼에도 불구하고 세례는 성령의 임재하심을 통해 그리스도는 물론 서로서로 하나가 되고자 하는 헌신을 의미한다.

그러므로 만약 우리 회중의 어떤 사람이 결혼을 끝장내겠다고 할 때 걱정하고 염려하는 것처럼, 우리는 만약에 세례를 받은 사람이 일방적으로 교회 출석을 하지 않겠다고 할 때 매우 민첩하면서도 목회적으로 반응해야 한다. 그러나 불행히도 이러한 일은 많은 젊은이에게 너무나 자주 일어나는 현상이기도 한다. 비록 그들이 10대에 세례를 받음으로써 교회의 일원이 되었지만, 우리는 종종 그들이 보낸 경고의 메시지들을 싫어하고 때로는 영적으로 성장하는 과정에 있어서 누구나 다 그런 과정을 밟거나 청년 때에는 교회를 더 이상 출석하지 않아도 되는 것처럼 여겨왔다. 그러나 만약 세례가 이 세상에 성육신하신 그리스도의 현존을 공적으로 드러내는 것이라면, 우리는 세례를 받고 교회에 출석하지 않는 구성원들이 있을 때, 이를 이혼에 처한 부부가 교회의 도움을 알려온 것과 같은 긴급한 상황으로 받아들이고 목회적 관심을 기울여야 한다. 그러한 공동체의 태도는 징벌적이거나 지시적이 아닌 단순히 돌봄의 반응이 되도록 해야 하며 뜻하지 않게 사람들을 멀어지게 하는 기독교의 훈계가 되지 않도록 확실히 해야 한다.

우리는 "우리가 시행하는 세례를 기억"하는 일을 방심하지 말고 부단히 경계해야 한다. 만약 세례가 단순한 상징이 아니고 하나님의 초청에 대한 공적인 반응이라면, 그리고 성령님의 변화시키는 임재에 의해 이루어지는 일이자, 예수의 방식으로 살기로 결정하는 헌신이자, 그리스도의 몸으로 연합하는 과정이라면, 우리는 정기적으로 세례의 의미를 상기시키고 갱신하는 일에 깨어 있어야 한다.

이 점에 있어서 나는 루터교의 대표자들과 함께 한 에큐메니컬 대화에서 많은 것을 배웠다. 비록 우리는 유아세례에 대한 내용을 이해하는데 근본적으로 다르지만, 루터교의 세례 신학이 제시하는 한 측면에 크게 감동을 받았다. 사실 내가 참여한 모든 예배의 어떤 면에서, "여러분이 받았던 세례를 기억하십시오"라며 격려하는 메시지를 전달하는 동안 누군가 주전자의 물을 대야에 부었다. 루터교회는 입구 안에 물을 받아 놓은 그릇을 놓아두었는데 예배자들이 손가락으로 그 물을 찍을 수 있도록 배치되어 있다. 내 생각에 그 물은 그 자체로 거룩함을 나타내기 위함이 아니라, 세례를 기억하도록 돕기 위해 의식적으로 배치한 것으로 여겨진다. 루터교의 예전과 잘 어우러져 그리스도와 함께 세례를 받은 것이 평생에 걸친 것이며 우리가 주의를 기울이며 지속적으로 기억해야할 필요성이 있음을 자주 기억나도록 해 주었다.

메노나이트로서 나에게 뜻밖의 모습으로 다가온 것은 대부분의 루터교 친구들과는 다르게 실제로 내가 받은 세례를 기억하게 되었다는 것이었다. 그러나 나는 일전에 한번도 그러한 방식으로 세례를 기억하지 않았었다. 우리가 세례를 기억하는 것은 일종의 리셋 버튼을 누르는 것과 같아서 가장 기본적인 충성에 대한 관점을 다시금 신선하게 만들어준다.

우리는 뭔가를 잘 잊어버리는 사람들이다. 최소한 1년에 한번 이런 저런 모양으로 결혼을 기념하면서 축하하는 시간을 갖는다면, 교회가 각 구성원들이 받은 세례를 기념하고 축하하고 기억하기 위해 의도적으로 관심을 갖는 것 또한 적절하리라 생각한다. 우리가 받은 세례를 의도적으로 기억하는 것은 그 자체로 의미가 있으며 세례를 받은 사람들이 교회를 떠나지 않을 수 있도록 도와줄 것이다. 그러나 그리스도에 참여하고, 그리스도의 몸에 참여하는 것은 끊임없이 새로워지는 일생의 사건이다. 세례를 기억하는 것은 최소한 어떤 사람들에게 우리의 헌신을 새롭게 하고, 우리 삶 속에 하나님의 임재에 대한 느낌을 새롭게 해줄 것이다.

2. 자주 성찬을 기념하라.

세례를 의식적으로 기억해야 한다는 요청 못지 않게, 예배를 드릴 때에 얼마나 자주 성찬을 기념해야 하는가라는 질문도 자주 제기된다. 성찬식을 매일, 주마다, 혹은 달마다 기념하는 많은 다른 전통과는 대조적으로 일반적으로 메노나이트 교회는 성찬식을 자주 시행하지는 않는다. 17세기 말에, 스위스의 메노나이트 회중들은 1년에 한 번 부활절에 성찬식을 기념했다. 요즈음 많은 메노나이트 회중은 봄철에 한번 가을철에 한번, 일 년에 두 차례 성찬식을 한다. 어떤 그룹들은 1년에 4차례 기념하기도 한다.

이렇게 성찬식을 자주 하지 않는 근거는 다양하다. 어떤 이들은 성찬식이 설교 시간을 줄여야 하는 이유로, 혹은 새로 온 사람들을 불편하게 만든다는 이유로 자주 하기를 꺼려한다. 때때로 메노나이트들은 성찬식을 자주하게 되면 성찬의 의미가 퇴색되고 결국 기계적으로 하게 되거나 지나치게 판에 박힌 행사가 되어버릴 우려를 표현한다. 성찬식에 관련된 가장 일관성 있는 신학적 주장은 고린도교회에 준 편지에 나타난 바울의 경고에 근거한다. 이는 고린도교회 안에 공개적인 불화가 있는 가운데 몸의 일치를 의미하는 성찬식을 "합당치 않게"고전 11:27-29 먹고 마셨기 때문이다. 이처럼 많은 메노나이트 회중은 성찬식을 시행하기에 앞서 모든 세례를 받은 신자들이 인정하는 방식으로 잘 준비하여 그들이 하나님과 교회의 구성원과 모두 "평화"한 상태에서 성찬식을 해왔다. 만약 누구든지 평화하지 못하면 성찬식은 그 문제가 해결 될 때까지 연기되었다.

나의 판단으로 보아 자주 성찬식을 해야 한다고 주장하는 이유들 중 그 어느 것도 강제성이 있는 것처럼 보이지 않는다. 물론 거기에는 예전으로서 성찬식을 타성으로 진행할 가능성이 항상 존재한다. 그러나 이러한 타성은 교회가 정기적으로 시행하는 실천사항들에도 마찬가지로 존재한다. 예를 들어 식사기도라든가, 악수를 한다든가,

혹은 우리 아이들이 감사를 표하는 일도 타성이 될 가능성이 있다. 이러한 모든 것은 반복적인 행동이다. 그러나 우리는 누군가 이러한 행위에 참여할 때 그 행위의 의미와 중요성이 개인적인 정신 상태나 감정 상태를 넘어선다는 사실을 인정한다. 더 나아가 이러한 행동은 그러한 반복적인 행동을 통해 우리의 태도를 만들고 성품을 형성한다. 결국 우리는 정기적으로 우리에게 감사를 표하는 아이들이 진정으로 작고 큰 축복을 받은 사람이라는 사실을 인정하는 가운데 다른 사람들을 향해서도 감사를 표할 수 있기를 희망한다.

메노나이트 회중들은 성찬식을 합당치 않게 취해서는 안 된다 우려를 진지하게 받아들였다. 실제로 그들은 회중들이 평화한 지 불화한 지 충분히 살펴보았으며, 만약 회중에 서로 화해하지 못한 신자들이 존재하면 성찬식을 보류하였다.

주의 만찬은 기억하는 식사인데 우리의 가장 기본적인 정체성과 최고의 충성심을 쉽게 잊을 수 있을 뿐만 아니라, "다시 한 몸이 된 다re-member"는 것과 깨진 몸이 회복된다는 의미를 너무나 쉽게 잊는 가운데 시행될 수 있다. 성찬은 나뉘고 찢긴 몸의 온전함을 회복하는 예식이다. 세례식에서처럼, 주의 만찬에 참여하는 사람들은 그리스도의 몸이 십자가에 달리셨던 그 사건에 참여하듯 해야 한다. 그리고 세례식에서처럼, 우리는 부활에 사로잡힌 사람들 즉 진정한 그리스도의 현존에 사로잡힌 사람들이 되어야 한다. 성령님의 임재와 현존을 통해, 우리는 살아계신 그리스도의 몸에 참여하고 바울이 이야기한 것처럼 "여러분이 전에는 하나님에게서 멀리 떨어져 있었는데, 이제는 그리스도 예수 안에서 그분의 피로 하나님께 가까워졌습니다.…그러므로 이제부터 여러분은 외국 사람이나 나그네가 아니요, 성도들과 함께 시민이며 하나님의 가족"엡2:13,19임을 주장해야 한다. 하나님의 은혜를 통해, 하나님과 함께 전체 몸을 하나로 만드는 임무에 참여함으로써 진짜 성찬을 통해 몸을 다시 세워야 한다.

우리는 뭔가를 잘 잊어버리는 사람들이다. 세상은 너무나 많은 방해물로 가득 들어차 있고, 예배조차 자신을 위해 드리는 경향을 보이고, 우리가 뭔가를 창조하는 듯 착각하고 있기 때문에, 우리는 정기적으로 주의 만찬을 시행할 필요가 있다. 만약 예배가 세상이 작동하는 방식에 대한 우리의 깊은 이해를 표현하는 것이라면, 그리고 만약 성육신을 우리 신앙의 중심이라고 생각한다면, 정기적으로 드리는 예배를 통해 우리의 신념을 기념하는 모습은 좀 더 분명해 질 것이다.

주의 만찬은 하나님과의 관계 속에서 우리가 누구인지 기억하도록 부른다. 또한 주의 만찬은 증거하는 공동체로서 우리의 깨지고 나뉜 몸을 다시 하나 되게re-member 하는 예식이자 이 세상에서 살아계신 그리스도의 몸을 회복하는 예식이다.

* * *

우리가 제대로 세례식을 기억하고, 성찬의 온전한 헌신을 통해 다시 한 몸이 된다면, 그리스도인의 생활의 모든 측면에 기쁘고 놀라운 성육신의 신비가 가득 들어차게 된다면, 메노나이트 회중들의 신앙은 날로 새로워질 것이다. 그렇다. 그리스도는 아주 독특한 방식으로 세례식과 성찬식에 임재하신다. 그러나 살아계신 그리스도의 임재를 이러한 예식에 가두어 둘 수는 없다.

우리가 살펴본 것처럼, 이 세상에 잘 드러나 있는 하나님의 임재라는 주제는 창세기의 창조 이야기에서 계시록의 그리스도의 재림에 이르기까지 자세히 설명되어 있다. 하나님께서 그리스도 안에서 이 세상을 창조하셨고, 그리스도 안에서 그리고 그리스도를 통해서 이 세상을 구속하고 계시기 때문에 창조는 중요하다. 이것이 제시하는 바는 모든 생명은 신을 드러내는 창문이라는 점이다. 그리스도는 만물보다 먼저 계시고, 만물이 그 분 안에서 존재한다. 만물이 그분 안에서 창조되었고 모든 것이 그분으로 말미암아 창조되었고, 그분을 위하여 창조되었다. 그분이 바로 그리스도다. _골1:17_

성육신의 관점으로 세상을 바라본다는 것은 숨겨져 있는 하나님의 성령 안의 신비를 본다는 의미다. 이는 겸손히 하나님의 현존을 기대하는 모습으로 살아갈 때 이루어진다. 그러기에 비록 깨짐과 고통의 한가운데 있을지라도 우리는 근본적으로 축복받은 존재이자, 하나로 통합되어 있다는 사실을 깨달으며 "쉬지 않고 기도" 해야 한다.

이것이 구원이다! 만약 세속적인 관점이 세상과 그 안에 속한 생명을 단순히 물질적인 것으로 본다고 해도, 그리스도인들은 하나님이 만드신 거룩한 장소로 그리스도에 의해 변화되는 사람들이며, 성령님의 임재를 통해 새로운 창조로 계속 새로워지는 세상을 바라보아야 한다.

결론

하늘로 승천하시기 전에, 그리스도께서는 제자들에게 그들을 홀로 내버려 두지 않겠다고 약속하셨다. "내가 세상 끝 날까지 너희와 항상 함께 있으리라"마28:20고 말씀하셨다.

누가복음의 마지막 장에서, 우리는 그리스도의 십자가 사건을 보고 집으로 돌아가는 예수의 두 제자에 대한 이야기를 발견한다. 크레오파스와 친구는 예수가 하나님으로부터 오신 분이심을 인정하는 사람들의 무리에 속해 있었다. 그들은 예수의 기적을 보았고, 그의 가르침에 감동을 받았고, 예루살렘에 승리자로 입성하는 모습을 육안으로 지켜보았다. 그들은 결국 그분이 메시아였음을 알게 되었고 로마의 압제로부터 그들을 구원해 주실 분이시라는 강렬한 느낌을 받았고 결국 새로운 왕국을 회복시켜주실 분으로 알았다.

그런데 그 이후 일어난 사건은 끔찍하다 못해 충격이었고 그들의 희망은 잔인하게 부서졌다. 그들은 예수가 잡히는 모습을 바라보며 절망에 빠졌고, 형식적인 절차의 재판과정을 지켜보아야 했고, 그가 처형되는 모습을 보아야 했다. 말 한마디로 폭풍우를 잠잠케 하셨던 그 사람, 절름발이를 온전한 사람으로 고쳐주셨던 그 사람, 죽었던 사람에게 생명을 돌려주었던 그 사람은 이제 십자가 위에 발가벗겨진 채로 달려 천천히 고통스럽고, 수치스럽게 죽어가고 있었다. 절망과 슬픔에 싸인 두 사람은 먼지 난 길을 걸으며 자기 고향 엠마오로 가고 있었다.

그들이 길을 가고 있을 때, 한 낯선 사람이 그들에게로 다가왔다. 그와 이야기를 나누면서, 그들은 자신들이 경험했던 절망적인 이야기를 쏟아내며 비탄에 빠져 있었다. 그들은 그 낯선 사람에게 이 예언자, 나사렛 예수 곧 "이스라엘을 구언하기 위해 오신 그분"이 어떻게 그렇게 허망하게 사형선고를 받고 십자가에 죽을 수 있었는지 허망함을 표현했다.눅24:21 그러나 그 때 그 낯선 사람이 그들의 시각을 교정해 주었다. 그들은 이야기를 올바로 이해하지 못했다. 그래서 모세의 기록에서부터 예언자들의 이야기로 옮겨가면서, 그는 이 두 사람에게 그리스도가 "영광에 들어가기 전에" 우선 "고난을 받는" 것이 마땅하다는 사실에 대해 알려주었다.눅24:26

그들이 마을에 도착하자, 크레오파스와 그의 친구는 갈 길이 더 남아 있다던 그 낯선 사람을 저녁 식사에 초대하였다. 그들이 식탁에 앉았을 때, 그 낯선 사람이 빵을 들어 축복하고 그들에게 떼어 주셨다. 그 때 갑자기 "그제야 그들의 눈이 열려서, 예수를 알아보았다."24:31 부활하신 메시아 예수께서 그들의 식탁에 함께 하셨던 것이다! 그 즉시 그리스도는 온데 간 데 없이 사라졌다. 그러나 크레오파스와 그의 친구는 곧 그들이 경험한 이야기를 다른 사람들에게 전하기 시작했다.

세례식과 성찬식에서 그리스도는 제자들에게 그가 함께 하심을 확신시켜주신다. 비록 그리스도인들이 이러한 예식 안에서 경험하는 그리스도 임재의 본질을 정확하게 설명하기 위해 온갖 어휘들을 사용지만, 그럼에도 불구하고 그리스도의 약속은 2천 년 전이나 지금도 동일하다. 아마도 신자들에게 주어진 가장 큰 도전은 이러한 예식을 얼마나 신학적인 언어로 정확하게 표현해내는가에 있지 않은 것 같다. 왜냐하면 매일의 실제 삶 속에서 그리스도의 현존을 인정하는 것은 은혜의 선물을 간구하는 기도를 통해 이루어지기 때문이다.

아마도 우리에게 필요한 것은 분명한 정의가 아니라, 클레오파스와 그의 친구가 경험한 것처럼 그리스도의 현존을 보게 되는 선물일 것이다.

10. 미래를 내다보며: '거룩한 아름다움' 으로의 초청

주 너의 하나님을 사랑하라. … 왜 그래야 하는가? 그 이유는 그리스도의 얼굴 안에서 빛나는 그 하나님이 최고로 아름답기 때문이다. 자연, 예술, 진짜 선한 사람을 통해 경험하는 아름다움과 애절하게 손짓하며 우리를 부르는 하나님 안에서 발견되는 그 아름다움 사이에 존재하는 유사성과 관계가 바로 기독교의 핵심이기 때문이다.

리차드 해리스 [4]

추위가 뼛속까지 파고들던 1990년 겨울, 크리스마스 3일 전, 스물 네 살의 내 동생 스티브가 우리 가족의 품 안에서 죽었다. 죽기 전 9개월 동안 그는 두 번의 수술, 여러 번의 지독한 화학요법, 그리고 다양한 대체 치료법을 찾아가며 암과 치열한 싸움을 벌였다. 암이 뼈로 전이되면서 찾아든 지속되는 통증과 온 몸으로 받아야 했던 고통은 죽음이 찾아온 뒤에야 멈추었다.

크리스마스 직후, 교회에서 마련한 슬픔과 감사로 드린 장례절

---

4) Richard Harries, *Art and the Beauty of God: A Christian Understanding*, 2nd ed. (London: Continuum International, 2000), 6.

차 예배에는 사람들이 꽉 들어찼다. 짧지만 몇 시간 동안, 우리는 함께 기도하고, 많은 찬송을 부르고, 성경에 기록된 위로와 애도의 말을 함께 듣고, 영원한 삶에 대한 확실한 희망을 부여잡고, 그의 몸을 땅으로 되돌리기 위해 살을 에는 추위 속에서 장례를 치렀다.

내 기억으로는 동생의 장례식을 치른 지 20년이 훨씬 넘는 어느 날 저녁이었다. 집에서 멀리 떨어진 곳에 잡혀있던 내 강의에 어떤 남자가 찾아왔다. 주저하는 모습으로 그는 스티브의 이름을 언급하면서 혹시 내가 그와 어떤 관계인지 물었다. 그 행사를 위한 광고에서 내 이름을 보고 내가 스티브와 친척쯤 될지 모른다는 생각에 먼 거리를 달려왔다고 말해주었다. 내가 그의 형이라고 말하자 그는 나에게 자기 이야기를 들려주었다.

18년 전, 그는 동생 스티브가 일하고 있던 의과대학 병원에서 일하고 있었다. 그는 병을 대하는 스티브의 반응에 깊이 감동을 받았고 그의 고통을 위로하기 위해 함께 했던 가족과 친구들을 위로하는 모습에 큰 흥미를 느꼈었다. 스티브가 죽기 전 마지막 몇 주를 집에서 보낸다는 소식을 들은 그 사람은 스티브를 계속 생각했다고 했다. 스티브의 사망 소식을 들었을 때, 그는 장소를 수소문해서 장례식에 참석하였다. 뭔가 그에게 충격을 준 일이 일어났던 것 같아보였다.

"저는 고통과 희망의 말들이 그렇게 절실하게 표현되고, 찬송이 그렇게 가슴 절절히 느껴지는 장례식에 한 번도 참석해 본 적이 없었습니다."하고 말했다. 그는 눈물을 글썽이며 "지금도 동생의 장례식에서 들었던 그 말들과 찬송이 귀에 생생합니다."하고 말을 이었다.

그는 어떻게 자신의 감정을 표현해야 할지 적절한 언어를 찾아가며 "그때 동생의 장례식은 참 아름다웠어요!"라고 했다. 그 장례식이 그의 인생을 바꾸었다. 그는 집으로 돌아가서, 교회에 참석하기 시작했고, 그 이후로 계속 된 영적인 성장으로 여정을 시작했다.

우리는 장례식을 언급할 때 아름답다는 식으로 표현하지 않는다. 현대 문화에서, 아름다움은 건강한 젊은이들의 모습, 최신의 유행을 걸치고 있는 완벽한 비율의 몸매를 연상시키는 패션계에서 사용하는 단어다. 가장 통상적으로 사용되는 아름다움이라는 단어가 가져다주는 의미는 뭔가 "예쁘거나 깔끔하고 매력적인" 모습을 연상시킨다. 아름다움을 인간의 인식을 통해 연구하는 과학도들은 신체의 대칭이라든가 엉덩이와 허리의 비율과 같은 속성에 초점을 맞추게 마련이다. 그러나 아름다움 그 자체는 시시각각으로 변하는 유행이라는 측면에서 설명하기에는 참 어려운 주제이기도 하다. 만약 아름다움을 좀 더 정확하게 정의하고자 한다면, 대부분의 사람들은 정의내리기를 포기하거나 아름다움은 지극히 주관적이고 개인적인 영역에 속한다고 주장할 것이다. 우리가 말하는 아름다움은 보는 사람에 따라 다르게 마련이다.

그러나 아름다움을 추구하고자 하는 인간의 열망은 부인할 수 없다. 우리는 모두 인생이 얼마나 추한지 잘 알고 있다. 우리는 여기저기 널려있는 모조품, 겉치레, 속빈 강정 등 싸구려 제품에 질려있다. 그래서 진정한 "아름다움"은 얼굴이나 몸의 적절한 비율로 드러나는 겉모습을 지나 내면에 깊이 잠재해 있다는 생각을 한다. 그리고 우리가 감동을 받고 깜짝 놀랄만한 그러한 아름다움을 갈망하며 산다.

고대 그리스 시대 이래로, 많은 철학자들은 아름다움에 공식이 있고 진리와 선과는 구분되는 독특한 것이라고 주장해왔다. 도덕적인 삶선함은 틀림없이 순전한 삶진리의 모습을 띠어야 한다. 도덕성과 순전한 삶이 서로 분리되지 않듯이 거기에 아름다움도 깃들어 있어야 한다. 아름다움은 부도덕과 함께 있을 수 없다. 왜냐하면 아름다움은 속임수가 아니기 때문이다.

일반적으로 가톨릭 전통은 신학의 핵심적인 주제로 아름다움을 이야기하지 않지만, 교회는 시각예술을 통해 하나님을 찬양하는 아주 소중한 표현방식으로 삼고 있다. 사실상 중세 시대의 모든 건축, 조각, 그림은 아마도 도시의 위상을 높이거나 하나님께 영광을 드리고 싶어 했던 교회의 대표자들이 적극적으로 후원한 결과물이기도 하다. 그 누구도 프랑스의 샤르트르Chartres에 있는 고딕 양식의 성당과 로마의 바티칸에서 오후를 보내면서 중세의 종교 예술을 창조하기 위해 솜씨와 건축가, 조각가, 석공, 유리세공, 예술가 및 직공들이 만들어 놓은 아름다움에 깊은 찬사를 보내지 않을 사람은 없을 것이다.

이와는 대조적으로 아나뱁티스트-메노나이트 전통 속에 깃든 아름다움에 대한 이해들은 보다 이해하기 힘들다. 한편으로 어떤 사람들은 햇살이 내리쬐는 가을 날 아미시 마을의 들판에 심겨져 있는 밀 이삭의 기하학적인 배열을 언급하거나, 질서정연하게 자리해 있는 메노나이트 공동묘지 옆에 놓여있는 흰색의 검소한 예배당을 언급하기도 하고, 아미시 가정 옆에 구획되어 있는 큰 화단의 예쁜 꽃들을 언급하기도 하고, 토마토 주스, 완두콩, 여러 가지 종류의 피클, 애플 소스 등이 담겨있는 예쁜 병들이 가득한 지하 음식저장고를 언급하기도 하면서 아나뱁티스트–메노나이트 전통에 숨겨져 있는 또 다른 다른 차원의 아름다움을 드러내기도 한다. 그러나 우리가 좀 더 어려운 질문을 던지는 그 순간, 아름다움의 주제는 즉시 또 다른 문제를 야기한다.

전통적으로 메노나이트들은 예술은 불필요하고, 보잘 것 없고, 어쩌면 낭비일지 모른다고 여겨왔다. 값비싼 향유로 예수의 발을 씻겼던 여성에 대한 비유는 항상 메노나이트 설교자들을 당황스럽게 만들곤 했다. 좀 더 깊은 차원으로 이야기하자면, 아나뱁티스트–메노나이트 전통은 시각적인 이미지 자체는 뭔가 속이는 속성을 갖고 있다고 여겨왔고 겉모습들은 우리의 관심을 사로잡을지 모르겠지만 궁극적으로 진짜 모습은 겉이 아닌 그 속에 들어있다고 여겨왔다. 결국 그림은 하나의 환상이며, 실제 모습처럼 보이게 할 뿐이다. 그리스도인들은 하나의 환영으로써 세상을 바라보라고 부름을 받은 사람들이 아니라, 예수의 제자로서 세상에 적극 참여하도록 부름을 받은 사람들이다. 더 나아가 이러한 예술을 창조해 내는 고도의 예술적 능력은 종종 사람을 교만하게 만들기도 한다.

결국 이러한 예술과 예술에 대한 관심사들을 이해함에 있어, 아나뱁티스트 메노나이트 전통 속의 예술들은 아름다움을 언급하기에는 다소 궁색한 모습으로 자리하게 되었다. 그러나 메노나이트 교회 내에서 세례와 주의 만찬에 대한 성례전적 이해는 새롭게 갱신되고 있으며, 메노나이트 교회들의 선교에 대한 이해 또한 아름다운 형태 안에서 하나님의 임재하심을 보다 잘 드러내는 새로운 국면을 맞이하고 있다. 왜 그럴까? 그것은 아름다움이 참된 예배로 반드시 드러나게 되어 있으며, 세상에 대한 기독교의 증언은 항상 진정한 아름다움으로 표현되기 때문이다.

거룩한 아름다움

겸손과 선함처럼, 아름다움은 그리스도인 삶의 기본이다. 아름다움은 부산물, 부가조항, 혹은 싸구려 장식품이 아니다. 그러나 아름다움은 항상 정형화된 방식으로 정의를 내릴 수 없다. 비록 아름다움은 우리의 상상에서 발현된 허구가 아니라 실재로서 어떤 각도에서 바라본 아주 특이한 방식의 여러 다양한 설명을 통해서만 이해가능하다.

그리스도인들에게, 아름다움은 창조된 세상을 향한 하나님의 깊은 사랑, 특별한 방식으로 구체화된 사랑을 인식하는 데서부터 출발한다. 그 사랑은 때로 우리가 완전히 인식하거나 정의하는 우리의 능력 너머에 존재하기도 한다. 마치 시인이 아주 잘 정제된 시어를 선택해서 시를 쓰듯이, 아름다움은 항상 특별한 방식으로 표현된다. 그러나 정교한 시의 의미는 한 각각의 시어를 통해 혹은 시어를 넘어서 의미가 통합됨으로써 이루어지며 그럴 때 아름다움이 형태를 넘어서게 된다.

아름다움은 자기를 내주시는 하나님의 사랑이 이 세상에 넘치도록 부어진 선물 곧 예수라는 선물을 통해 드러난다. 그리스도인들은 취약한 자신의 모습을 드러내는 그 사랑에 참여할 때, 그 삶에 변화를 맞게 된다. 아름다움은 넘쳐흐르는 컵이 된다. 아름다움은 뭔가 필요한 모습이 아니라 제한적이지만 피조물들의 모습을 있는 그대로 인정하시는 하나님의 충만함으로 표현된다. 아름다움은 받아들일 가치는 없지만 그래도 사랑하시고자 하는 하나님의 위대한 마음이 표현된 것이다.

아름다움은 공허함과 혼돈, 무질서, 아무런 형태가 없는 모습 속에서 하늘과 땅을 지으시는 하나님의 모습이다. 아름다움은 악이나 고통의 실재 앞에서 조금도 움츠려 들지 않는다. 아름다움은 고통, 슬픔, 아픔이 있다고 도망가지 않는다. 아름다움은 세상 속의 모든 깨지고 조각난 것을 끌어안는 화해다. 유진 피터슨의 말을 들어 표현하자면, 아름다움은 "깨어진 삶과 박살난 영혼들의 조각들을 한데 모아 이름을 붙여주며, 새로운 창조를 이루도록 모든 것들을 남김없이 가져오기 위해 인내심을 갖고 무질서와 혼란 속으로 들어가는 일이다." 세상에 질서를 부여하고자 하는 사람들의 충동은 아주 쉽게 압제적인 모습을 띠기 쉽지만, 하나님의 질서가 빚어내는 아름다움은 항상 사랑으로 표현되며, 올바른 질서로 세상에 그 모습을 드러낸다. 이러한 아름다움은 결혼 서약을 통해 신뢰와 성실을 기반으로 한 열정적 사랑으로 나타나기도 한다. 혹은 한 가지 자세를 만들어 내기 위해 셀 수 없이 많은 시간을 연습을 했으나 아무런 수고를 들이지 않는 것 같은 무용수의 우아한 모습으로 나타나기도 한다. 많은 예배 담당자들이 상상하는 것과는 반대로, 아름다움은 사이비적 방식의 새로움을 필요로 하지 않는다. 정확하게 말하자면 아름다움은 우리들이 드리는 반복적인 예배 속에서 천천히 그 모습을 드러낸다.

아름다움은 하나님의 온전함을 드러낸다. 이러한 온전함은 종종 오랜 시간에 걸쳐 서서히 드러나곤 한다. 1919년 11월 말경, 약탈을 감행하던 일단의 무정부주의자들이 남부 러시아에 위치한 아이켄펠트Eichenfeld 메노나이트 마을을 습격했다. 피를 부른 어느 날 밤, 이 무정부주의자들은 문자 그대로 그 마을에 사는 거의 모든 사람을 도륙했다. 며칠 뒤에 대량학살의 비극 속에서 살아남은 몇 사람이 총 80구가 되는 사람들의 시체를 묻어 놓은 무덤 주위에 원을 그리며 모였다. 추운 겨울 아침 간담이 서늘해질 만큼 조용한 침묵을 깨며 어떤 사람이 외로운 목소리로 슈베르트가 쓴 "거룩, 거룩, 거룩"이라는 찬송가를 부르기 시작했다. 곧 그 자리에 있었던 마을 사람들이 한마음으로 고통, 슬픔을 표현하며 하나님을 찬양하였다.

거룩 거룩 거룩 거룩하신 주!
거룩 거룩 거룩 홀로계신 주!
시작도 없으신 우리 하나님
세세토록 길이 계신 주로다.

거룩 거룩 거룩 거룩하신 주!
거룩 거룩 거룩 홀로계신 주!
영원하신 주님 찬양합니다

무한하신 사랑 우리 주로다.

거룩 거룩 거룩 거룩하신 주!
거룩 거룩 거룩 홀로계신 주!
능력으로 세상 다스리시니
우리 모두 주를 찬양합니다.

가슴 저미는 슬픔과 엄청난 죽음 앞에서 아름다움을 말하는 것은 꽤나 무례한 것처럼 보일지 모른다. 죽음 특히나 폭력적인 죽음으로 남편을 잃고 아버지가 없이 살아야 하는 사람들에게 죽음은 결코 아름다울 수가 없다. 나 또한 아이켄펠트의 마을 사람들이 목소리 높여 찬송을 불렀던 것과 같은 장면을 한 번도 상상해 본 적이 없었다. 그러나 나는 아름다운 느낌으로 죽음의 슬픔을 이겨내었다.

결국 아름다움은 그리스도께서 우리의 죄를 감당하시고 죄를 구원의 원재료로 바꾸어놓으신 십자가에 깊이 뿌리를 내리고 있다. 여기에서 나는 잘 알려진 마더 테레사의 사진을 생각하였다. 사진 그 자체에는 얼굴에 주름이 깊이 파인 한 할머니의 모습만 보일 뿐이다. 머리에 두르고 있는 파란 줄이 나있는 하얀 수건은 거친 얼굴에 깊이 파인 갈색의 슬픈 눈과 극명한 대조를 이루고 있다. 일반적으로 생각해 볼 때 이 사진은 그 어떤 아름다움의 기준에 부합하지 않는다. 그러나 이 사진을 바라보는 당신의 눈에는 이슬방울이 맺히고, 사진은 하나님께 예배를 드리며 연민의 삶을 살았던 인생을 보여 줄 것이다. 한 노파를 보는 대신에, 가난과 질병과 죽음이라는 추한 환경에서 살고 있던 가난한 사람들 중에서도 가장 가난한 사람들을 돌보고자 헌신한 한 사람을 보게 될 것이다. 당신은 천천히 그 이미지의 아름다움을 깨닫게 될 것이다. 이것이 바로 **거룩한 아름다움**이다.

　때때로 메노나이트들이 너무 집요하게 거룩함을 추구하다가 뭔가 추한 모습으로 변해가는 것을 목격하기도 한다. 거룩하게 되려는 모습에 있어서, 우리는 교회를 지나치게 방어하거나 세상에 오염되지 않도록 뒤로 물러나려는 유혹을 받는다. 마찬가지로, 때때로 우리는 과거의 율법주의에 너무 강하게 반응하여 마치 바람에 흔들리는 갈대처럼 끊임없이 "적절한" 모습을 찾기 위해 노력하는 모습을 보여 왔다. 만약 거룩함을 추구하는 것이 추해진다면, 복음을 문화라는 안락한 논리에 적응시키려는 노력 또한 추하게 보일 것이며, 결국 우리는 성육신이라는 역설을 성가시게 여기며 피하고 말 것이다.

　거룩한 아름다움은 우리를 죄인으로 정죄하거나 다른 사람들이 당하는 고난과 죄의 구경꾼으로 남아있지 않도록 할 것이다. 또한 거룩한 아름다움은 주어지는 공격을 피하기 위해 우리가 죄에 대해 무지하거나 예수의 급진적인 요구들을 무디게 만들라고 제안하지도 않을 것이다. 대신에 거룩한 아름다움은 우리가 중보를 행동으로 실천하여 다른 사람들의 죄를 짊어지고 가도록 초청하며 고난 받는 동료들과 하나가 되고 예수께서 세상 죄를 짊어지셨던 것처럼 예수의 희생적인 삶에 참여하도록 초청할 것이다.

　거룩한 아름다움은 사랑에 깊이 뿌리 내리고 있으며, 불가피하게 관계를 추구할 것이다. 거룩한 아름다움은 능동적이며 참여적이되 하나님의 성령의 활동하심을 드러내는 가운데 자연을 치유하는 사람으로 살도록 안내할 것이다. 비록 이 세상의 모든 문제를 고칠 수 없고 우리 눈으로 직접 치유의 결과를 보지 못할 지라도 치유의 사람으로 살도록 인도할 것이다. 아름다움은 우리가 아니라 하나님께서 역사의 결과를 책임지시고 결정하실 것이라는 사실을 깨달을 때 드러나며 때가 이르면 역사가 온전한 세상을 향해 회복될 것임을 보여줄 것이다. 우리가 새로운 몸을 입고 부활하게 되며, 모든 창조물이 새 하늘과 새 땅에 참여하게 됨을 보여줄 것이다.

이는 아름다움이 기독교 증언의 참된 기초라는 말이다. 선교와 관련된 많은 다른 유혹적인 접근방법과는 달리, 거룩한 아름다움은 그 어떤 속임수를 쓰지 않으며, 건강과 부를 약속하지도 않으며, 그 어떤 위협도 하지 않으며, 실제로 작용한다. 오히려, 아름다움은 본질상 조금의 강제력도 없고 조금의 조작도 없다. 거룩한 아름다움은 어떤 공간에 자연스럽게 스며드는 향기와 같고 부드러우나 끊임없이 자신의 아름다움을 추구한다. 거룩한 아름다움은 초청하고, 그 자신을 드러내며, 증언하지만, 그 어떤 강요나 짐을 지우지 않는다. 결국 아름다움은 설명되거나 방어하거나 주장하지 않는다. 아름다움은 이미 모든 창조물 안에 깃들어 있어서 내내 사라지지 않는다.

여기에서 예배와 증거가 만나 하나가 된다. 이것이 그리스도의 몸이 이 세상에 부어진 모습으로서 드러낸 아름다움이다. 이것이 거룩한 아름다움이다.

결론

　　이 책에서 나는 불확실한 미래를 마주하고 있는 이 시대의 교회들이 혼란스러워하고 염려하는 몇 가지 주제들을 선정하여 설명하였다. 이러한 막연한 불안의 핵심에는 아주 오래된 분열과 깨어짐의 이야기들이 자리하고 있다. 우리는 깨지고 나뉘어진 사람들이다. 우리 자신들로부터 분리된 삶을 살고 있고, 서로가 서로를 분리시키고, 창조로부터 그리고 가장 중요한 하나님으로부터 분리된 삶을 살고 있다. 그러나 우리에게는 하나님께서 인류를 포기하지 않으셨다는 구원의 복음이 주어져 있다. 하나님께서 좋았더라고 표현하셨던 창조세계는 여전히 원래의 모습대로 회복되기를 갈망하고 있다. 예수 그리스도 안에서 하나님은 인류 역사로 들어오셨다. 즉 하나님께서 계획하신 대로 말씀이 육신이 되어 우리의 몸과 영혼이 온전히 하나가 되도록 회복시키고 계신다. 예배 안에서 우리는 몸, 정신, 마음이 하나가 되어 하나님을 찬양하고 온전한 삶을 충실히 이루기 위한 습관을 만들어 나간다.

　　우리는 구체화된 영혼들이기 때문에, 예배는 항상 구체적인 행동을 요구하고 드러내게 되어 있다. 이것이 바로 그리스도 안에 참여한다는 의미이고 참 포도나무의 가지로서 열매를 맺는다는 의미다.

　　우리는 또한 몸 안에 영혼을 가진 존재이기 때문에, 기독교 윤리는 항상 예배의 형태를 띠어야 할 것이다. 주어진 선물은 항상 우리가 알고 있는 것보다 크다. 왜냐하면 그 선물은 결코 우리의 수고와 애씀에 따라 줄어들거나 늘어나는 것이 아니기 때문이다.

산상수훈에서 예수는 제자들에게 기독교 신앙의 정수를 잘 요약해 주셨다. 아나뱁티스트–메노나이트 전통에 속한 사람들에게 산상수훈은 종종 아나뱁티스트 윤리를 위한 일종의 요약본이기도 하다. 여기에서 우리는 원수사랑, 자비와 선행, 단순한 삶 등과 같은 핵심 주제들을 발견한다. 그러나 산상수훈은 급진적 제자도를 요청하는 가운데 그냥 우연히 주어진 것이 아니라, 예수께서 그의 제자들에게 예배, 특히 그들이 어떻게 기도해야 하는지 모범을 보여주는 지침서이기도 하다.

주님이 가르쳐준 기도는 교단과 역사를 막론하고 모든 그리스도인들에게 가장 익숙한 기도이다. 수백만의 그리스도인들이 주기도를 암기하고 있으며, 많은 회중들이 매주 일요일 예배로 모일 때 함께 기도하기도 한다. 실제로 이 기도는 너무나 친숙해서 그 기도의 내용이 얼마나 급진적인지 쉽게 잊어버리기도 한다.

그리스도인들이 "나라가 임하시오며 뜻이 하늘에서 이루어진 것 같이 땅에서도 이루어지이다"하고 기도할 때, 우리는 우리에게 주어진 위엄을 갖고 담대하게 요청하는 것이다. 우리가 "하나님의 나라가 임하시오며 하나님의 뜻이 하늘에서 이루어진 것 같이 땅에서도 이루어지이다"하고 매일 기도드릴 때에, 우리는 가족, 교회, 공동체, 그리고 세상에서 경험한 나뉨과 상처들이 치유받기를 간절히 바란다. 이얼마나 혁명적인 요청인가! 사실상 그리스도인들은 하나님께서 인류와 화해하시길 원하신다고 믿고 있고, 하나님께서 원래 창조하실 때 계획하셨던 조화롭고, 온전한 모습이 실제로 이 땅위에서 눈에 보이는 모습으로 회복되길 원하신다고 믿고 있다. 그래서 우리는 하나님과 다시 화해해야 한다.

바라기는 우리 교회가 성육신의 능력으로 새로운 몸, 새로운 영으로 회복하며, "하늘에서처럼 이 땅에서" 하나님의 임재를 충분히 경험하기를 축복한다.

시리즈를 끝맺는 말

애팔래치아 산맥의 길을 떠났지만 불행한 결말을 경험한 이래로, 모든 것이 잘 해결되었음을 독자들께 보고하고 싶었다. 그 경험은 예배의 실천사항이 나의 영적 의혹들을 정리할 수 있도록 도와주었고 보다 큰 교회의 예배와 선교에 대한 갈등도 충분히 해결되도록 도와주었다. 진리는 생각보다 복잡하다는 사실은 그리 놀랄 일이 아니다. 이제 이 책의 독자들이 잘 아시겠지만, 나의 생각과 실천은 끊임없이 진화하고 있다. 이 책은 목적지에 도착한 성숙한 그리스도인의 견해나 선언이라기보다는 인생 여정을 걷고 있는 한 순례자의 여행보고서라고 할 수 있다.

혼돈스런 마음이지만 보다 "영적이 되기 위해" 뭔가를 시도한 이래로 나는 놀라울 정도로 하나님의 풍성하심을 경험했다. 매일 시간을 따로 떼어 놓고 성경을 읽고 기도를 드리는 것이 얼마나 소중한지 새로이 깨닫고 감사한다. 나는 소그룹 구성원들을 이전 보다 더 깊이 사랑하게 되었고, 매주 함께 음식을 나누는 것과 대화를 나누는 일이 얼만 귀한 선물인지 깨닫게 되었다. 세례 덕분에 그리스도의 몸이 보다 더 생생한 생명을 얻게 된다는 사실과 새로운 모습으로 성찬을 기념하고 있음을 그 어느 때 보다 자유롭게 학생들에게 이야기하고 있다. 나는 아나뱁티스트-메노나이트 전통에 속하지 않은 많은 그리스도인들과 생생한 대화를 나누는 축복도 누리고 있다. 신앙이란 하나님의 현존이 넘쳐흐르는 세상에서 그리스도와 함께 하는 일이며, 그리스도 안으로 들어가는 일이다. 나는 매일 이 세상의 일터에서 하나님을 보는 선물을 받아 누리며, 영적으로 성령 하나님께 온전히 순종하기를 기도한다. 그래서 내 삶이, 그리고 내가 속한 회중의 삶이 거룩한 아름다움을 구체적으로 실천하기를 기도한다.

간단히 말해, 나는 인생이 축복이라는 사실을 그 어느 때보다 확실하게 느끼며 살고 있다. 여호와의 선하심을 맛보아 알지어다!